大判ビジュアル図解

大迫力！写真と絵でわかる

日本の城・城合戦

小和田泰経
Yasutsune Owada

西東社

大判ビジュアル図解
大迫力！写真と絵でわかる

日本の城・城合戦

—もくじ—

- 本書は特に明記しない限り、2016年2月1日現在の情報に基づいています。
- 複数の名前がある人物は、最も一般的と考えられる名前で記載しています。
- 人物の生没年、城郭の築城年、合戦の日時・場所等について、異説・諸説があるものは、定説、あるいはより有力と考えられる説に基づいて記載しています。
- 原則として、人物の年齢は数え年、日付は旧暦で記しています。

第1章

憧れの名城徹底解剖

❶ 鉄御門：奥御殿に入るための正門。
❷ 奥御殿：城主が日常生活を送っていた御殿。
❸ 天守：5重7階で黒漆塗、金箔絵で飾られていた。
❹ 隅櫓：奥御殿の南を防備。
❺ 月見櫓：月見をするための櫓。
❻ 芦田曲輪：本丸を守備する家臣の長屋が建ち並ぶ。
❼ 山里曲輪：庭園があった風流な曲輪。

豊臣大坂城本丸復元図（復元＝土手内賢一・石井正明、作画＝野上隼夫）

大阪府 1

大坂城

豊臣と徳川、二つの時代が共存する名城

▼金城 錦城

城地種類	平山城
築城年代	1583（天正11）年
築城主	豊臣秀吉
所在地	大阪市中央区
アクセス	JR大阪環状線「大阪城公園」駅・「森ノ宮」駅から徒歩

MAP

豊臣秀吉が築いた今はなき大坂城

大坂城は、三面を水に囲まれた要害の地に築かれていた。**平城**（⬇P14）とされることもあるが、城の中心は**上町台地**の北端にあり、全くの平地の城ではなく、**平山城**（⬇P14）とみたほうがよいだろう。

戦国時代この地には、**石山本願寺**があった。本願寺は寺院ではあるが、堀をめぐらせるなど、**城塞化**していた。その本願寺の跡地に大坂城を築いたのが、**豊臣秀吉**である。

賤ヶ岳の戦いで**柴田勝家**を破った秀吉は、1583年、数万人の人員を動員して築城を開始し、2年後の1585年」にはほぼ完成させた。その後、**総構**（左図）を設けるなどの改修工事を行い、天下人にふさわしい巨大城郭になっている。秀吉が**隠居城**として築いた**伏見城**で没すると、大坂城には子の**秀頼**が入った。

歴史プラスワン **本願寺** 本願寺は浄土真宗本願寺派の本山で、大坂を拠点としていた。そのため、天下統一をめざす織田信長と対立して敗れ、大坂を退去。江戸時代には東本願寺・西本願寺に分かれ、京都に移った。

大阪城天守閣　1931年、徳川大坂城の天守台の上に立てられた復興天守。豊臣大坂城の天守を模しており、「大阪城天守閣」として内部は博物館になっている。

「大坂冬の陣図屏風」に描かれた豊臣大坂城

屏風に描かれた豊臣大坂城の天守。必ずしも写実的に描かれているわけではない。豊臣大坂城を描いた屏風はいくつか存在するが、屏風によって描かれている天守の姿は少しずつ異なっている。

豊臣大坂城は、大坂夏の陣後に埋め立てられたため、詳しい構造はわかっていない。この図は、残された平面図から推定復元した本丸上段の様子。

豊臣大坂城の総構

城下町まで取り込んだ堀や土塁を総構という。豊臣大坂城は本丸・二の丸・三の丸の外側に総構が設けられていた。総構の外に築かれたのが真田丸である。

豊臣大坂城の石垣

豊臣大坂城の石垣はすべて埋め立てられ、その上に徳川大坂城が築かれた。徳川大坂城の地面を掘ったところから、豊臣大坂城の石垣が見つかっている。

桐紋金箔押飾瓦

大坂城から出土した飾瓦。金箔が押された高級な瓦で、天守の破風飾りに用いられていたとみられる。

人物プラスワン

豊臣秀頼（1593〜1615）　豊臣秀吉の子で、母は秀吉の側室となった淀殿。徳川家康の孫にあたる千姫を正室に迎えていたが、大坂の陣で自害した。息子の国松は殺されたが、娘の天秀尼は鎌倉東慶寺の住職となっている。

徳川勢は、前田利常隊を中心に真田丸を集中して攻撃したが、松平忠直隊・井伊直孝隊が加わっても、真田丸を落とすことはできなかった。守る赤備えは真田幸村（信繁）隊、攻める赤備えは井伊直孝隊。

城 合 戦

大坂冬の陣

▶ 1614（慶長19）年

勝 徳川家康軍（約20万人）
VS
負 豊臣秀頼軍（約10万人）

20万の大軍を寄せ付けなかった難攻不落の城

1600年の**関ヶ原の戦い**で**徳川家康**が**石田三成**に勝利したが、それで家康の覇権が決まったわけではなかった。さらに家康が**征夷大将軍**になったときも、豊臣方は一時的なものとみていた。

しかし、家康がほどなく将軍職を子の**秀忠**に譲ったことで、対立が深まっていく。家康が政権を**秀頼**に返さないつもりでいることが明らかとなったためである。

家康と秀頼との溝は埋まらず、ついに1614年の冬、家康は秀頼がいる大坂城の攻撃にのりだした（**大坂冬の陣**）。20万ともいわれる大軍で大坂城を包囲した家康であったが、**総構**を越えることすらできない。そのため、ひとまず講和を結び、その条件として堀を埋めることにした。

堀は城の防御の要であったから、堀を埋められた大坂城は、もはや**裸城**でしかない。翌1615年の夏、再び徳川軍に攻められた豊臣軍は、城から打って出るしかなかった（**大坂夏の陣**）。大坂城は落城し、豊臣氏は**秀吉**と**秀頼**の2代で滅亡したのである。

城郭プラスワン **裸城** 堀・土塁や櫓・塀などの構造物を失った城を裸城という。防御の要は、天守にあったわけではない。大坂城も、天守は残されていたが、結局、大坂夏の陣で落城し、天守も焼失している。

城の攻め方・守り方

弱点に出丸を築き防御を固める

本城から離れた場所に構えられた曲輪を出丸という。出丸は、敵に対する攻撃の拠点になるとともに、本城を防御する拠点ともなった。

大坂城は三方を水に囲まれていたが、南方だけは地続きとなっていたため、弱点となる南方に出丸が構えられた。これが真田丸である。大坂冬の陣で、まず徳川方は、この真田丸を攻撃しようとしたが、落とすことができない。その後、堀を埋めるという講和条件によって、周囲の堀は埋められ、真田丸も消滅した。続く夏の陣では真田幸村隊も城外に打って出た。

［「大坂夏の陣図屏風」に描かれた真田幸村隊］／伝えられるところによると、大坂夏の陣で、真田幸村隊は、甲冑から指物までを朱色に統一した赤備えで臨んだという。

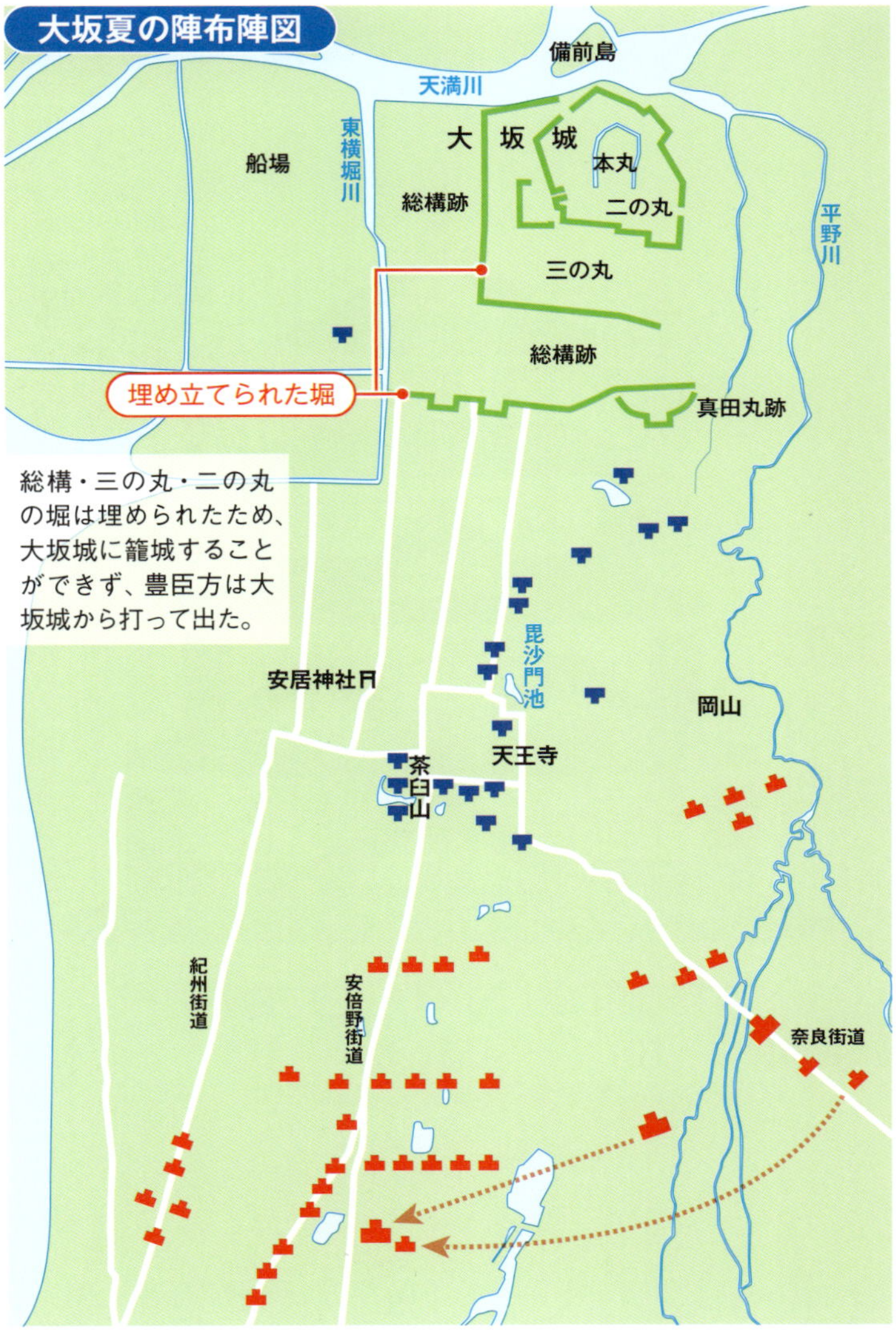

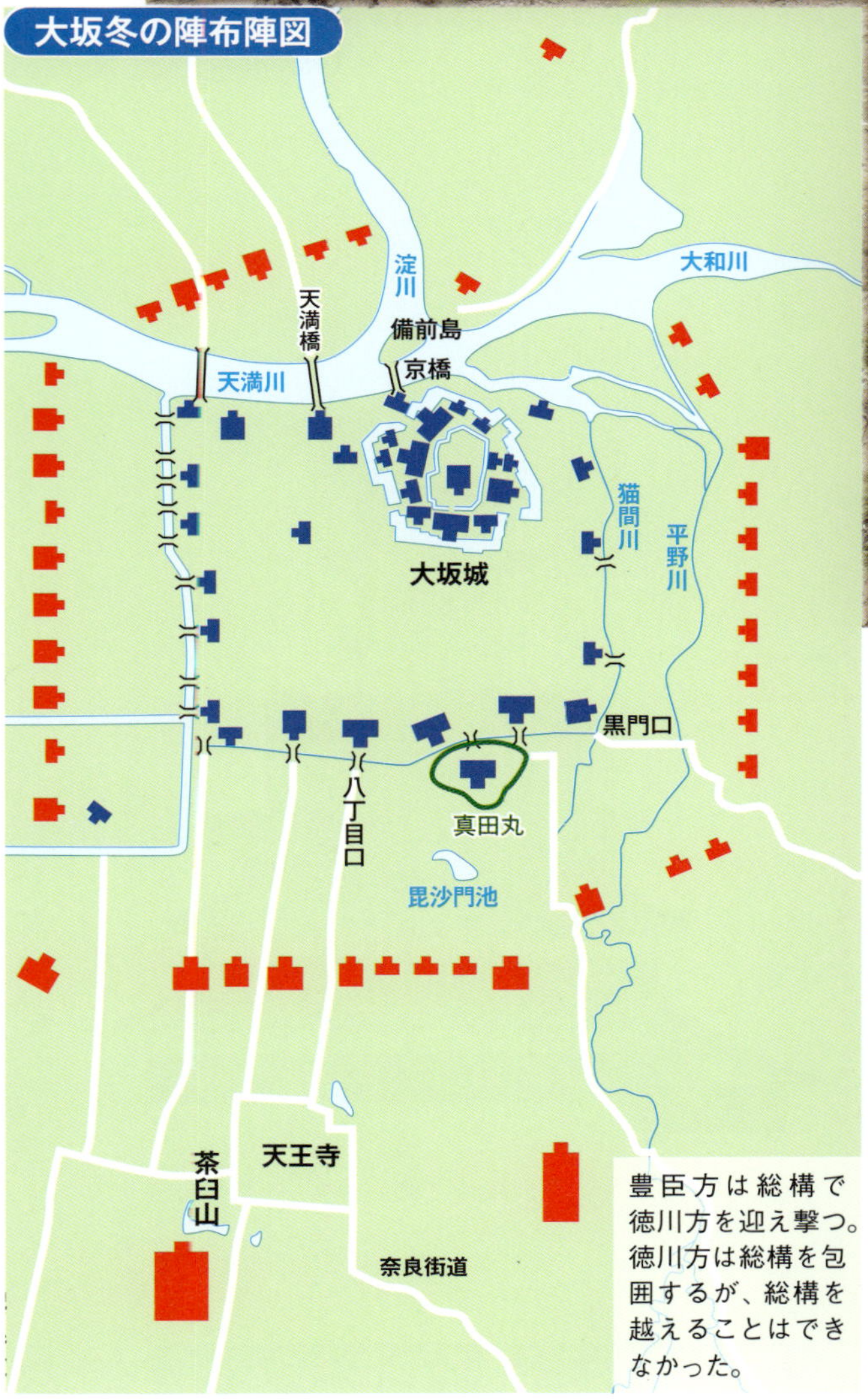

人物プラスワン

真田幸村（信繁）（1567〜1615）

信濃上田城主・真田昌幸の子。兄・信幸（信之）は徳川方についたが、幸村は豊臣方につく。幸村が構えた出丸は、真田丸とよばれ、大坂冬の陣における攻防戦の舞台となった。大坂夏の陣で討ち死にした。

金蔵

天守のすぐ南側にある金蔵。頑丈な造りで、1837年、平屋建てに改築された。重要文化財。

二の丸大手口の多聞櫓内部

多聞櫓の内部は、多くの場合、廊下と間仕切りされた部屋からなっていた。

二の丸大手口の多聞櫓

枡形を構成する二の丸大手口にある城内側の多聞櫓。1848年に再建されたものが現存している。重要文化財。

金明水井戸屋形

小天守台にある。井戸を覆う屋形は、寛永3年(1626)に創建されたもの。重要文化財。

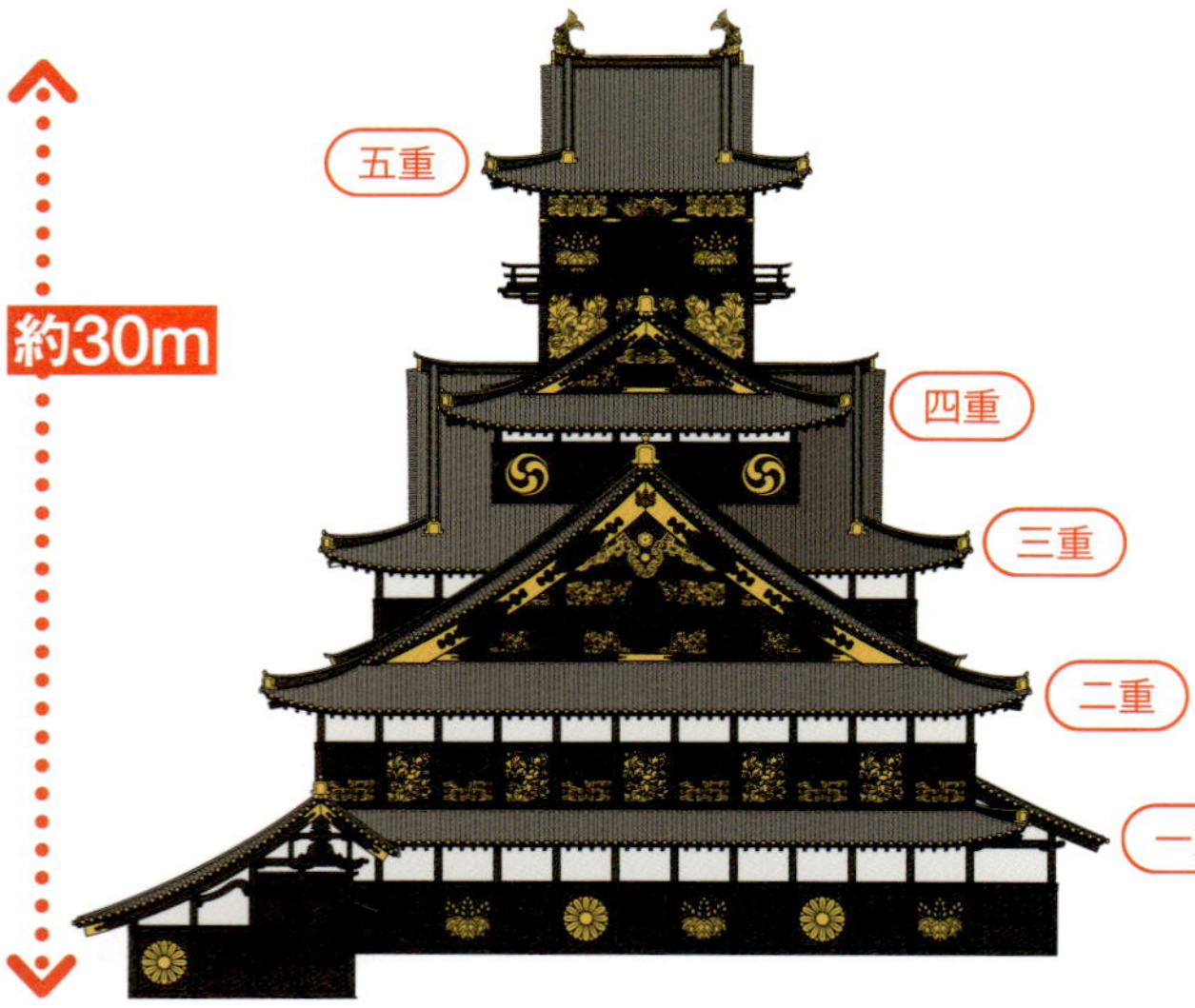

大坂夏の陣で焼失した豊臣大坂城の天守。黒漆塗であったようだが、実際の姿についてはよくわかっていない。

豊臣大坂城天守立面図(南面)(復元＝佐藤大規)

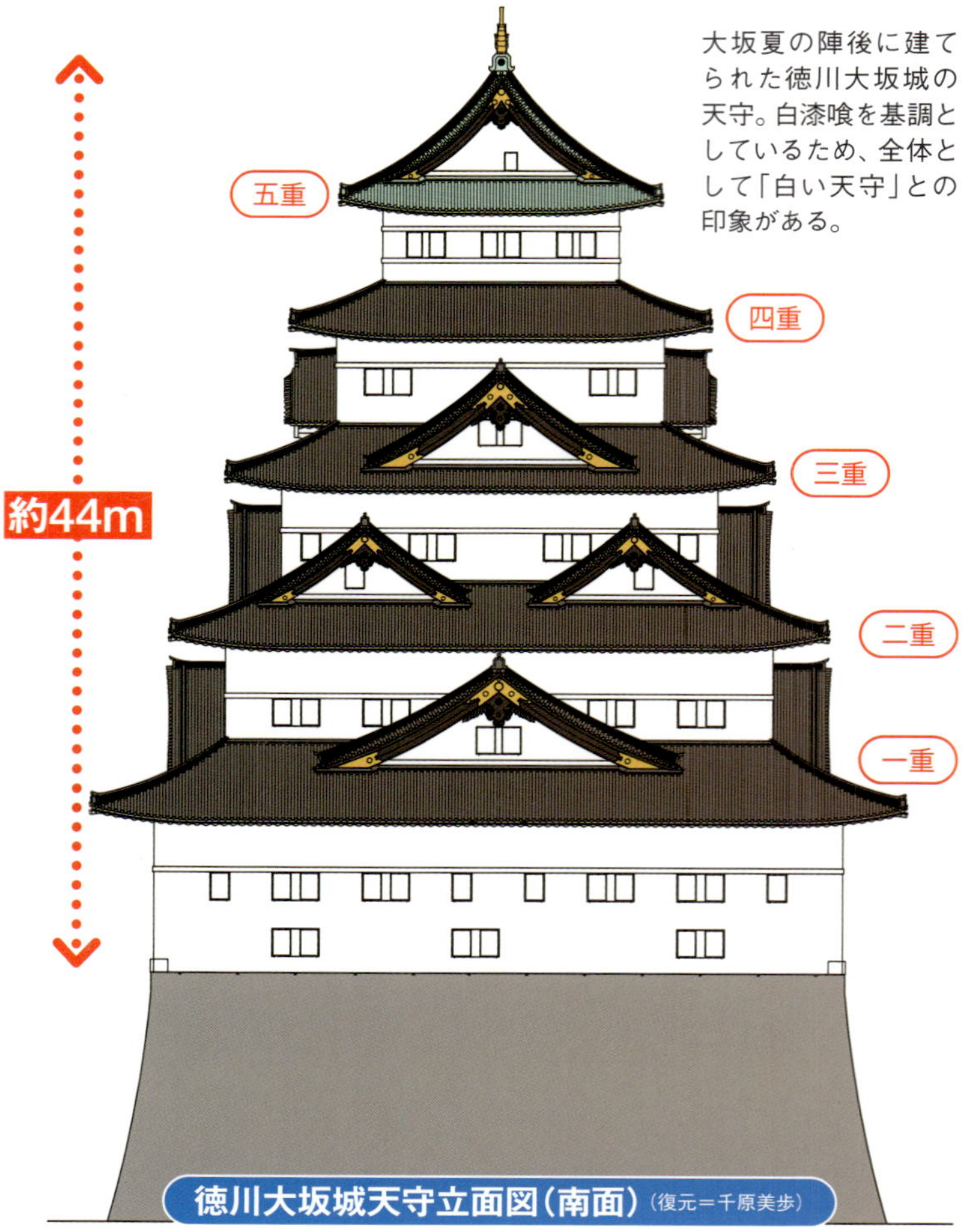

大坂夏の陣後に建てられた徳川大坂城の天守。白漆喰を基調としているため、全体として「白い天守」との印象がある。

徳川大坂城天守立面図(南面)(復元＝千原美歩)

人物プラスワン **松平忠明**(1583〜1644)

徳川氏の重臣・奥平信昌の四男で、母は徳川家康の娘・亀姫(盛徳院)。家康の養子となり松平姓を許される。大坂冬の陣の後、大坂城外堀・内堀の埋め立て奉行を担当。晩年は江戸幕府の宿老を務めた。

乾櫓　西の丸北西隅にある櫓。城内最古の櫓で、城の北西すなわち戌亥＝乾に位置するため、乾櫓とよぶ。

二の丸南西面
左から二の丸千貫櫓、大手門の多聞櫓で、右端し六番櫓。すべて江戸時代の現存である。

二の丸千貫櫓
大手門を北側面から防御する。1620年の創建で、千貫櫓の名は、石山本願寺の時代にあった櫓に由来するという。重要文化財。

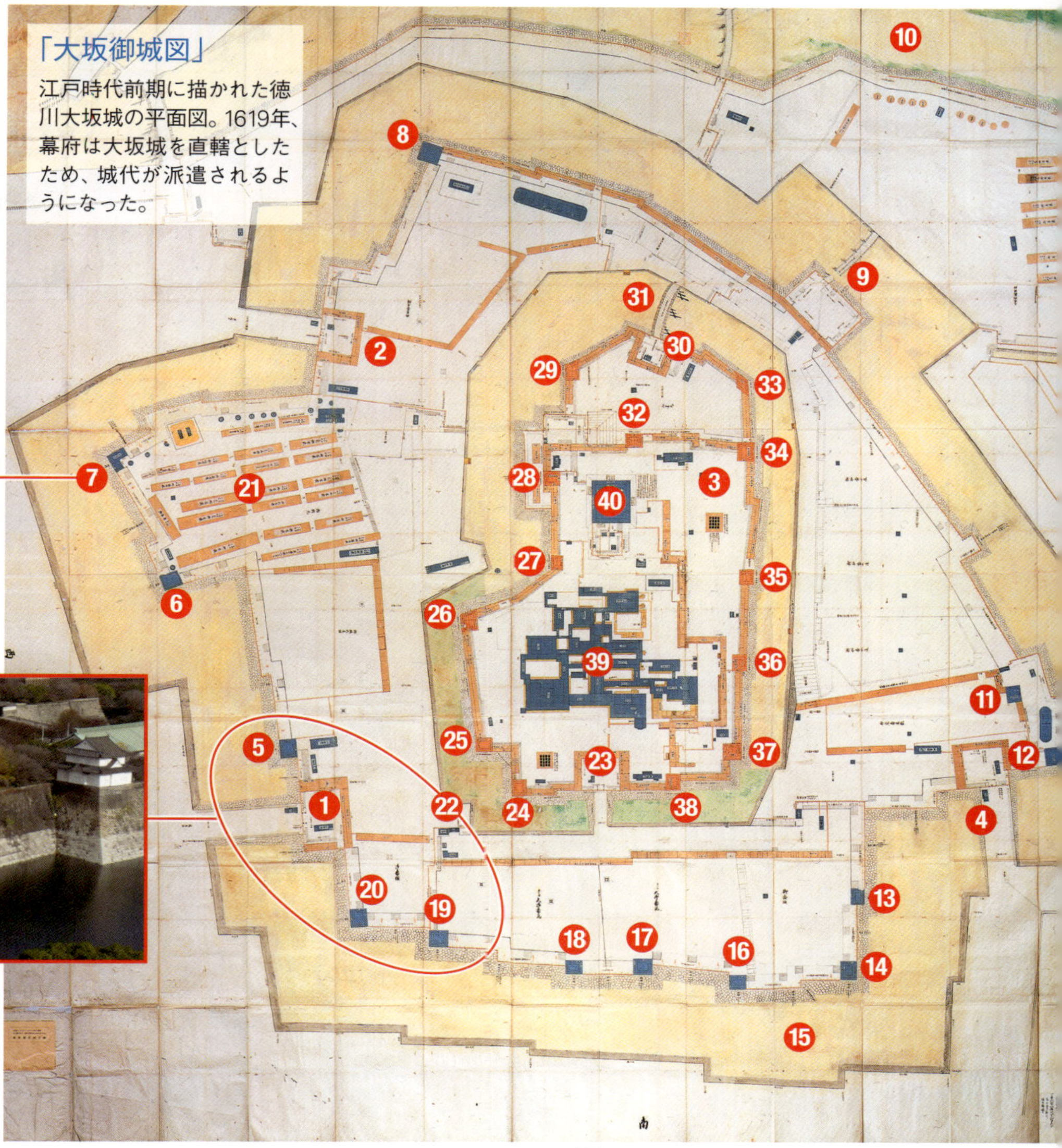

「大坂御城図」
江戸時代前期に描かれた徳川大坂城の平面図。1619年、幕府は大坂城を直轄としたため、城代が派遣されるようになった。

1 大手口：大坂城代が警備。
2 京橋口：大坂城代を補佐する大坂定番が警備。
3 本丸：将軍直属の大番が管理し、加番が大番を補佐。
4 玉造口：大坂城代を補佐する大坂定番が警備。
5 千貫櫓
6 坤櫓
7 乾櫓
8 伏見櫓
9 青屋口
10 寝屋川
11 艮櫓
12 巽櫓
13 一番櫓
14 二番櫓
15 外堀
16 三番櫓
17 四番櫓
18 五番櫓
19 六番櫓
20 七番櫓
21 西の丸蔵屋敷
22 太鼓櫓
23 桜門
24 西ノ一番櫓
25 南西隅櫓
26 数寄屋前櫓
27 御成門之内櫓
28 埋門向櫓
29 西片菱櫓
30 山里口
31 極楽橋
32 北ノ手櫓
33 東菱櫓
34 糒櫓
35 月見櫓
36 馬印櫓
37 東南隅櫓
38 南ノ手櫓
39 本丸御殿
40 天守

豊臣氏時代の大坂城を埋めた徳川氏時代の大坂城

大坂夏の陣後、焼失した大坂城には、**松平忠明**が10万石で入った。忠明の母は**徳川家康**の娘・**亀姫**であったから、忠明は家康の孫にあたる。家康は、孫に大坂の地を預けるつもりだったらしい。

しかし、家康死後の1619年、2代将軍の**徳川秀忠**は大坂を幕府の直轄地にするとともに、大規模な改修を行う。豊臣氏時代の大坂城の上に約10mほどの土盛りをし、石垣も埋めたうえで、新たな大坂城が築かれた。これが、いまみる大坂城の遺構である。

直轄地となった大坂城には**大坂城代**が入って管理することになった。こうして幕末に至るまで、幕府の城として機能していたが、1665年には落雷で天守を失ってしまう。そして、1868年の**戊辰戦争**による混乱で多数の建物が焼失した。

戦後になって、1931年、徳川氏時代の天守台の上に、豊臣氏時代をイメージした天守が再建された。これが**大阪城天守閣**で、近年には国の**登録有形文化財**に指定されている。

歴史プラスワン　**大坂城代**
大坂城の城主は将軍であったから、実際の維持・管理は大坂城代が担った。5〜6万石以上の譜代大名が任命され、大坂城に常駐。大坂城の守備はもちろん、西国大名の監視にもあたっている。

特集
城の誕生

防御のための施設である城の始まりは、周囲に幾重にも堀（環濠）や土塁を巡らせて集落を囲む**環濠集落**であった。飛鳥時代末期になると、**大和朝廷**が国防の施設として、**百済伝来**の築城技術を用い、山全体を長大な城壁で囲い込む**朝鮮式山城**を築く。次に囲まれたものは、平城京や平安京など一つの都市で、これらは「**都城**」とよばれた。朝鮮式山城や都城は、後の城とは大きく異なり、国が外敵に対する防衛や、朝廷の支配力増強のために築いたものであった。

中世に入ると、まず合戦のための**臨時的な砦**が築かれるようになり、やがて各地を治める領主が、拠点としての城を築き始める。この段階では自然地形を生かした**山城**が中心で、敵の侵入を妨げるさまざまな工夫が施されていた。

空から見た吉野ヶ里遺跡

弥生時代中期以降に出現した大規模な環濠集落で、深い環濠や木柵などに取り囲まれていた。このような防御性にすぐれた集落が、城の始まりと考えられている。集落内には主殿などの大型建物や物見櫓があったと推定され、『魏志』倭人伝に記録が残る邪馬台国の卑弥呼の館をイメージさせるに十分であった。

吉野ヶ里遺跡の環濠

発掘で検出された深さ約3m、幅約6mの空堀で、断面はV字形をしている。こうした環濠が二重、三重に巡っていた。

鬼ノ城の縄張（原図＝『総社市文化財埋蔵文化財調査年報』）

角楼や四つの門と六つの水門などが設けられた城壁は、約2.8kmにわたって城山の周囲を取り巻いていた。こうした構造の城を古代山城とよぶ。非常に謎の多い城であるが、7世紀後半に中国大陸からの侵攻に備えて、畿内の天智政権が築いたという説が有力である。

鬼ノ城を望む

鬼ノ城では長大な版築土塁や高石垣、角楼、西門などが復元されて、古代山城の姿を伝えている。版築土塁は木枠の中に土を入れてつき固める作業を繰り返すことで、大変に頑丈なものができあがる。

鬼ノ城の水門

水門は排水口で、全部で五つあった。写真は第2水門の跡で、下部が石垣、上部が土塁になっている。高さ約6m、幅約7mの規模がある。

復元された平城宮朱雀門

710年に遷都した平城京の北辺中央に平城宮が構えられた。その正門が朱雀門で、入母屋造、瓦葺の中国式の建物であった。丹塗りの柱や軒下が、正門としての高い格式を示している。

藤原京復元模型

大和政権の中央集権化に伴って、畿内には広大な京域に条坊を備えた都城が造営されるようになった。本格的な都城としては藤原京が最初で、東西10の条坊をもち、中央に約1km四方の藤原宮があった。ただ、原型となった中国の都城とは違って京域を囲む高い城壁は築かれなかった。藤原京は694〜710年の16年間存続した。

高根城は、街道を押さえる重要な位置に築かれており、北から南に本曲輪、二の曲輪、三の曲輪が並ぶ縄張である。三の曲輪の南には堀切が二重に造られて、敵の侵入を阻止していた。戦闘を前提にした、典型的な戦国期の山城である。

切岸と城内道

切岸とは、曲輪下の斜面を人工的に削り取って急斜面としたもの。土造りの山城では非常に強力な防御施設となる。また、城内に設けられた道は城の中心部に近くなるほど、細く起伏に富んで侵入を阻んでいる。

室町時代

高根城の縄張(原図＝水窪町教育委員会『高根城の総合的研究』)

本曲輪

高根城の中心となる曲輪で、南北約30m、東西約20mの広さであった。本曲輪は近世の城でいえば本丸にあたるが、曲輪として使えるスペース確保の関係から、こじんまりしたものになっている。

堀切

堀切は山の尾根筋を切断するように設けられた空堀。高根城の南を防御する堀切は二重に構えられたもので、二条の堀切の間には土塁があり、堀切総幅は約29mと巨大であった。

本丸の井楼櫓

物見の役割を果たした建物。形や規模はあくまで推定だが、山城ではこうした櫓が要所に置かれていた。

鎌倉も城だった

武家政権の都城

鎌倉は初めての武家政権の置かれた武士の都であり、北端の鶴岡八幡宮へメインストリートの若宮大路が伸びている様は、奈良や京都の都城と同様である。しかし、南を海、他の三方を険しい丘陵に囲まれて、出入り口は丘や山などを掘削して通路とした切通しに限られており、まさに巨大な城塞都市であった。切通しは七か所(極楽寺坂・大仏坂・化粧坂・亀ケ谷坂・巨福路坂・朝比奈・名越坂)開かれていた。

なお、こうした構えを恒常的なものではなく、幕府が開かれた前後の軍事的緊張によるものとする説もある。

化粧坂切通し

大手門

本丸への表口を押さえた門で、高麗門の形式で復元してある。

特集

城の進化

山城・平山城・平城のちがい

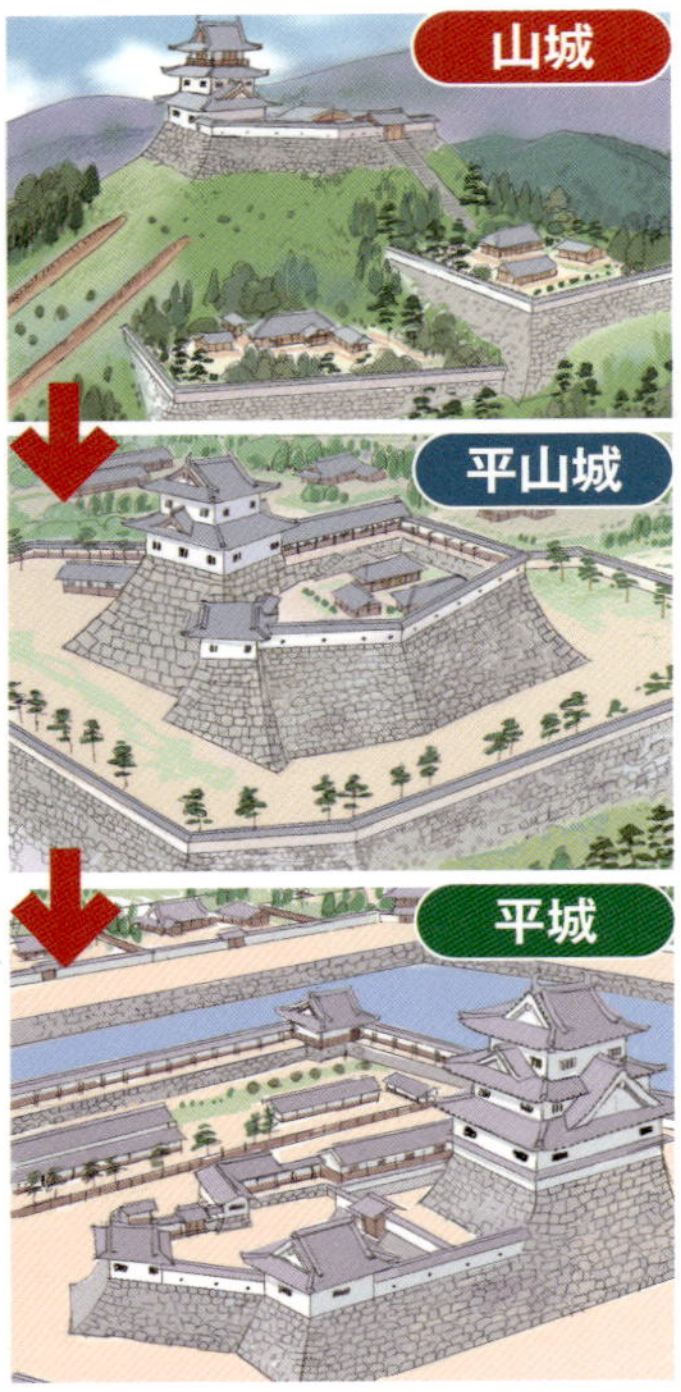

山城から平城へ（作画＝板垣真誠）

城の立地の変化は、おおよそ時代の流れに沿っている。つまり戦国時代の城は軍事拠点となる山城が中心で、近世になるにつれて領国経営のための平山城と平城が築かれるようになる。

春日山城（かすがやま）

城は標高約182mの春日山全域に築かれており、北に直江津、南に高田平野を一望できる絶好の立地であった。

和歌山城（わかやま）

虎伏山（標高約48.9m）の山上に本丸と天守曲輪があり、平地部に二の丸や西の丸が広がっていた。

広島城（ひろしま）

太田川河口に築かれた典型的な平城。縄張は本丸と二の丸、三の丸などからなるが、ほとんど高低差がない。

安土城中心部復元CG（復元＝三浦正幸、制作＝株式会社エス）

織田信長によって築かれた安土城は、数mから10mに及ぶ高石垣が積み上げられ、山頂には五重天守がそびえた。この城こそが近世の城の幕開けとなった。

安土城天主の礎石

天主台には、今は幻となった天主の礎石が数多く残るが、中央部には礎石がなく深さ1mの穴が開いている。ここには天主を支える心柱が立っていたと推定されている。

応仁の乱から戦国時代にかけて合戦が恒常化するにつれて、**山城**自体が**巨大化**して、城主の**居館**も山城の中に設けられるようになった。1579年、**高石垣**を曲輪に巡らし、山頂に高層建築である**天主**がそびえる**安土城**が築かれて、城は中世城郭から**近世城郭**へ変貌を遂げる。城下には**城下町**も次第に造成されるようになる。そして山だけでなく、周辺の平地を城域として取り込んだ**平山城**や、全くの平地に構えた**平城**が築かれるようになった。

平城・平山城は、軍事機能とともに**政庁**としての役割ももっており、本丸、二の丸、西の丸には御殿も造営された。戦国時代が終結して江戸幕府が開かれると、260年間を通じてそれぞれの藩の政治・社会・経済の中心的な存在となった。

幕末、海防の必要に迫られて沿岸部を中心に、独特の星型の縄張をした五稜郭のような西洋式縄張の城や沿岸警備の砲台などが各地に築かれたが、明治維新とともに城の歴史は幕を閉じた。

平城の進化

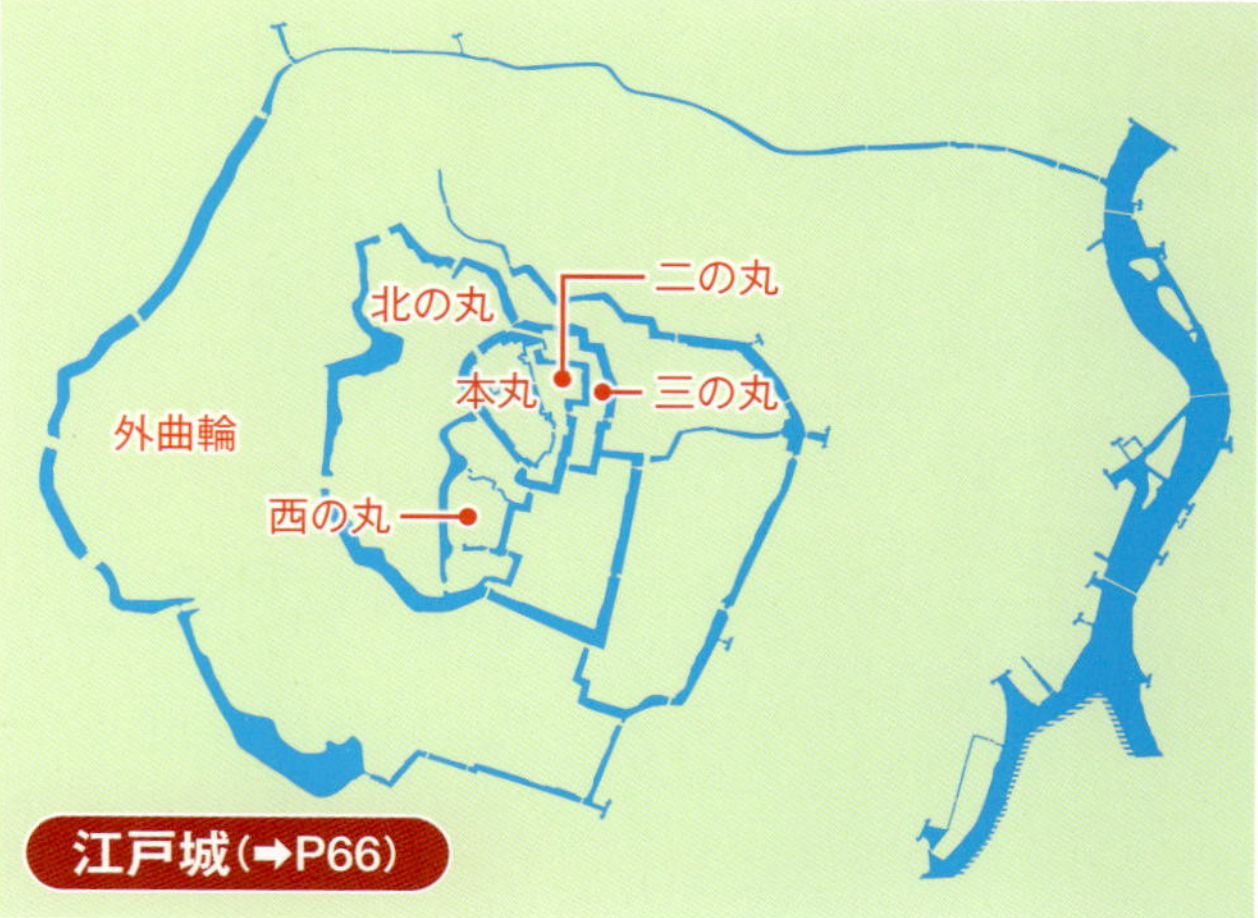

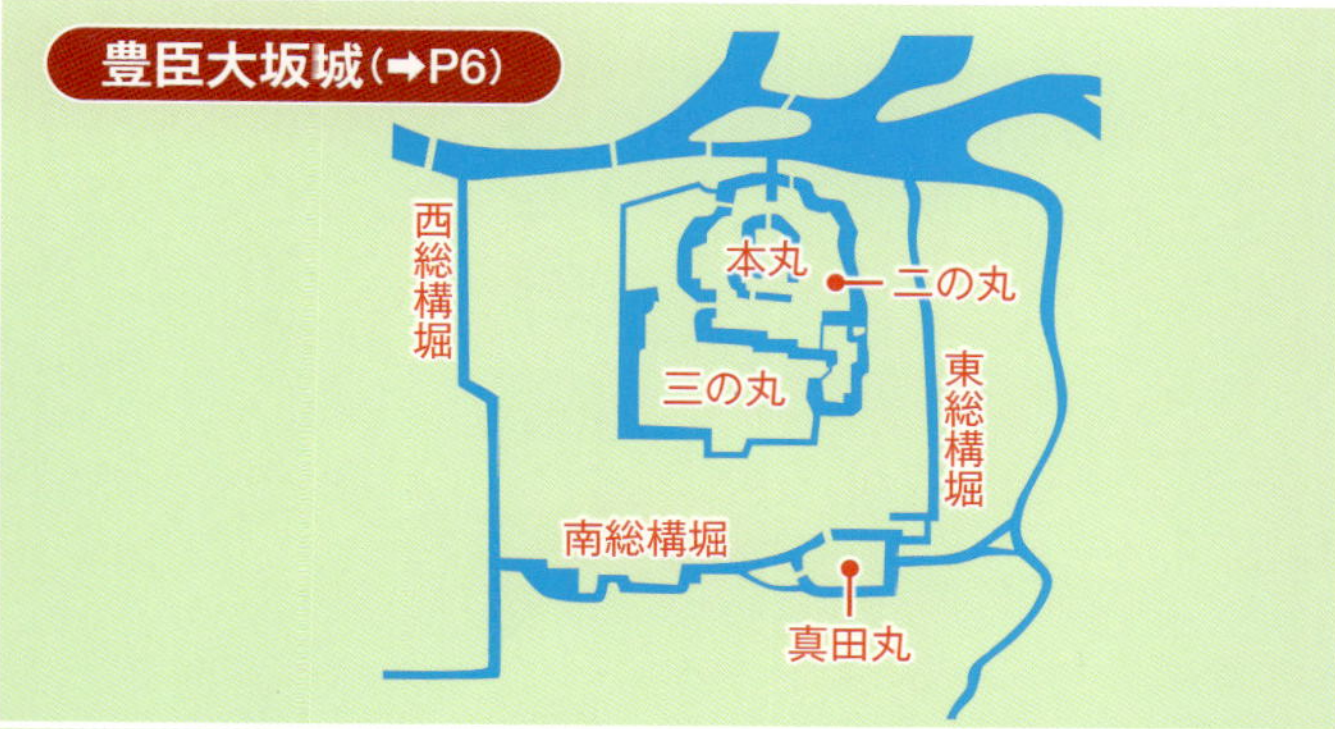

巨大化した平城と平山城

日本の城は、天下統一とともに戦のための基地であった山城の時代から、領内・国内の統治のための政治拠点である平山城や平城の時代に変わった。平山城・平城は、治める地域の拡大に伴って次第に巨大化していった。図は代表的な平城である江戸城・豊臣大坂城と平山城である姫路城・熊本城の縄張を同縮尺で比較したもの。

縄張の最終形

海や湖に浮かぶ城・三原城

山城と平山城は地形による制約が大きいが、城地を平坦に造成する平城は、工事量は膨大なものになるが、縄張や規模など拘束が少ない。平城がさらに進化すると海、湖、池、沼、河川に面した「水城」となる。水域を天然の要害として取り込むことで敵の侵入路を想定内に限定することが可能で、かつ城内に設置した船着き場や船入りで物資や兵員の搬入・搬出を自由にできた。左図の三原城では武家屋敷や城下町も水上に造成した、まさに水上の要塞であった。

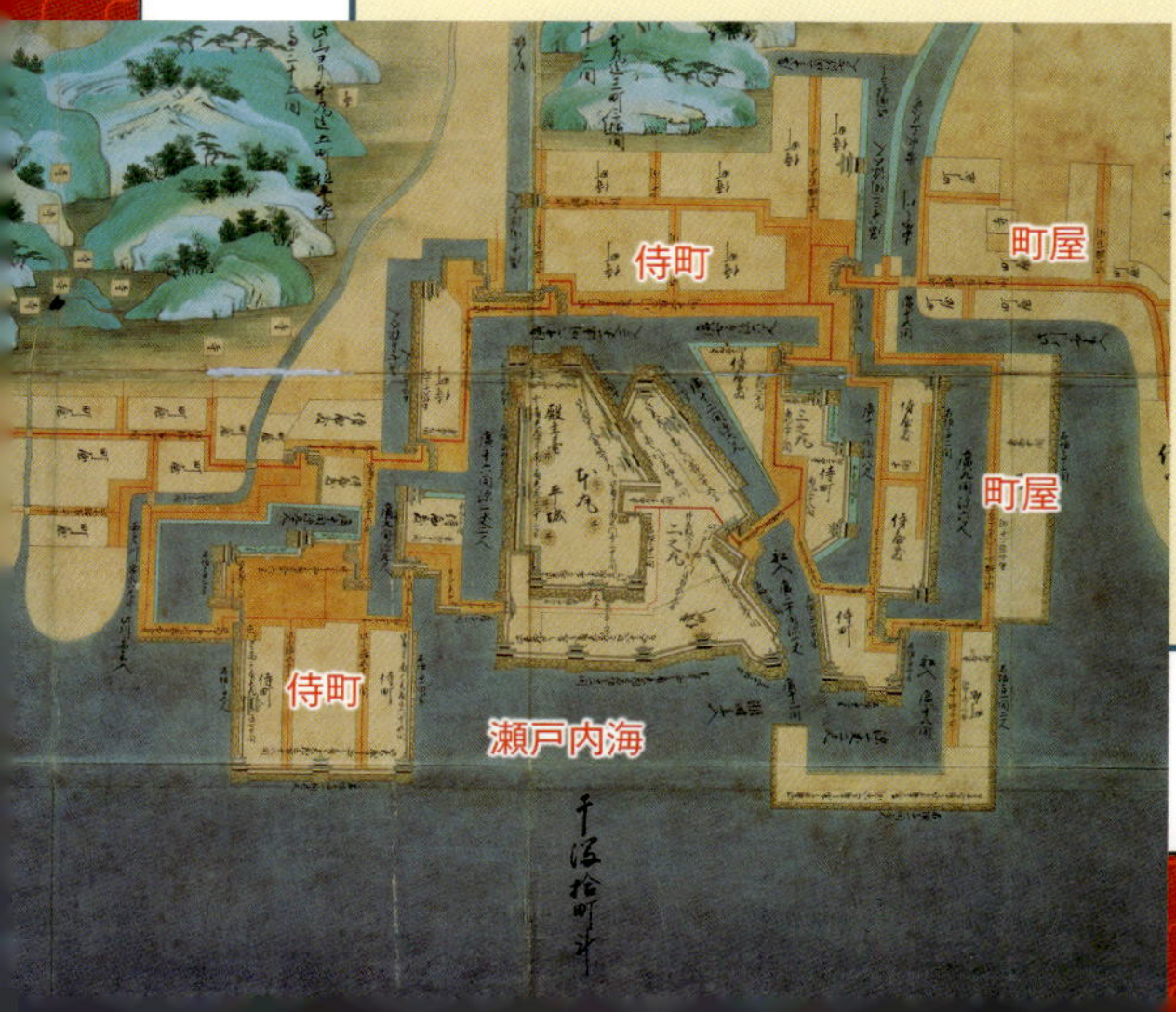

「備後国三原城所絵図」

五稜郭

五稜郭は蝦夷地管理を行う函館奉行所であり、幕末の1857年に築かれた。大砲などの火器を備え、稜堡式とよばれる西洋式の縄張で、五角形の星形をしていた。

滋賀県

2

安土城

信長が築いた天下布武の城。本能寺の変により、完成後6年で焼失した

城地種類	平山城
築城年代	1576（天正4）年
築城主	織田信長
所在地	近江八幡市安土町
アクセス	JR琵琶湖線「安土」駅から徒歩

MAP

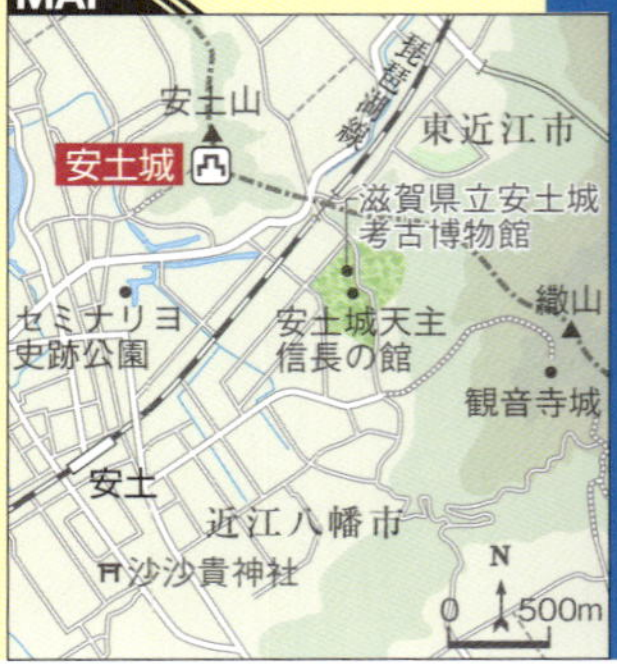

近衛大将に就任した天下人・信長の居城

1575年11月、**織田信長**は朝廷により**権大納言**ならびに**右近衛大将**に任じられた。左右の近衛大将は**征夷大将軍**に匹敵し、武家では**武門の棟梁**のみに許された官職であった。ちなみに室町幕府15代将軍・**足利義昭**の官位は**近衛中将**であり、こ

天主台跡

天主は地上五重六階、地下一階であったとされる。現在は大型90基・小型24基の礎石が確認されている。中央部には礎石はなく、幅1.2～1.4m、深さ1mの穴が残る。

城郭プラスワン

「天主」と「天守」

「天守」には「殿主」「殿守」などの字を当てることもあるが、安土城では「天主」と表記するのが一般的である。普通の城郭の場合、天守は象徴であって居住空間ではないが、安土城では信長は天主に住んでいたという。

の時点で近衛府内の序列では信長が上位に立った。信長は、近衛大将就任に際して御所に公卿たちを集め、室町将軍家の将軍就任式の儀礼を挙行させ、以後自らを「**上様**」とよばせるようになる。

右近衛大将就任後まもなく、信長は織田家の家督と居城である**岐阜城**を嫡男・**信忠**に譲り、翌1576年1月に**近江琵琶湖**畔にそびえる標高約192mの**安土山**に新たな城を築くことを命じた。ここにはかつて、近江守護・**六角氏**の本拠である**観音寺城**の支城の一つ**目賀田城**が置かれていた。**安土城**は前例のない大規模な城ではあるが、縄張自体は中世城郭である観音寺城と共通の構造を持つ**総石垣造**の城であった。

安土の地を選んだ理由としては、岐阜城よりも京に近く、琵琶湖の水運を利用することができ、**東山道**と**北陸道**が通り、**東海道**にも近いなど水陸交通の要衝に位置していたためと考えられている。

築城当時の安土城は、不等辺七角形の**天主**（天守）台に高さ約32m、外観五重で、地上六階地下一階の七階建て天主を構え、それまでの城郭にはない独創的な意匠をもった絢爛豪華な城であった。

織田信長廟

天主台西下「伝二の丸」に置かれた信長の廟所。1582年、大徳寺で信長の葬儀を行った豊臣秀吉が建立したもので、信長愛用の太刀や烏帽子などが埋葬された。

大手道

大手口から伸びる大手道は幅約7mと城内の道の中でもっとも広く、両側に幅1mの溝が付設する。両側は石塁が立ち上がり、伝徳川家康邸までの約180mはほぼ一直線に続く。

南東上空から鳥瞰した主要部の景観。当時は琵琶湖の内湖が三方を取り囲んでいた。金箔瓦に朱塗の欄干、黒漆の下見板が調和する壮麗な五重天主は覇王・信長の象徴であった。

安土城復元CG（復元＝三浦正幸、制作＝株式会社エス）

人物プラスワン **ルイス・フロイス**（1532〜1597）

イエズス会に所属するポルトガルのカトリック宣教師。戦国時代に来日して織田信長に会見し、畿内での布教を許可されている。安土城の完成披露にも招かれており、焼失前の安土城の姿を伝える貴重な資料を残している。

城郭大解剖

天主内部と障壁画

不等辺七角形の天主台上に五重六階の巨大な天主が築かれていた

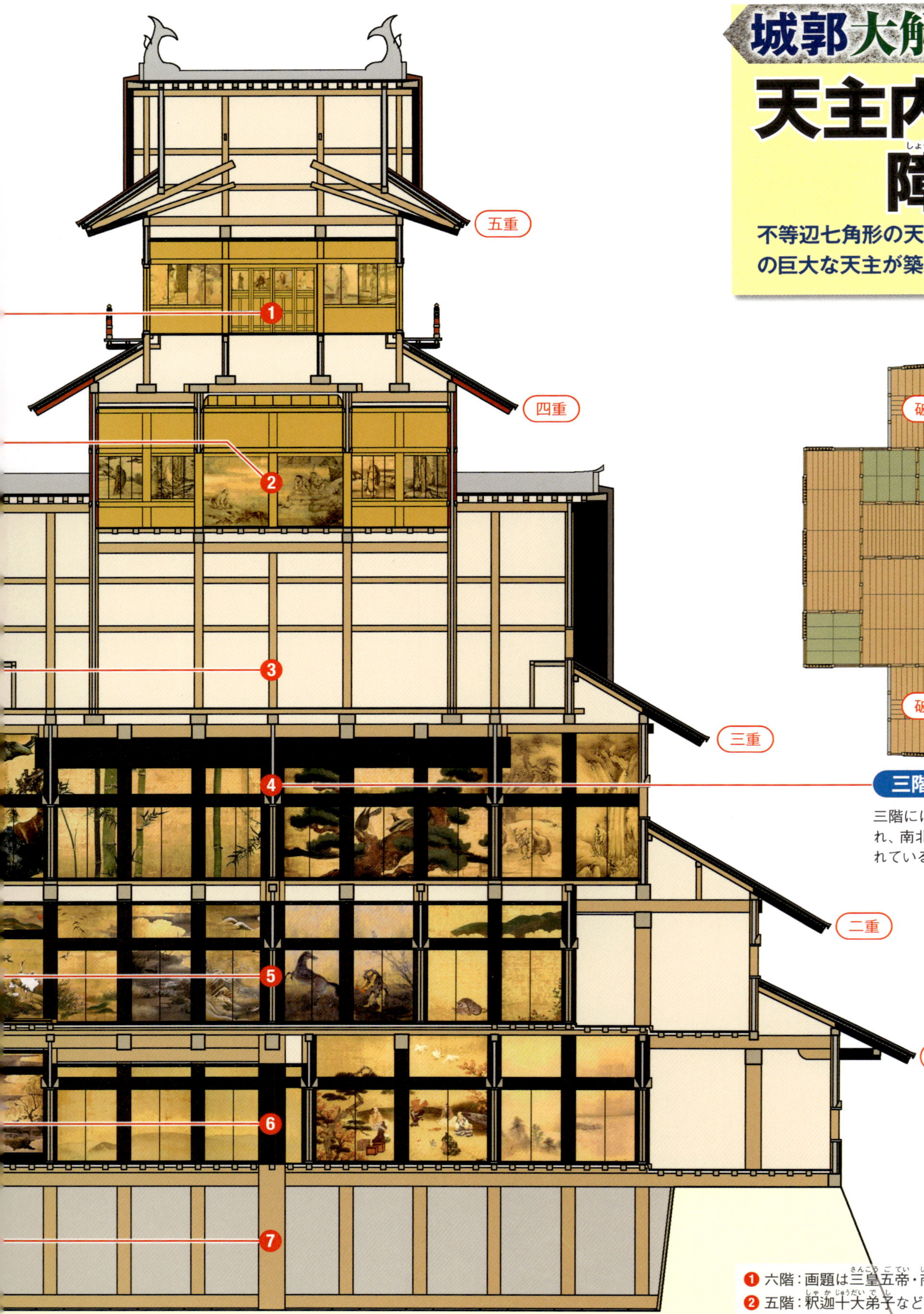

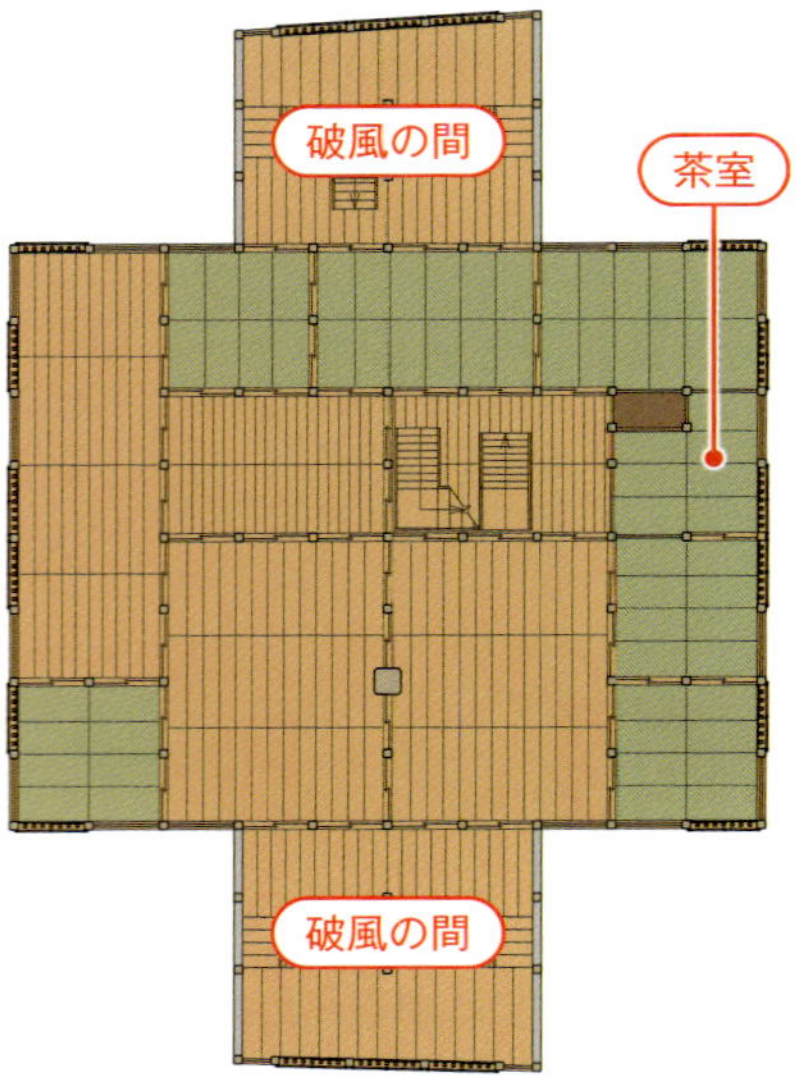

三階平面図

三階には信長の茶室が設えられ、南北に破風の間が設けられている。

平面図着色＝堤　愛絵
断面図着色＝佐藤大規

1. 六階：画題は三皇五帝・商山四皓・孔門十哲など。
2. 五階：釈迦十大弟子などが画題とされている。
3. 四階
4. 三階：画題は松・竹・桐に鳳凰などの花鳥風月画。
5. 二階：鵝や駒の牧などが画題とされている。
6. 一階：雉の子や梅などの花鳥風月が描かれている。
7. 地階

城郭プラスワン

障壁画の画題　三皇五帝は古代中国の神話伝説時代の皇帝。三皇は神、五帝は聖人で、理想の君主とされた。商山四皓は中国秦代末期に乱世を避けて商山に入った4人の隠士。孔門十哲は、孔子の門下の中で最も優れた10人の弟子を指す。

信長は光秀に討たれ、安土城も炎に消える

1582年5月、信長は完成した安土城に**徳川家康**を招き、**明智光秀**に接待させている。

同年6月2日未明、光秀は突如**謀反**を起こし、**本能寺**に滞在中であった信長を**襲撃**（**本能寺の変**）。わずかな供しか連れていなかった信長は、炎に包まれて**自害**した。

光秀もまた、**山崎の戦い**で**豊臣秀吉**に討たれ、その後まもなく安土城天主および本丸建物群は**焼失**。火をかけたのは光秀の重臣・**明智秀満**とも、信長の次男・**信雄**ともいう。

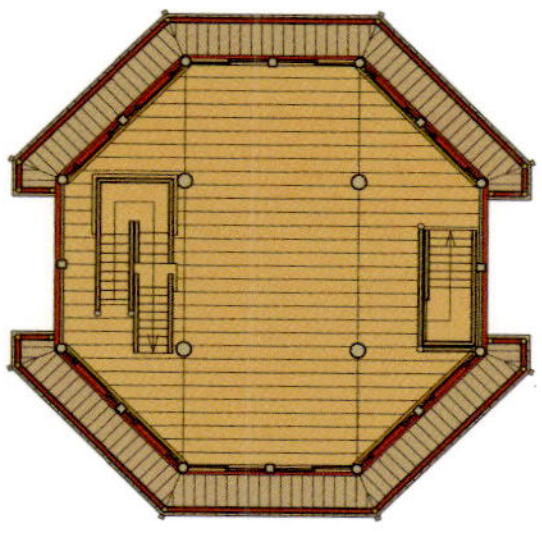

五階平面図

五階の平面は八角形となっており、部屋の中に4本の四天柱が立っている。

六階平面図

最上階である六階は平面が正方形になっている。

安土城天主復元断面図・平面図（復元＝佐藤大規）

蔵である地階と屋根裏である四階を除き、すべての階に色とりどりの障壁画が飾られていた。下層階の障壁画は花鳥風月、上層階の障壁画は宗教的なモチーフで統一されていた。

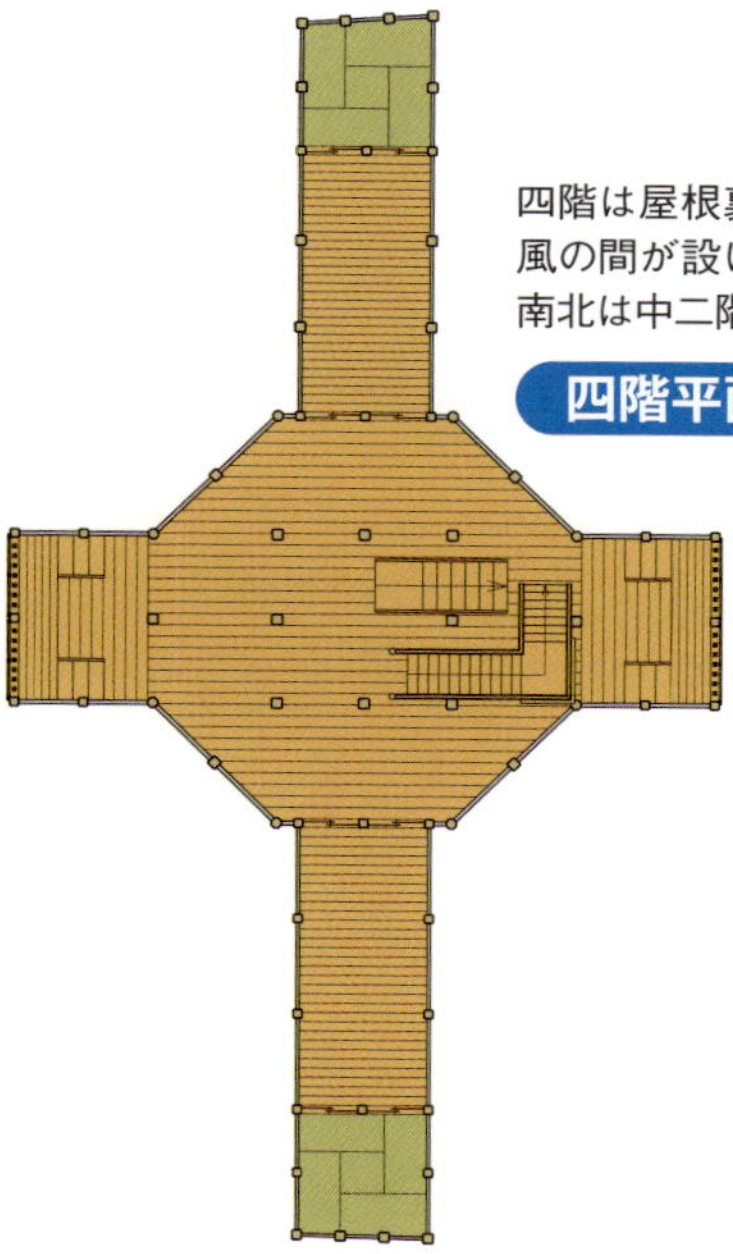

四階平面図

四階は屋根裏で、四方に破風の間が設けられているが、南北は中二階のため狭い。

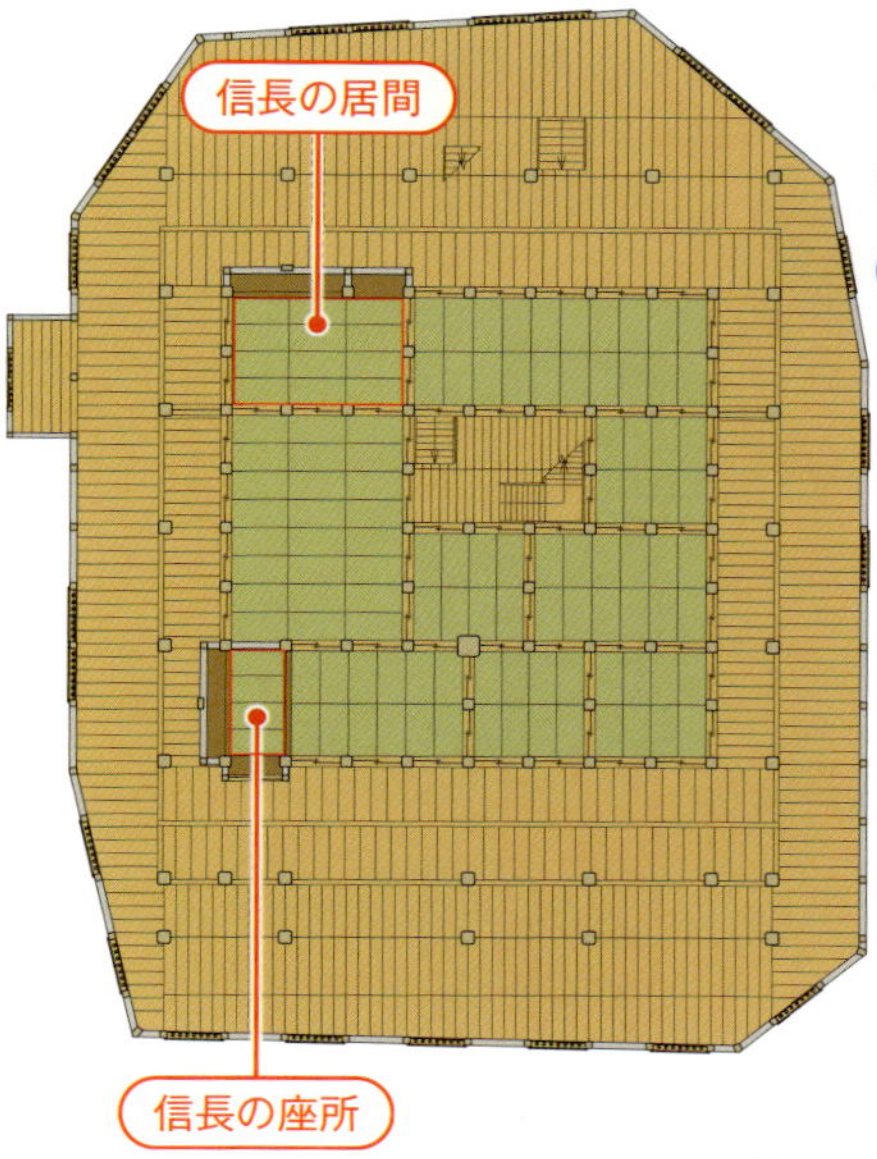

二階平面図

二階には信長の居間が設えられ、一門衆や身分の高い来客との対面に使用される。

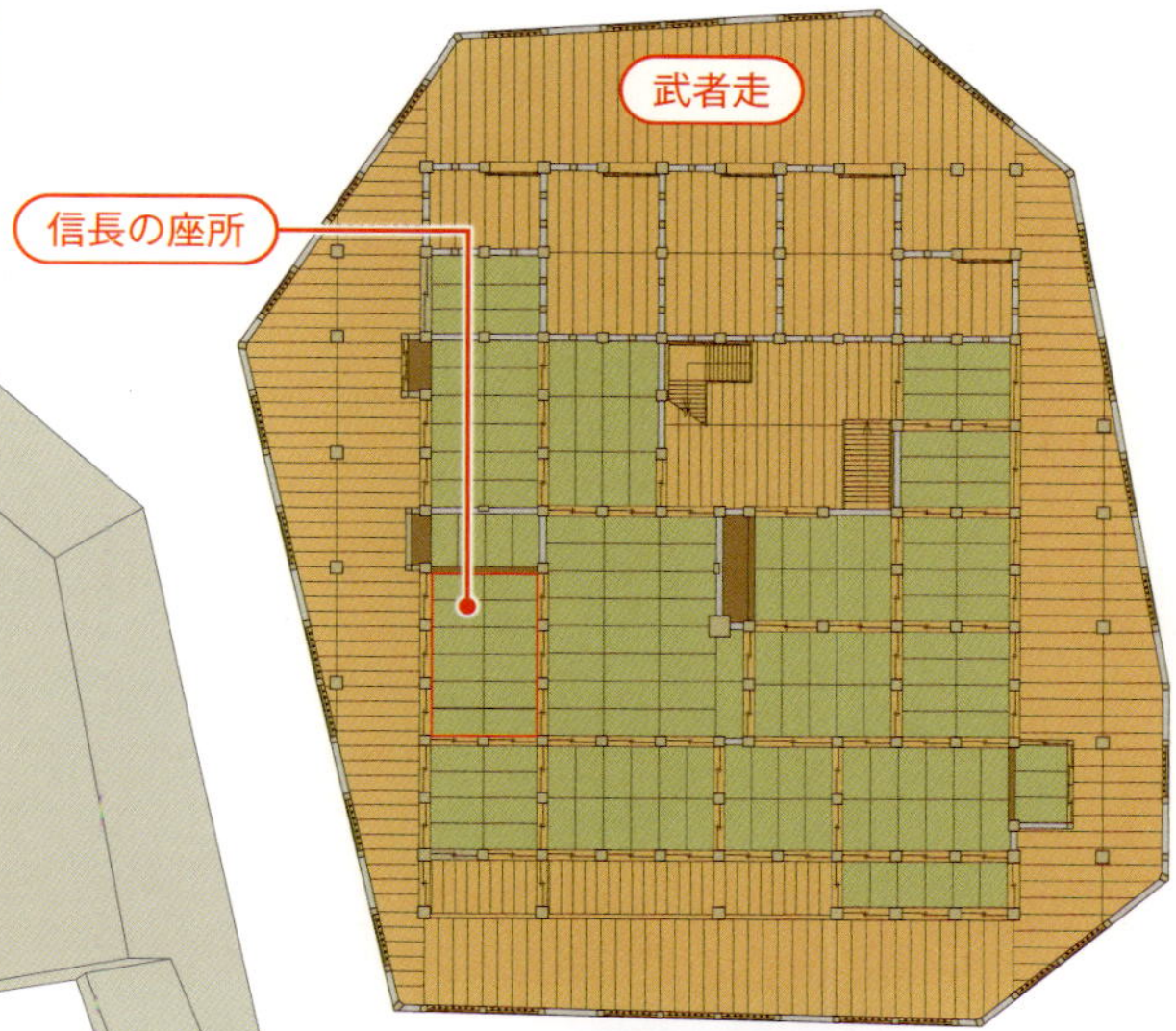

一階平面図

一階には信長の座所、家臣や来客との対面に使用された12畳敷の座敷などがある。

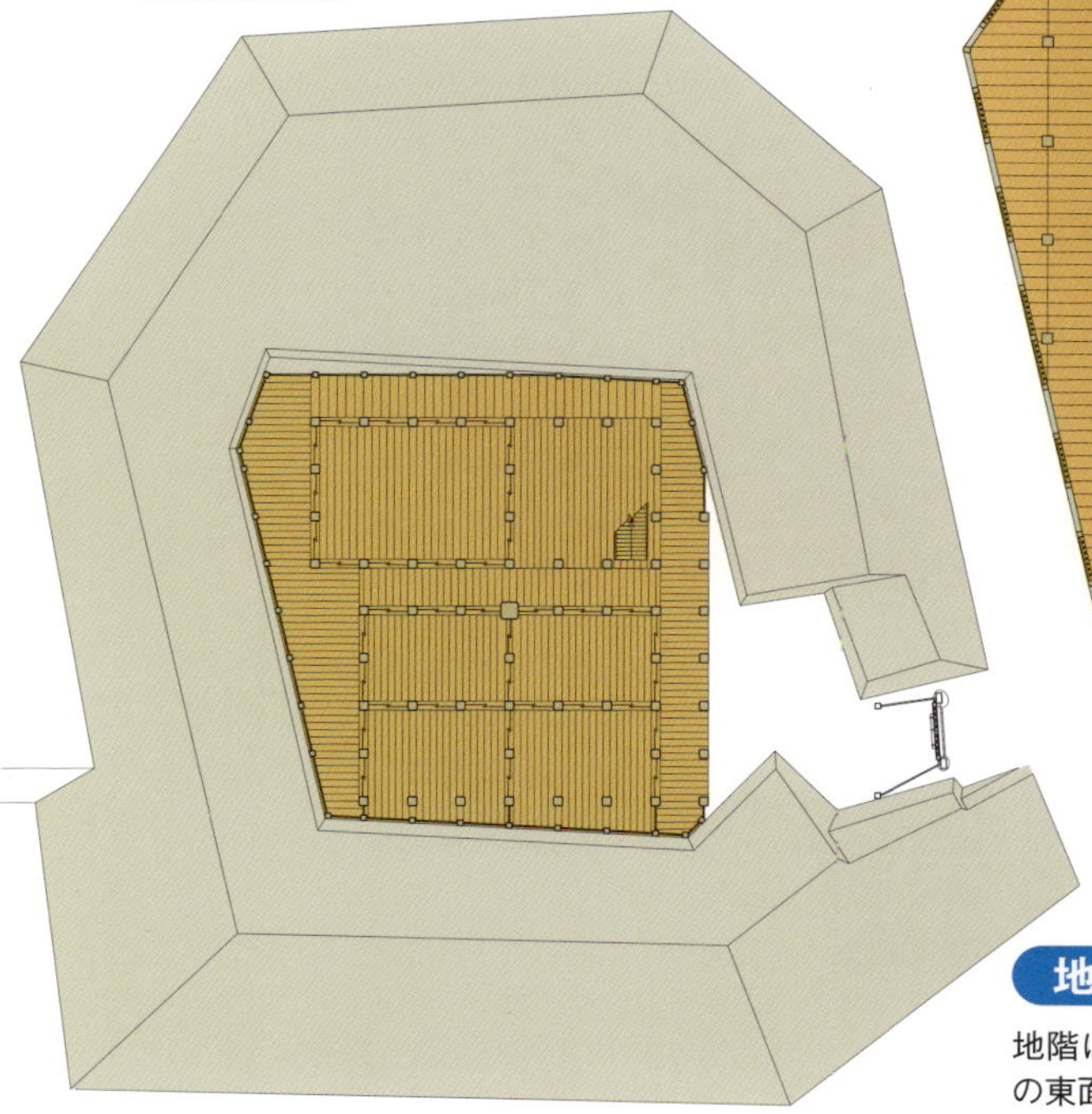

地階平面図

地階は蔵として使用され、天主台石垣の東面が穴蔵の開口部となっている。

人物プラスワン

狩野永徳（1543〜1590）　室町時代から江戸時代にかけて日本画壇の中心にあった狩野派の代表的画人。織田信長、豊臣秀吉らに仕え、安土城・聚楽第・大坂城などの障壁画を制作した。多くの作品がこれらの建物とともに焼失し、現存作品は少ない。

特集

天守のしくみ

城の象徴としてそびえ建った天守は二重から五重まで大小さまざまな規模のものがあったが、構造的には**望楼型**と**層塔型**の2形式に分けられる。一・二階建ての建物の上に、さらに**物見**の建物を載せた望楼型は旧式の天守で、それぞれ**独特の形**をした天守になる傾向が強かった。一方、新式の層塔型は下重から上重までが次第に小さくなっていく**規則的な形態**をした天守であった。

天守が盛んに造られたのは戦乱の時代であったから、規格性の強い層塔型の天守は設計も施工も望楼型より簡単で、工期を短縮することが可能な、軍事建築物としてはまさに理想的なスタイルであった。そのため、1606年以降に全国各地に築かれた天守は**ほとんどが層塔型**となった。

望楼型と層塔型

層塔型天守

丹波亀山城天守立面図（復元＝松田克仁　着色＝山田岳晴）

天守各重の屋根を均等に四方に葺き下ろした天守が層塔型で、下重から上重までが規則正しく小さくなっていく。全体として五重塔や三重塔を太くしたような外観になる。

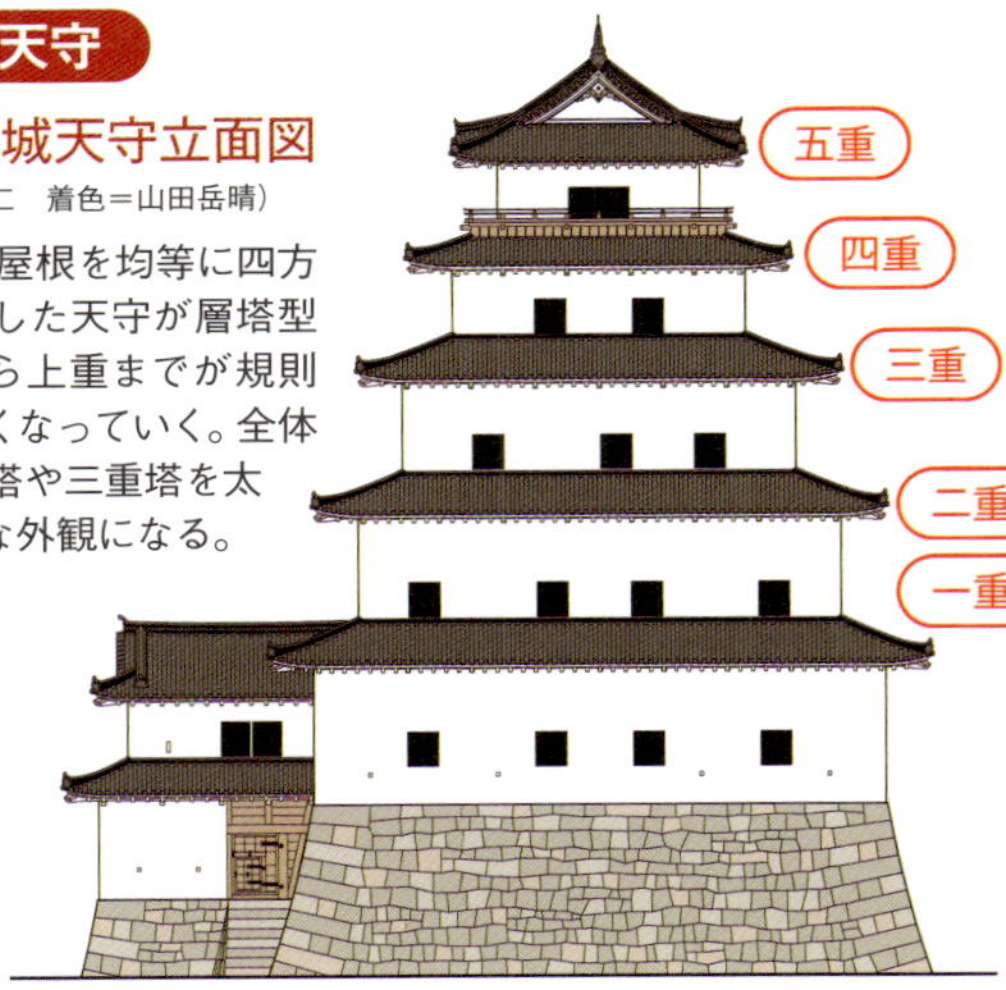

望楼型天守

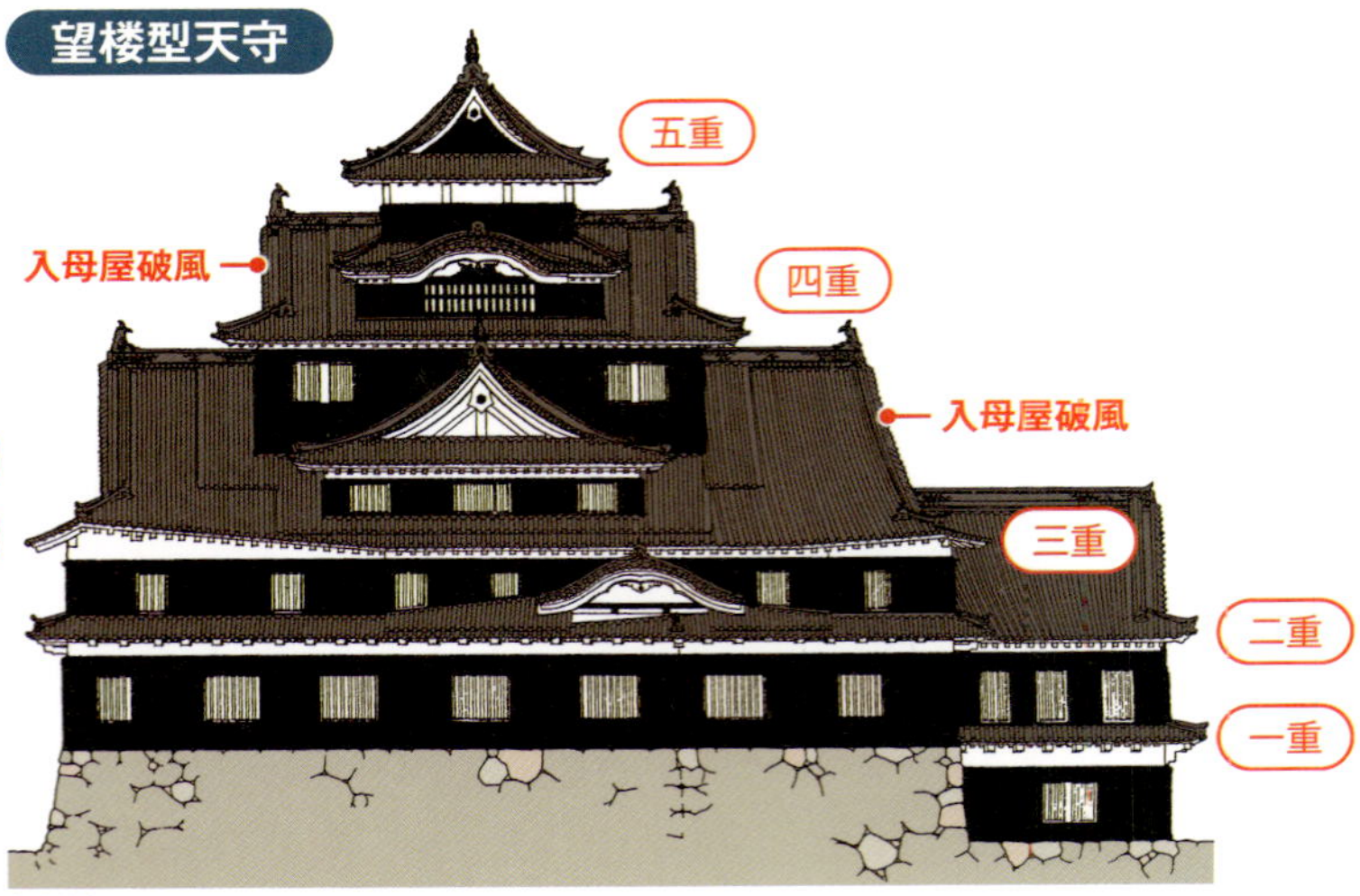

岡山城天守立面図（原図＝仁科章夫　着色＝山田岳晴）

一階建てあるいは二階建ての入母屋造の建物の上に、二階建てか三階建ての物見（望楼）を載せたものが望楼型天守である。下の建物の規模や望楼の大きさ・形も決まっていないため、外観は複雑になる。層塔型天守との見分けは、一階または二階に大きな入母屋破風があれば望楼型天守となる。

屋根を隠す　津山城天守は何重か？

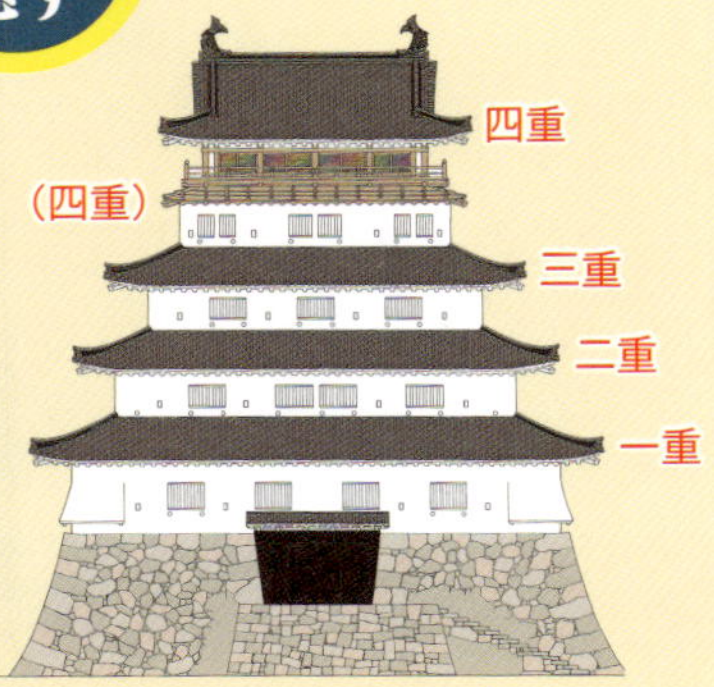

津山城天守立面図（復元＝石井正明）

津山城が築かれた頃、江戸幕府は諸大名が五重天守を建てることを厳しく制限していた。しかし、我が城の象徴として立派な五重天守を造りたい。そんなときに、屋根の軒の出を短くして「重」として数えられないようにするという手が使われた。つまり津山城天守は四重目の屋根を板葺の短いものにして、実質は五重天守ながら申告は四重天守としたのである。

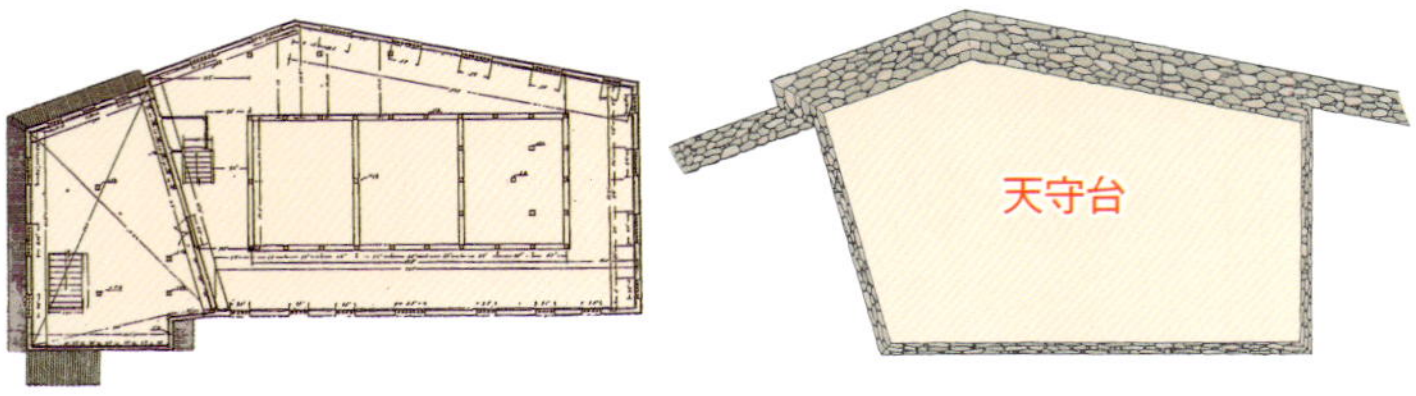

岡山城天守台（作図＝石井正明）**と天守一階平面図**（原図＝仁科章夫）

上図のように岡山城天守台の石垣は不等辺五角形の細長い形をしていた。こうした複雑な形の場合は、天守台の形を受け継ぐのが下重だけですむ望楼型天守しか建てることができない。すなわち岡山城天守では一階（左図）と二階の平面は不等辺五角形をしていた。

層塔型天守

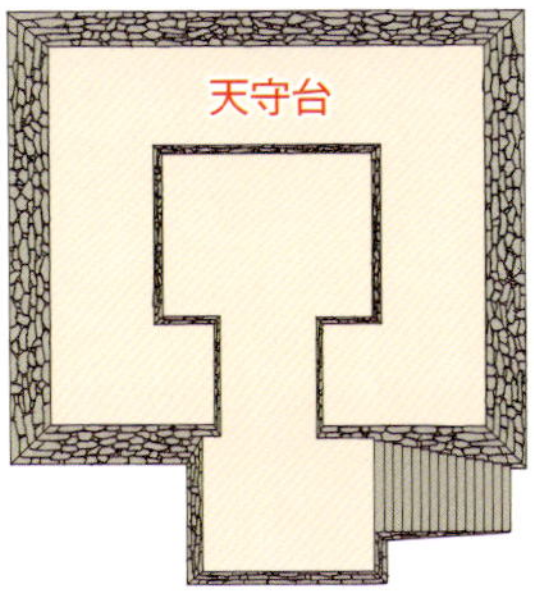

津山城天守台（復元＝石井正明）

石垣の構築技術の進化によって、ほぼ正方形（10間×11間）で構築された天守台である。津山城天守は初期の代表的な層塔型天守であり、初重から最上重まで正方形平面のまま小さくなっていた（左立面図）。

天守の規模

一口に天守の規模といっても、総体の高さや重の数、また全体の容積や底面の面積などいくつか基準があるが、最もわかりやすいのは「高さ」であろう。高さナンバーワンは、右の寛永度江戸城天守（五重）で約44.8m、最も低い天守は左の備中松山城天守（二重）で約11mであった。現代建築でいえば11階建てのマンションと一戸建てほどの差になる。松江城天守（四重）は約22.4m、宇和島城天守（三重）は約15.7mの高さである。

備中松山城天守（原図＝『重要文化財備中松山城天守及び二重櫓保存修理工事報告書』 着色＝山田岳晴）

宇和島城天守（原図＝『重要文化財宇和島城天守修理工事報告書』 着色＝山田岳晴）

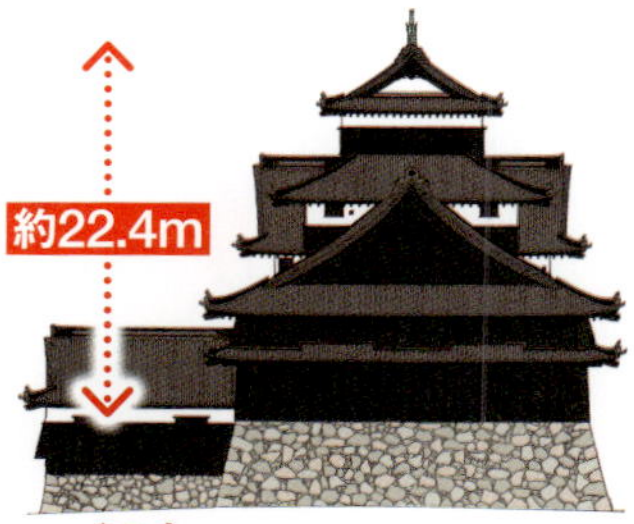

松江城天守（原図＝『重要文化財松江城天守修理工事報告書』 着色＝山田岳晴）

寛永度江戸城天守（復元＝金澤雄記）

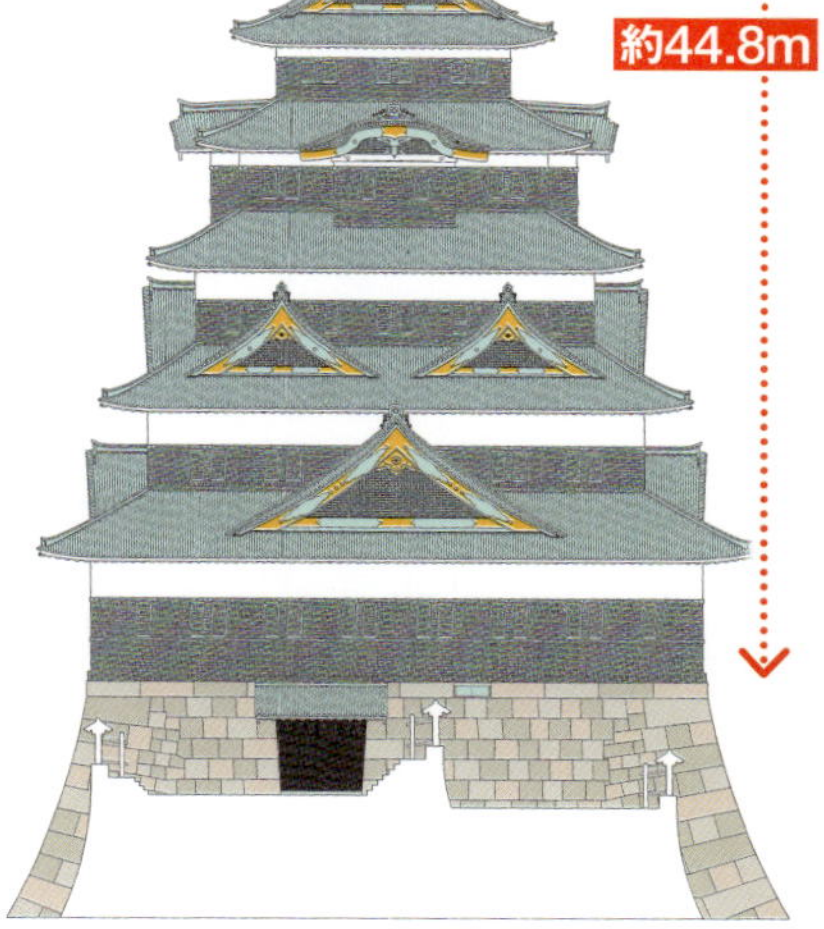

天守の構成

犬山城天守

付櫓を天守に直接接続する複合式は、最も実例が多い。付櫓を天守の入り口とする場合も多い。

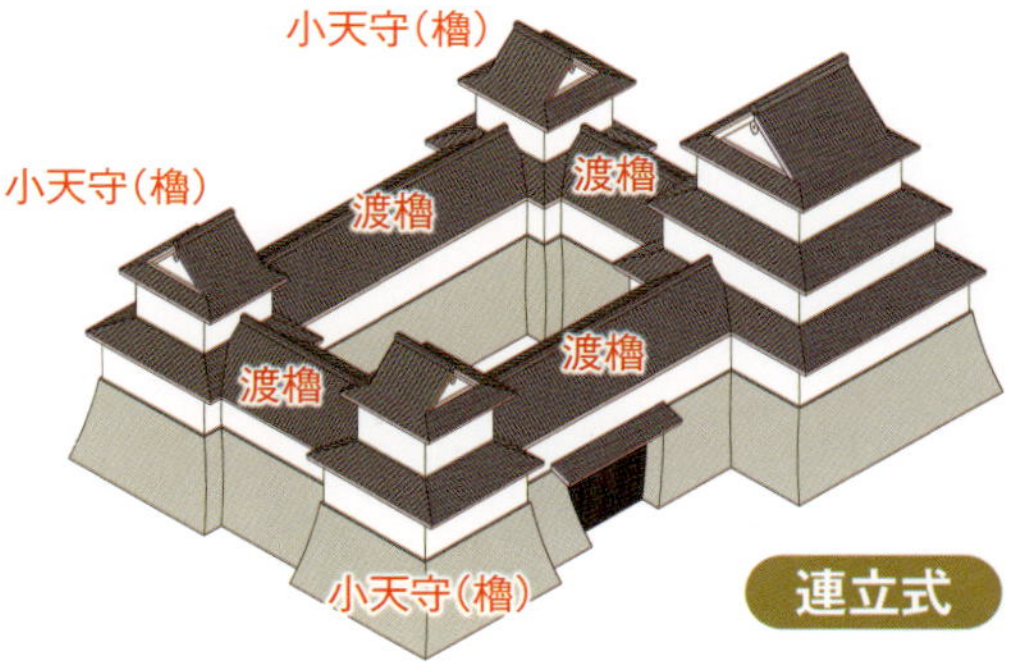

天守の構成（作図＝松島 悠）

丸亀城天守

丸亀城天守は、付櫓や小天守などをいっさい伴なわず、天守が単独で建つ。

大洲城天守

大洲城天守は、天守と2基の櫓（高欄櫓と台所櫓）を渡櫓で繋ぐ。こうした形式を複連結式とよぶ場合もある。

名古屋城天守

天守と小天守・櫓を渡櫓で結んだものが連結式である。名古屋城の場合は渡櫓の代わりに橋台で結ぶ。

姫路城天守

姫路城天守群は、天守と小天守3基（東小天守・西小天守・乾小天守）を渡櫓で結んで連立式天守を構成している。

特集
天守の意匠

天守を気高く飾ったものは、第一に**破風**であり、**廻縁・高欄**や**鯱**などの装飾、また**外壁**の仕様などであった。

破風や廻縁・高欄、鯱などは、城よりも古式な建築物である寺社仏閣に倣った意匠である。破風は装飾としての**千鳥破風・唐破風**はもちろん、屋根の一部である**入母屋破風**も美しい曲線が生かされて、天守になくてはならないパーツとなった。

天守の外壁は、美観を最重視するならば純白に輝く**白漆喰**であった。しかし天守は巨大な建物であったから風雨の影響が大きく、雨水に弱い白漆喰はメンテナンスが非常に大変であった。そのため耐水性の高い**下見板**を全面もしくは壁の下部に張った天守も多かったのである。

破風

各種の懸魚（作図＝山田岳晴）

天守の破風の飾りに用いられる懸魚にはいくつかの種類がある。最も多く使われるのは蕪をかたどった蕪懸魚。大きな入母屋破風などでは蕪を三つ重ねた三花蕪懸魚、小型の千鳥破風では簡略な六角形の梅鉢懸魚が飾りとして用いられた。

姫路城天守（右）と弘前城天守（上）

姫路城天守では重ごとに、面ごとに破風の種類を変えることで、外壁のリズミカルな意匠を作り出していた。西面二重の大入母屋破風は三重の屋根を突き破るほどの巨大なもので、西面四重の軒唐破風はその巨大な入母屋破風を避けるためのもの。南面の三重の比翼入母屋破風は、本来は屋根の一部である入母屋破風を二つ並べることで装飾的に用いたものである。弘前城天守では出窓の屋根に切妻破風を用いた。

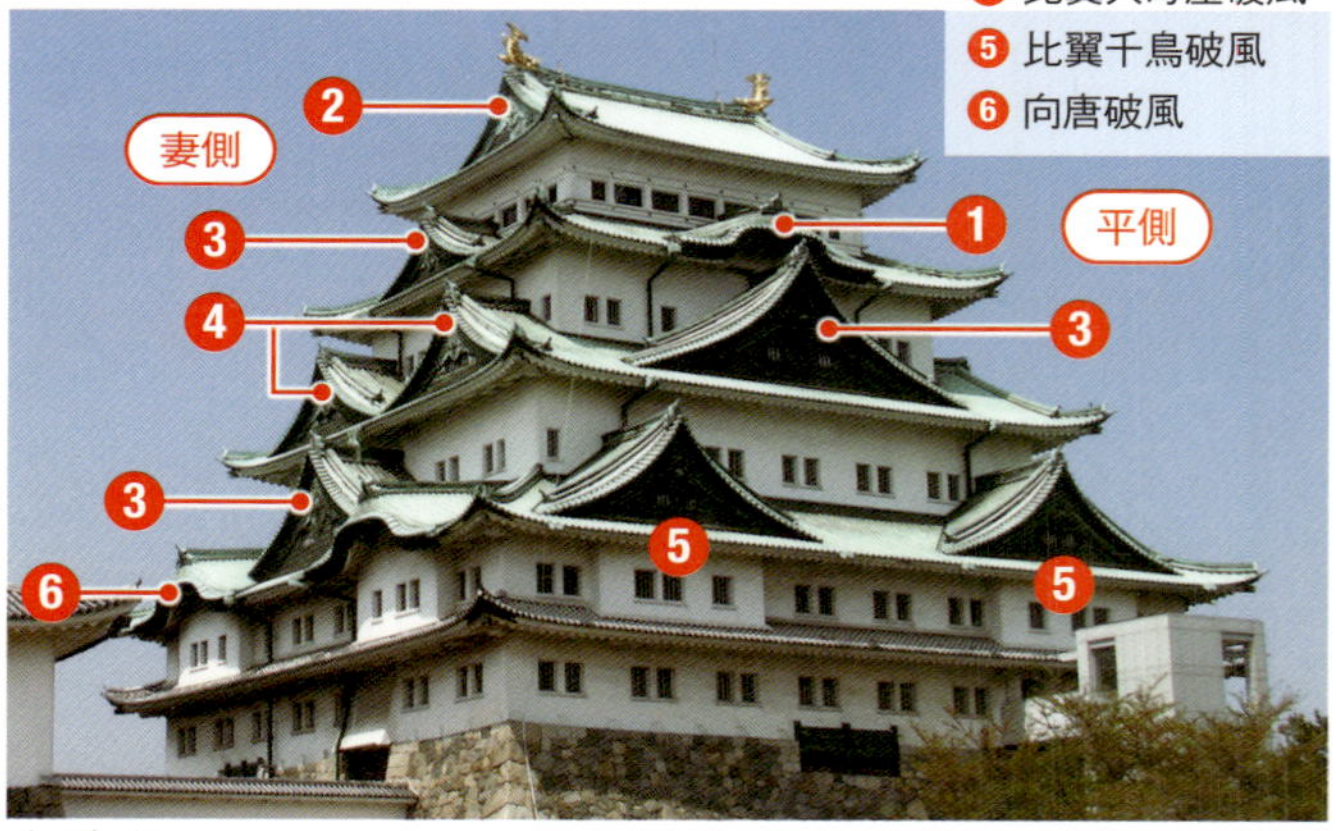

名古屋城天守

大型の層塔型天守では、単調になりがちの外観を妻側と平側で破風の数を互い違いにすることでバランスをとっている。名古屋城天守の場合は、平側で二重に二つ、三重に一つとし、妻側では逆に二重に一つ、三重に二つとしている。また唐破風も、平側では軒唐破風（屋根本体の軒先を丸く盛り上げたもの）、妻側では向唐破風（出窓の屋根など、屋根本体とは別に設けるもの）とスタイルに変化をつけている。

破風の見分け方

入母屋破風と千鳥破風

破風の中で形だけでは区別しにくいのが、同じ三角形に見える入母屋破風と千鳥破風である。大きな違いは、入母屋破風は屋根の一部であるので、破風の両棟がそのまま屋根の棟に繋がっているが、千鳥破風は飾りの破風なので、屋根上に単独で載っている点である。

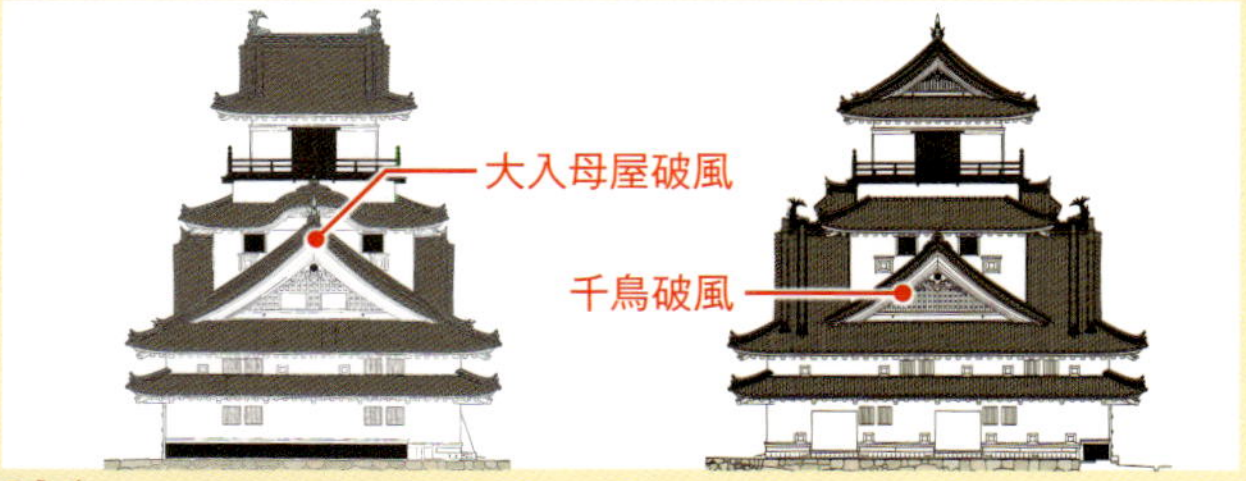

高知城天守立面図

（原図＝中央公論美術出版『日本建築史基礎資料集成十五　城郭Ⅱ』　着色＝山田岳晴）

外壁

新発田城天守

海鼠壁は下見板の代わりに瓦を張り付けて、瓦と瓦の間に漆喰を塗ったもの。耐寒性と耐久性に優れている。

宇和島城天守

塗籠は外壁に漆喰を塗って白く仕上げるもので、見た目としては非常に美しい。しかし耐久性から見れば、塗籠の外壁には雨に濡れると漆喰がはげ落ちてしまうという欠点がある。

松江城天守

下見板張は黒塗りの板を張るもので、松江城天守では一・二重目と入母屋破風が全面黒い板張で、望楼部分と手前の付櫓が下見板張（下方が板張、上方が塗籠）になっている。

鯱と廻縁・高欄

いろいろな鯱　鯱は頭が虎、胴体が魚という想像上の霊獣。火難除けのために天守の大棟の両端にあげられた。素材はさまざまあって名古屋城天守の鯱（右）は金、宇和島城天守の鯱（中）は最も一般的な瓦製、松江城天守の鯱（左）は銅板張りであった。

廻縁と高欄
犬山城天守立面図

（原図＝『国宝犬山城天守修理工事報告書』　着色＝山田岳晴）

建物の周囲を巡る縁が廻縁で、そこに付けられた手摺が高欄である。始まりは寺院建築であるが、高貴な建物の象徴として、天守の最上階に設けられた。

犬山城天守の廻縁

外に出ることが可能な廻縁である。廻縁の床面が傾いているのは、雨水を屋根へと導くための工夫。天守によっては廻縁と高欄が純粋な飾りで設置されているものもあり、その場合は外には出られない。

窓

姫路城天守

格子窓は漆喰を塗った太い格子をはめるもので、窓の戸の形式には2種類ある。跳ね上げた戸を棒で支える旧式の突き上げ戸と、漆喰を塗った戸を格子の内側に備え付ける新式の土戸である。姫路城天守は純白の土戸を壁面に並べる。

彦根城天守

華頭窓は禅宗寺院で用いられた高貴な窓である。上端を丸くした窓で、天守の品格を高めた。彦根城天守では全部で18個もの華頭窓が外観を飾っている。

会津若松城天守

出窓は初期の望楼型天守で明り採りのために設けられたのが始まりであった。のちには平側中央に置かれて、天守の洗練されたデザインの一つとなった。

長野県 3

松本城

▼深志城

小笠原氏の本拠・深志城の後身。関東の戦乱により城主は二転三転した

南西面から見た松本城天守群

天守と乾小天守、辰巳付櫓、月見櫓からなる松本城の天守群。南西面からはこれらのそれぞれ建造時期が異なる建物群を、最もバランスのよい角度で一望することができる。

城地種類
平城
築城年代
1593~94（文禄2~3）年
築城主
石川数正・康長
所在地
松本市丸の内
アクセス
JR篠ノ井線
「松本」駅からバス

黒門枡形　黒門は本丸の大手口で、本丸南東隅に設けられた枡形。内側の櫓門は城内側から見て左側に続櫓を突き出した、枡形門としては珍しい形式。一の門は1960年、二の門ならびに枡形は1990年に復元された。

太鼓門枡形

二の丸の大手口で、二の丸東面に設けられた枡形。城内から見て左側に土塀で囲った張り出しを設け、かつて太鼓楼があったといわれる。1999年に復元された。

本丸南面の石垣

写真中央の石垣が四角形に堀に突き出している部分は後世に積み直されたもの。侵入してきた敵に横から矢を射かけるために造られたものと考えられる。

MAP

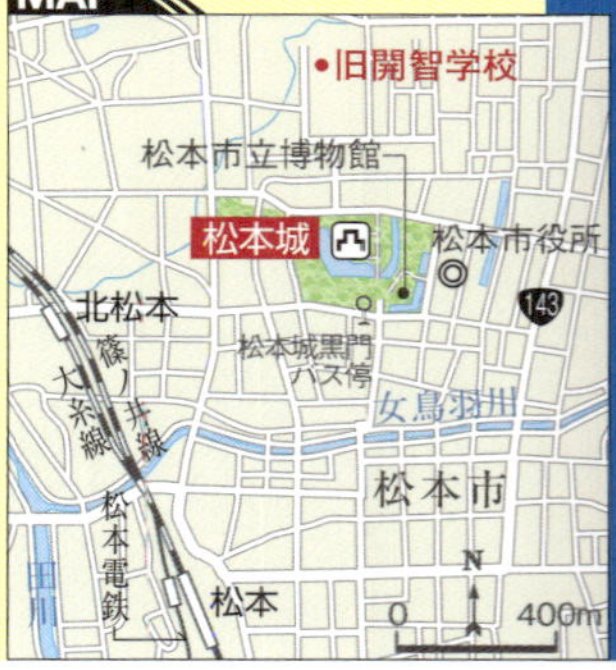

城郭プラスワン **枡形**　門の外側か内側に、枡のような四角い形の小区画を設ける防御施設の一つ。戦国時代には敵の侵入を防ぐためにさまざまな虎口（城の出入口）が工夫され、西日本では「枡形」、東日本では「馬出」という形式が発達した。

信濃の支配をめぐり、諸大名が争った拠点

松本城は、三重の水堀と土塁や石垣で城郭を囲み、出入り口に櫓や城門などを備えた**平城**である。中心部の5棟の建物は、大天守と乾小天守を渡櫓で連結し、辰巳附櫓と月見櫓が複合された**連結複合式**とよばれる天守群を形成している。

松本城の前身である**深志城**は、信濃守護・府中小笠原氏の家臣・島立貞永が築いたとされ、1550年、甲斐の**武田信玄**に攻め落とされた。信玄は深志城を改修して信濃支配の拠点とし、北信濃に至る信濃一帯を武田氏の領国としていった。

1582年、武田氏が**織田信長**によって滅ぼされ、さらにその信長も同年の**本能寺の変**で倒れると、旧武田領の支配権をめぐって「**天正壬午の乱**」が勃発する。この戦乱の中で、深志城は最終的に小笠原貞慶のものとなった。貞慶は**徳川家康**の臣下となり、城名を松本城と改めた。

1590年の**豊臣秀吉**の**小田原平定**後、家康は関八州へ移され、当時の松本城主・**小笠原秀政**もこれに従い下総古河へ移る。代わって、**石川数正**が松本城へ入城した。

本丸古写真

明治時代に撮影されたもの。当時、二の丸跡には長野県中学校松本支校（旧制松本中学校、現松本深志高校）が建てられており、本丸跡は同校のグラウンドとして使用されていた。

「信州松本城之図」

1712年頃の図とみられる。天守以下城門や櫓を立面的に描いた「起し絵」が貼り付けられており、特に本丸と二の丸の縄張はかなり精度の高いものとなっている。

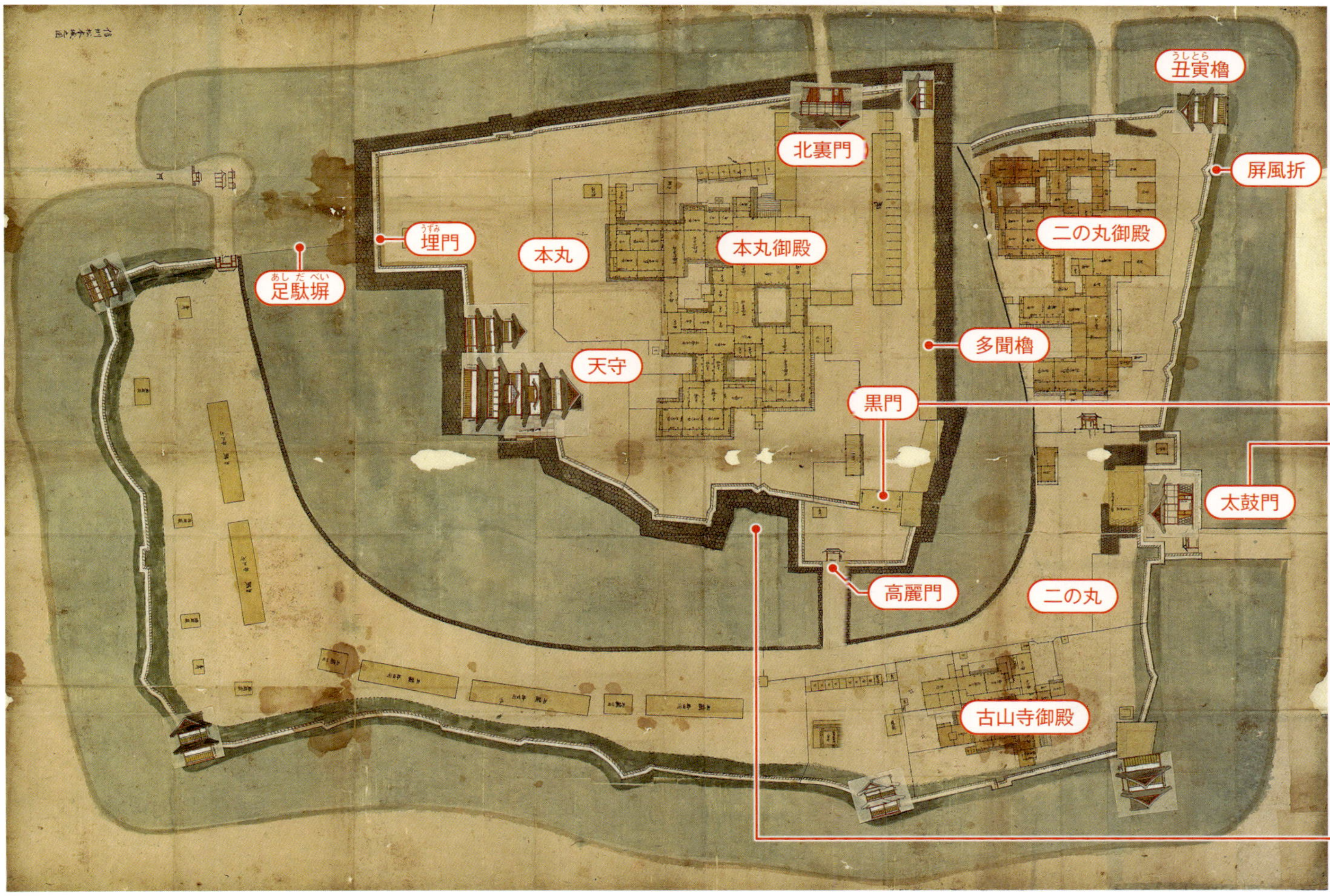

歴史プラスワン　起し絵

建物や樹木などの絵を切り抜いて厚紙などで裏打ちし、枠組みの中に立て並べて立体的に構成したもの。今日でいうペーパークラフトの一種。松本城の起し絵としては、上の他に、浅間温泉富士乃湯の所蔵するものがある。

城郭大解剖
天守群の内部構造

五重六階天守を中心に、小天守や櫓が一体化して天守群を構成する

天守六階内部

六階は本来外周にある廻縁を室内に取り込んでいる。天井には垂木上に扇の骨状に架けられた桔木の木口が覗く。

天守群復元透視図（考証＝永川 强、作画＝野上隼夫）

1. 一階入口（天守入口）
2. 廻縁
3. 唐破風
4. 千鳥破風
5. 竪格子窓
6. 下見板張
7. 石落

辰巳付櫓華頭窓から北面を望む

天守一階狭間から内堀を望む

城郭プラスワン　織豊系城郭　織田信長・豊臣秀吉の時代に、彼らに仕えた大名（織豊系大名）たちが、安土城や大坂城を手本として築いた城郭群。江戸時代以降の城と比べてやや旧式な構造ながら天守を建て、石垣を積み、屋根に瓦を葺くなどの特徴をもつ。

天守群

写真右手が乾小天守、左手に辰巳付櫓と月見櫓を配し、天守群の構成の複雑巧妙さは全国でも一、二を争う。月見櫓は厚い土壁がなく、寄棟造の屋根など城郭建築としては異色だ。

天守四階御座の間

3間（約5.45m）四方の座敷造で、有事の際の城主の御座所とされている。御座所は御簾で仕切られている。

天守五階内部東北隅

六階への階段は途中に踊り場がある。右奥に見える東面破風入込をはじめ四方に窓があり、室内はかなり明るい。

天守二階内部

二階から五階までは敷居が存在しない階となっている。写真左手は南面の五連の竪格子入り突き上げ板戸付の窓。

天守一階内部

廊下は部屋より一段低くなっている。柱の列は緩く弧を描き、廊下側の柱の列は直線状になっているのがわかる。

石川氏時代の改修で織豊系城郭となる

石川氏はかつて**徳川譜代**の家臣であったが、松本城に入ったときは**秀吉**の**直臣**となっていた。**数正**は秀吉から10万石を与えられ、松本城を、黒壁の天守をもつ**織豊系城郭**に改修すべく、大規模な普請を開始した。数正の死後は、子の**康長**が城の改修事業を引き継ぎ、城郭・城下町の整備を行った。康長は所領10万石のうち2万石を2人の弟に分与していたため、8万石の禄高としては分不相応な普請となり、領民の負担は大きかったという。

その後、江戸時代初期に康長が大久保長安事件に連座して所領を**没収**され、旧城主・**小笠原秀政**が松本城に戻った。現存する大天守は、石川氏時代の建造とも、後の小笠原氏時代の建造ともいわれ、諸説ある。

天守は二重目の屋根が大きく屋根裏階が存在するため、外観は五重で六階建てとなっている。乾小天守も三重四階。層塔型天守でありながら旧式の望楼型天守の特徴を残している。

人物プラスワン

石川数正（1533〜1593）

酒井忠次とともに徳川家康の片腕として活躍したが、小牧・長久手の戦い後、突然徳川家を離れ、豊臣秀吉に仕えた。小田原平定後、秀吉に松本城を与えられ、天守築造に着手したが死去。城の普請は子康長に引き継がれた。

愛知県

4

犬山城

▼白帝城

美濃・尾張国境に築かれ、信長の美濃攻略戦などの合戦の舞台となった

信長の叔父が築城し、織田一族が支配する

標高80mの城山に築かれた**犬山城**は、背後を断崖に守られた典型的な「**後堅固**の城」だ。築城者は、**織田信長**の叔父・**信康**である。

尾張守護代・織田氏は、戦国時代には、尾張北部を支配する**岩倉織田**氏と、南部の**清洲織田**氏に分かれて争っていた。信長の生家である「**弾正忠家**」は清洲織田氏の家老であり、信長の祖父・**信定**の代に勢力を伸ばし、父・**信秀**の代には主家である清洲織田氏に取って代わると、尾張統一に動き出した。

信秀の弟・信康は1537年、**木曽川南岸**の**三光寺山**に犬山城を築いて居城とした。信康の死後、子（信長の従兄弟）・信清が跡を継いで犬山城主となったが、信清はのちに信長と対立し、犬山城を追われた。やがて、尾張を統一した信長は、

本丸鉄門

本丸前の階段道からの出入口である本丸虎口に設けられた門。名称は鉄板で覆われていたことに由来する。現在の鉄門は、1965年に建てられた復興櫓門である。

岩坂門跡と小銃櫓台

南側から見た岩坂門跡と、1965年に模擬的に再建された小銃櫓台の石垣。岩坂門は大手道の突き当たりにあり、門の左手には小銃櫓台がにらみをきかせていた。

黒門跡

黒門は桐の丸と樅の丸の間を抜ける登城口の入り口に、道具櫓をともなって構えられた。門は1876年に大口町の徳林寺の山門に移築され、現在は門の礎石のみ残る。

南西上空から見た犬山城。木曽川を背にした丘陵最奥部の本丸を高石垣で固め、さらに周囲を石塁で遮蔽された二の丸で囲み、多くの櫓などの防御施設を設けていた。

城地種類	平山城
築城年代	1537（天文6）年
築城主	織田信康
所在地	犬山市大字犬山
アクセス	名鉄犬山線「犬山遊園」駅から徒歩

MAP

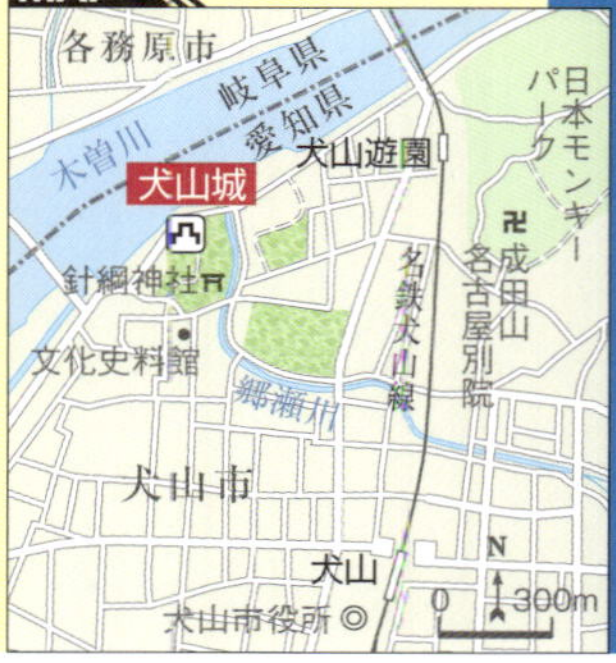

歴史プラスワン

「復興」と「模擬」の違い

「復興」と「模擬」は、どちらも「復元」ではなく、現存する建物などを参考にして、あるいは想像で建てたもの。このうち、過去に存在したことが確認できているものを「復興」で、確認できないものを「模擬」とよぶ。

犬山城を家臣の**池田恒興**に与えた。恒興は1580年、信長に**謀反**を起こした**荒木村重**を討伐し、その旧領である**大物城**（**尼崎古城**）を与えられた。犬山城には、恒興の娘婿で信長の5男の信房が入っていたが、1582年に**本能寺の変**が起こると、信長の次男・**信雄**の所領となり、**中川定成**が犬山城代となった。

七曲門跡

本丸から見た七曲門跡。本丸北東隅から天守背後へ九十九折れに回り込む七曲道を経て水の手御門に至る入り口に構えられていた門で、現在は礎石のみが残っている状態にある。

犬山城復元図（復元＝松岡利郎、作画＝板垣真誠）

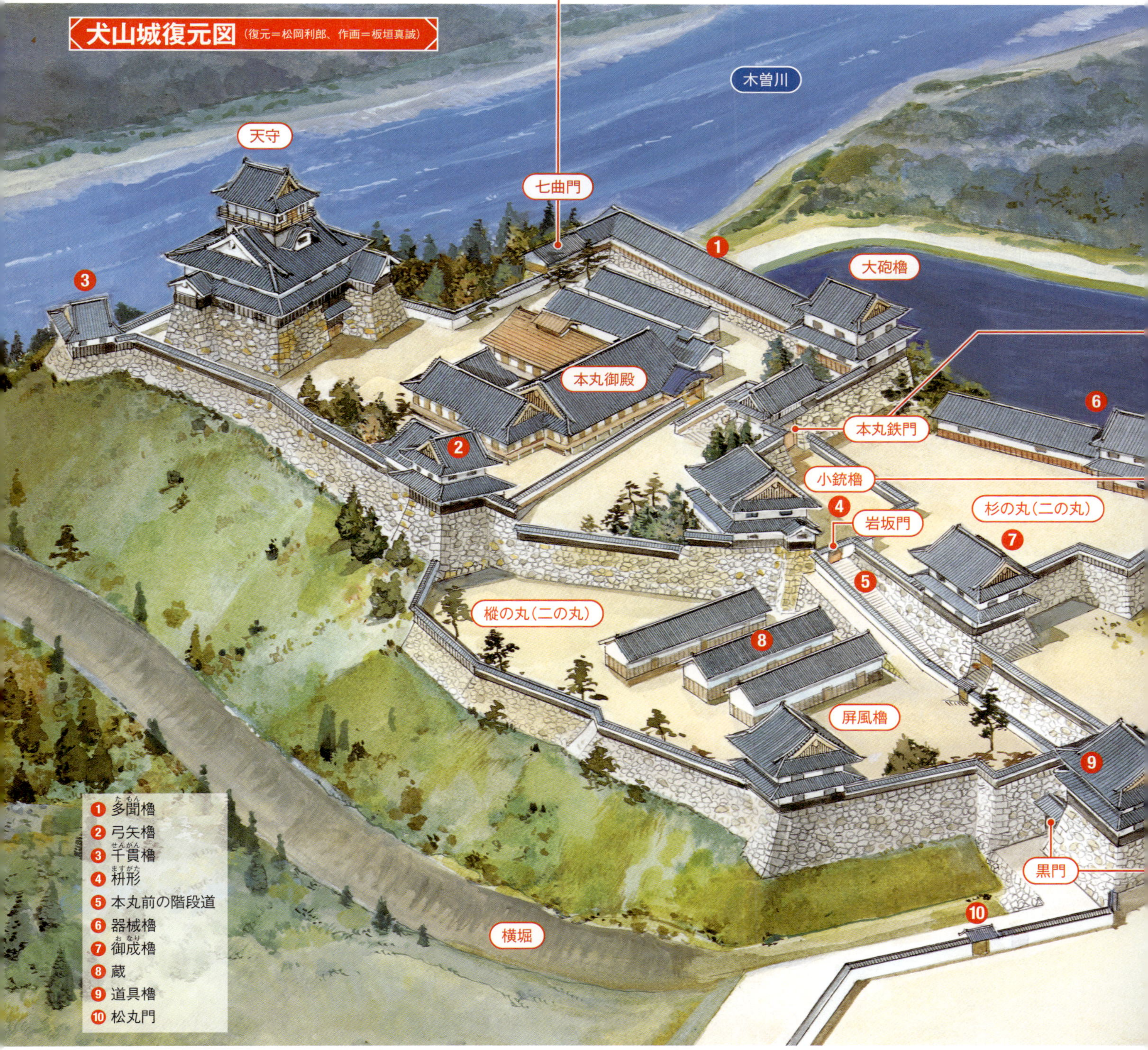

城郭プラスワン

大物城（尼崎古城）

1519年に細川高国が築いたといわれ、近世尼崎城（現在の尼崎城址）とは場所が異なる。荒木村重は居城の有岡城で1年間籠城した後、子の村次の居城であった大物城へ移り、さらに毛利氏を頼って尾道へ逃れたという。

天下人の縁者たちがその腹心を置いた城

1584年、元城主であった**池田恒興**が突如犬山城を**奇襲**し、**落城**させる。これをきっかけに、信長の後継者の座をめぐって**信雄**と**徳川家康**の連合軍と**豊臣秀吉**の間で**小牧・長久手の戦い**が起こった。

この戦いののち、犬山城は信雄の支配に戻り、信雄が失脚すると秀吉の養子・**秀次**の支配地となった。さらに秀次が失脚すると、秀吉の家臣・石川貞清が犬山城主となる。

貞清は**関ヶ原の戦い**で**西軍**についたため、戦後所領を**没収**され、犬山城には一時松平忠頼が入るが、1601年に家康の四男・**松平忠吉**が尾張藩主となり、忠吉の付家老の小笠原吉次が犬山城主となり、天守の一・二階部分が造られる。忠吉の死後、尾張藩を家康の九男・**徳川義直**が継ぐと、犬山城には義直の付家老の**平岩親吉**が入った。

親吉の死後、1617年に同じく**尾張藩付家老**の**成瀬正成**が犬山城主となる。正成の時代に天守の三・四階部分が増築され、現在の外観が完成する。成瀬氏はその後、幕末まで代々犬山城主として存続した。

城郭大解剖
天守のすべて

現存最古といわれる望楼型天守は、二重櫓の上に望楼を載せた古い様式

犬山城天守

天守の一、二階部分は1601年に建造され、望楼部は1620年に付設されたとされる。三階部分の唐破風や最上階の廻縁もこの時期の改修とみられる。

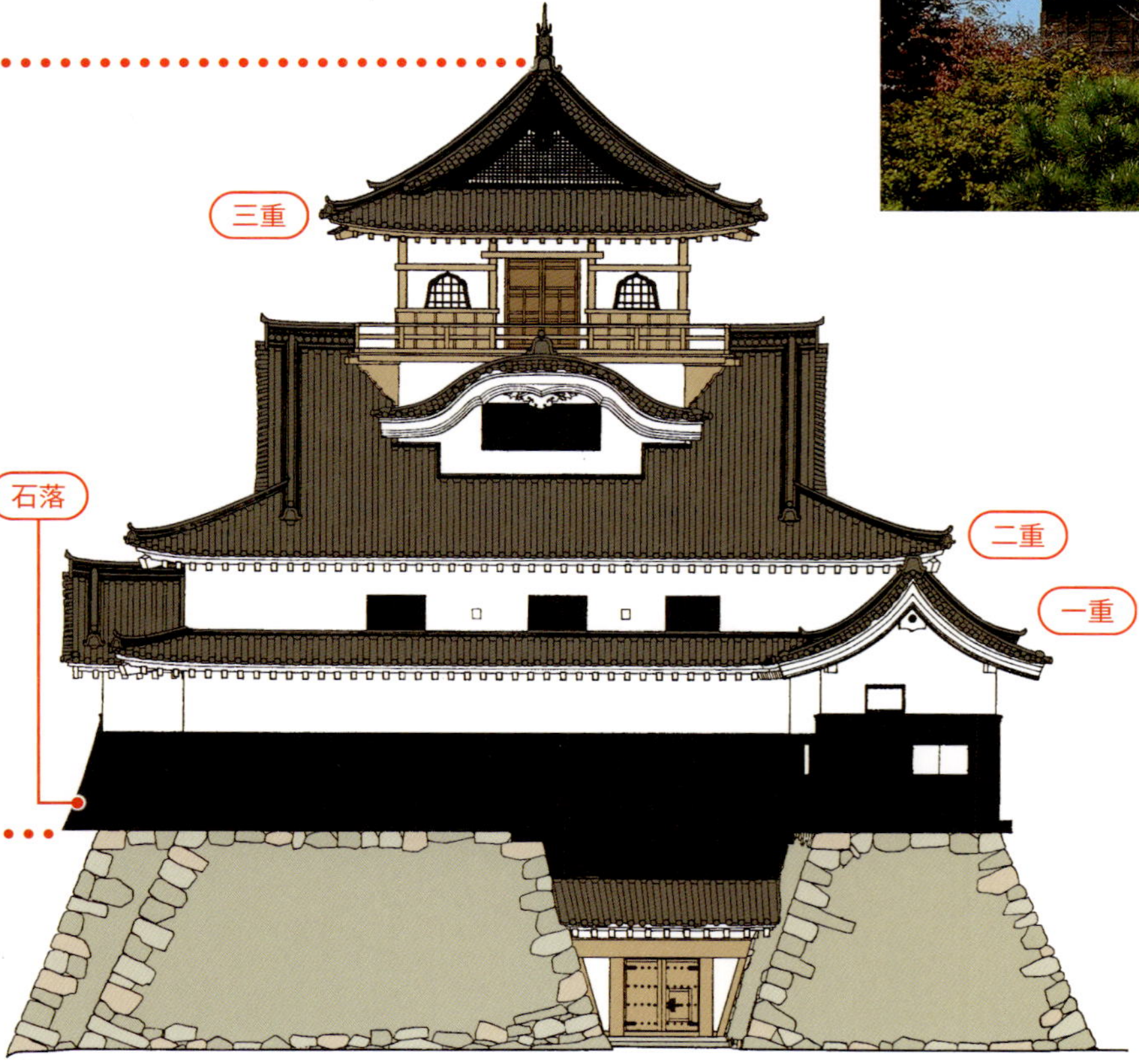

犬山城天守立面図・南面（原図＝『国宝犬山城天守修理工事報告書』 着色＝山田岳晴）

南面は犬山城の正面に当たる。一階には入り口東側に天守に付属した付櫓を備え、二重屋根には唐破風、最上階には華頭窓や、廻縁と高欄などの装飾が後から追加されている。

最上階の廻縁と華頭窓

廻縁は実際に通行可能な回廊だが、華頭窓は漆喰壁に塗りこめられた装飾品となっている。このことから、望楼部の増築が元和年間（1615～24年）以降であることがわかる。

合戦プラスワン 小牧・長久手の戦い

賤ヶ岳の戦いの勝利で信長の後継者の地位を確実にした豊臣秀吉に対して、信長の次男信雄が徳川家康と結んで戦った。犬山城は信雄方の城だったが、このとき旧城主であった池田恒興に攻められ、落城している。

三階唐破風の間

光の差さない屋根裏階だが、四面の破風内に「入込の間」とよばれる幅二間分の連続する採光用の窓を設けた。これにより十分な採光を得ることができ、明るい階となっている。

一階上段の間

床の間・袋戸棚・違棚などが設けられた畳敷の施設。現在はここのみ畳が敷かれているが、一階はすべて畳敷だった可能性もある。当初からのものではなく、幕末頃に造られた。

天守西側の出張りと石落

天守西側に設けられた石落の間の外観。三角形の黒い板張の部分が石落で、底が開いて内部から敵を射撃した。北西隅部は出張っており、ここから横矢をかけるようになっていた。

地階の踊り場

地下一階は、入り口からの階段の途中に踊り場を設けている。さらに、ここで階段の方向をつけかえることで、一階まで直線で入れないようにして、侵入者への備えになっていた。

石落の間内部

内部は板敷で、窓が開き戸となっているため、視界が大きく開けるようになっている。ここから鉄砲で周囲の敵を狙った。犬山城で唯一の石落の存在から「石落の間」とよばれる。

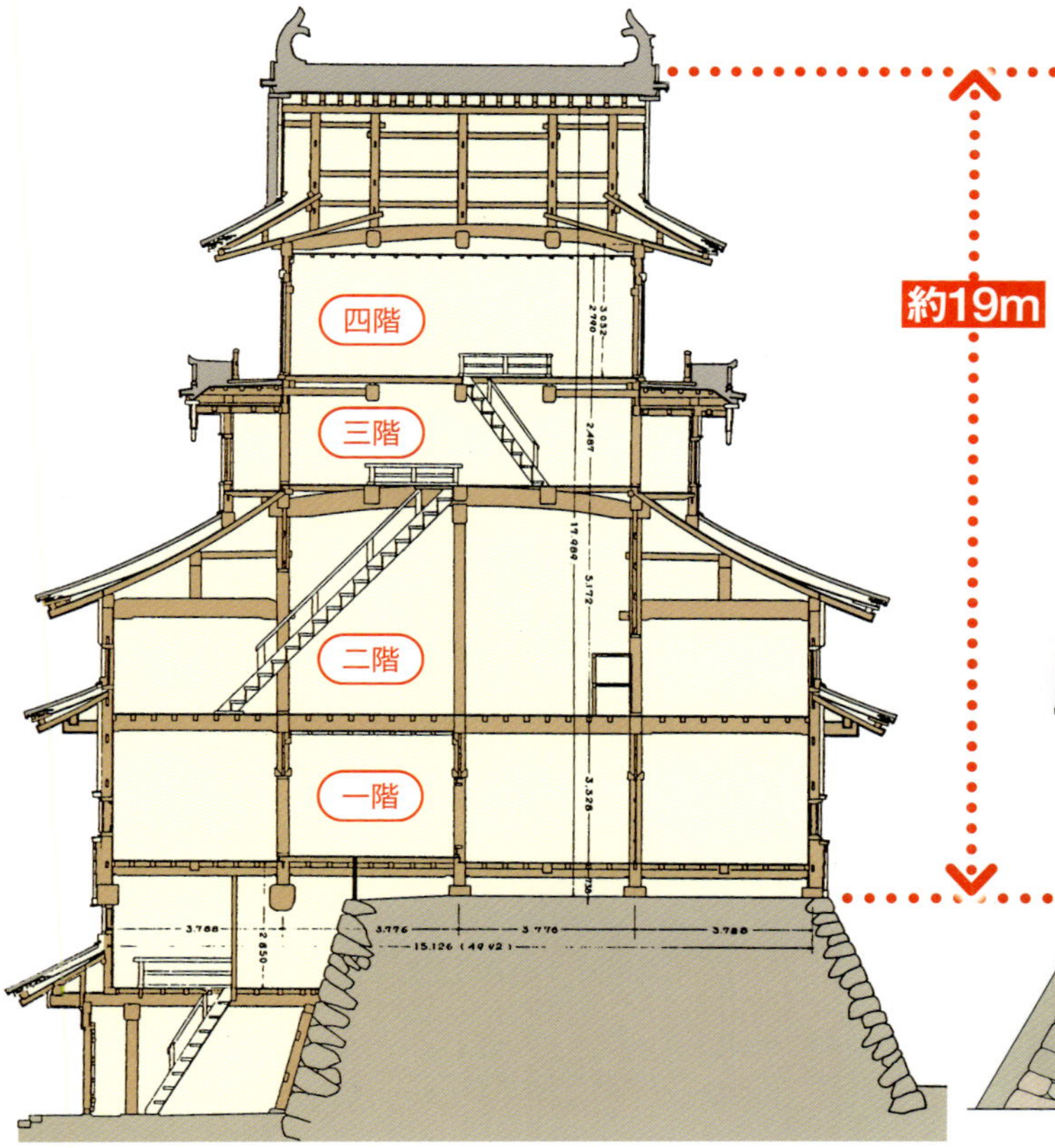

犬山城天守断面図・東面（原図＝『国宝犬山城天守修理工事報告書』）

天守は三重四階、地下一階の望楼型構造。最上階の廻縁は外側に向かって傾斜しており、雨水が流れるように工夫されている。三階には唐破風とともに入込の間が設けられている。

犬山城天守立面図・西面（原図＝『国宝犬山城天守修理工事報告書』　着色＝山田岳晴）

南面に比べると東・西面は装飾性に乏しく、最上階は真壁造となり、窓もついていないため異様に感じられる。入母屋破風が正面に来ているため、望楼部が小さく感じられない。

人物プラスワン

成瀬正成（1567～1625）

戦国時代から江戸時代初期にかけての武将。幼少時より徳川家康に仕え、草創期の江戸幕府で重職を勤める。尾張藩の付家老平岩氏が断絶した後、家康から特に頼まれて付家老となり、犬山城を与えられて天守を築造した。

滋賀県

5 彦根城

▼金亀城

大坂城に対する徳川方の最前線として、強固な防御構造の城が築かれた

関ヶ原の戦いののち、井伊氏が佐和山城へ

彦根城は標高50mの**彦根山**に築かれた**平山城**である。**国宝**に指定されている天守は「**牛蒡積**」（自然石を重心が内下に向くように積む工法）とよばれる石垣の上に築かれている。三重三階とやや小ぶりだが、白漆喰で塗りこめ、金箔を押した飾り金具や黒漆など**華麗**な意匠をもつ。

彦根城のある北近江にはかつて、**鎌倉時代**の創建と伝わる**佐和山城**があった。佐和山城は**織田信長**の近江侵攻後、**丹羽長秀**らを経て、**石田三成**が居城とした。

1600年の**関ヶ原の戦い**で西軍が敗れると、佐和山城は東軍の攻撃を受けて**落城**し、三成の一族の多くは城を枕に討ち死にした。

戦後、豊臣氏や畿内の外様大名に睨みを利かせるため、**徳川家康**の重臣・**井伊直政**が入城した。

彦根城空撮写真

南側上空から見下ろす。内堀から内側の曲輪はほぼ現存している。写真中央に見えるのが天守と付櫓。右下に見えるのが彦根城博物館で、その右上には玄宮園の池泉が見えている。

馬屋北面

L字形の平面は北面に潜戸を脇に付した門があり、内部は21の馬立場と馬繋場が設けられ、東端には馬を管理する小部屋が付けられている。佐和口多聞櫓の北側に現存している。

堀切

佐和口多聞櫓の内部は7つに区画され、中堀に向って三角形と四角形の狭間が交互に配置されている。櫓の北端部分は明治初年に取り壊された再建建築物だが、写真は現存部分。

二の丸佐和口多聞櫓南面

佐和口多聞櫓は二の丸搦手にあたる佐和口脇に建てられ、佐和口門と一体構成された多聞櫓。創建当時の建物は1767年の火災で焼失し、1768年までに再建された。

城地種類	平山城
築城年代	1604（慶長9）年
築城主	井伊直継・直孝
所在地	彦根市金亀町
アクセス	JR東海道本線「彦根」駅から徒歩

MAP

城郭プラスワン **多聞櫓**

城郭内の長屋形式の建物をいう。名称の由来は、松永久秀が多聞城に長屋状の櫓を建てたからという説（『和事始』）や、楠木正成が渡櫓内に多聞天を祀ったからだという説（『甲子夜話』）などがあるが、定かではない。

天守

国宝に指定された三重三階の天守。昭和期に行われた大修理で建築材を解体調査した結果、天守の完成は1607年頃、大津城の四重天守を移築したと判明した。

西の丸三重櫓

西の丸南西隅の石垣上に建つ三重櫓。城内にあった2棟の三重櫓の一つで、空堀を挟んで西に位置する出曲輪と対峙する。現存する建物は1853年の大修理以降の姿。

太鼓門櫓西面

太鼓門は本丸に至る最後の関門。門上の櫓と南面に接続する続櫓から構成されている。江戸時代を通じて何度か修理が行われ、1826年の修理で門上部は大改造された。

天秤櫓

天秤櫓は本丸東曲輪にあり、東に位置する鐘の丸と空堀を挟んで対峙している。凹字形の平面をなす多聞櫓の両隅に二重櫓をしつらえ、二重櫓の間の多聞櫓に城門を開いている。

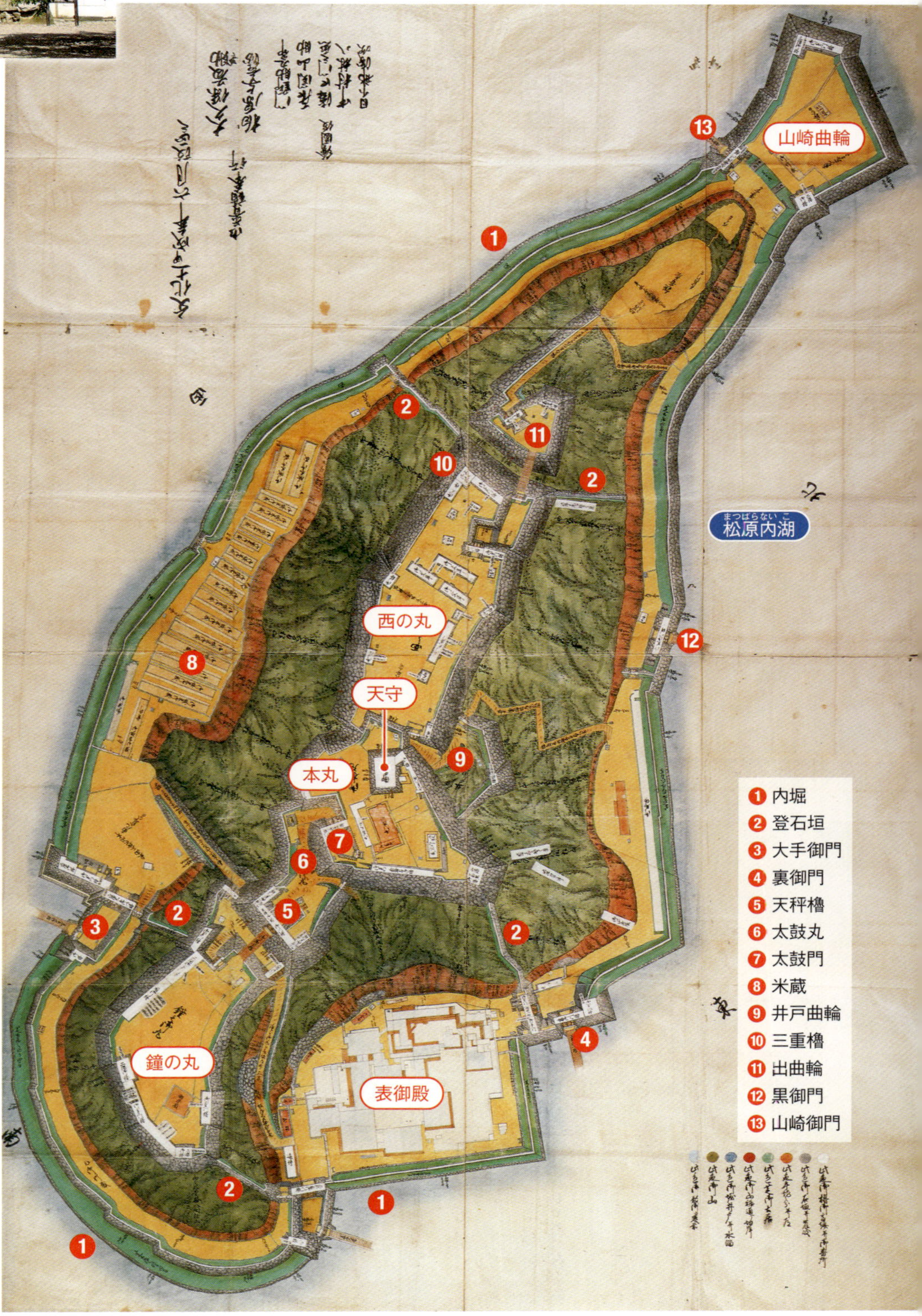

「御城内御絵図」

1814年に彦根藩の普請方が作成した、内堀から内側を描いた絵図。現地を測量して描いており、建物配置や用途までの詳細を把握できる。彦根市指定文化財。

人物プラスワン　徳川四天王
酒井忠次・本多忠勝・榊原康政・井伊直政の4人。いずれも徳川家康の側近として江戸幕府の創設に多大の功績があり、仏教の四天王になぞらえてこうよぶ。四天王筆頭は最年長の酒井忠次が定説だが、井伊直政との説も。

天守三階天井

屋根裏は天井板を張らず、梁組の木材がむき出しの状態。隅木に書かれた文字から天守の完成年代が推定された。

彦根城天守瓦

井伊家の家紋である橘をあしらった千鳥破風棟の鬼瓦。天守以外の建物では、三つ柏や上げ藤の鬼瓦も見られる。

天守三階内部

三階も一、二階と同じく、中央にある部屋の周囲を廊下が巡る構造である。三階の廊下の幅は一階より狭い。

天守二階内部

一階と二階の内部はほぼ同一の構造となっているが、外側が小さくなった分、二階は廊下の幅が狭くなっている。

天守一階内部

一階の部屋周りの廊下は幅2間(約3.63m)と広い。東面は地下室からの階段と二階への階段があるため、さらに幅を1間(約1.81m)広くしている。

天守付櫓入口

天守の北西隅に付設する付櫓は、天守と同年につくられたもの。写真奥の階段を通じて天守へ登ることができる。

玄宮園

玄宮園は彦根城の北東に位置する池泉回遊式の大名庭園。彦根藩4代藩主・井伊直興が、松原内湖に臨む彦根城搦手の第二曲輪に造営した下屋敷に付属する庭園として、1677年頃に造営したと伝わる。玄宮園の名称は、中国の宮廷に付属した庭園を玄宮といったことから命名された。中国洞庭湖の瀟湘八景、もしくは近江八景を模してつくられたともいわれるが、1813年に描かれた「玄宮園図」には、鳳翔台・臨池閣・魚躍沼・龍臥橋・鶴鳴渚・春風埒・鑑月峰・薩埵林・飛梁渓・涵虚亭の十景の名が付され、「玄宮園十勝」とよばれていたことが確認できる。豊富な池の水は、城下町の外堀からサイフォンの原理で供給されていた。

合戦プラスワン

井伊の赤備え

赤備えとは、具足、旗差物などあらゆる武具を朱塗りにした部隊編成。特に武勇に秀でた武将が率いる精鋭部隊とされた。もとは武田氏の軍団で用いられ、武田氏滅亡後、遺臣団を配下とした井伊直政が自軍に採り入れた。

城郭大解剖

天守の断面図

大津城の四重五階天守を解体・移築し、三重三階天守として再生させた

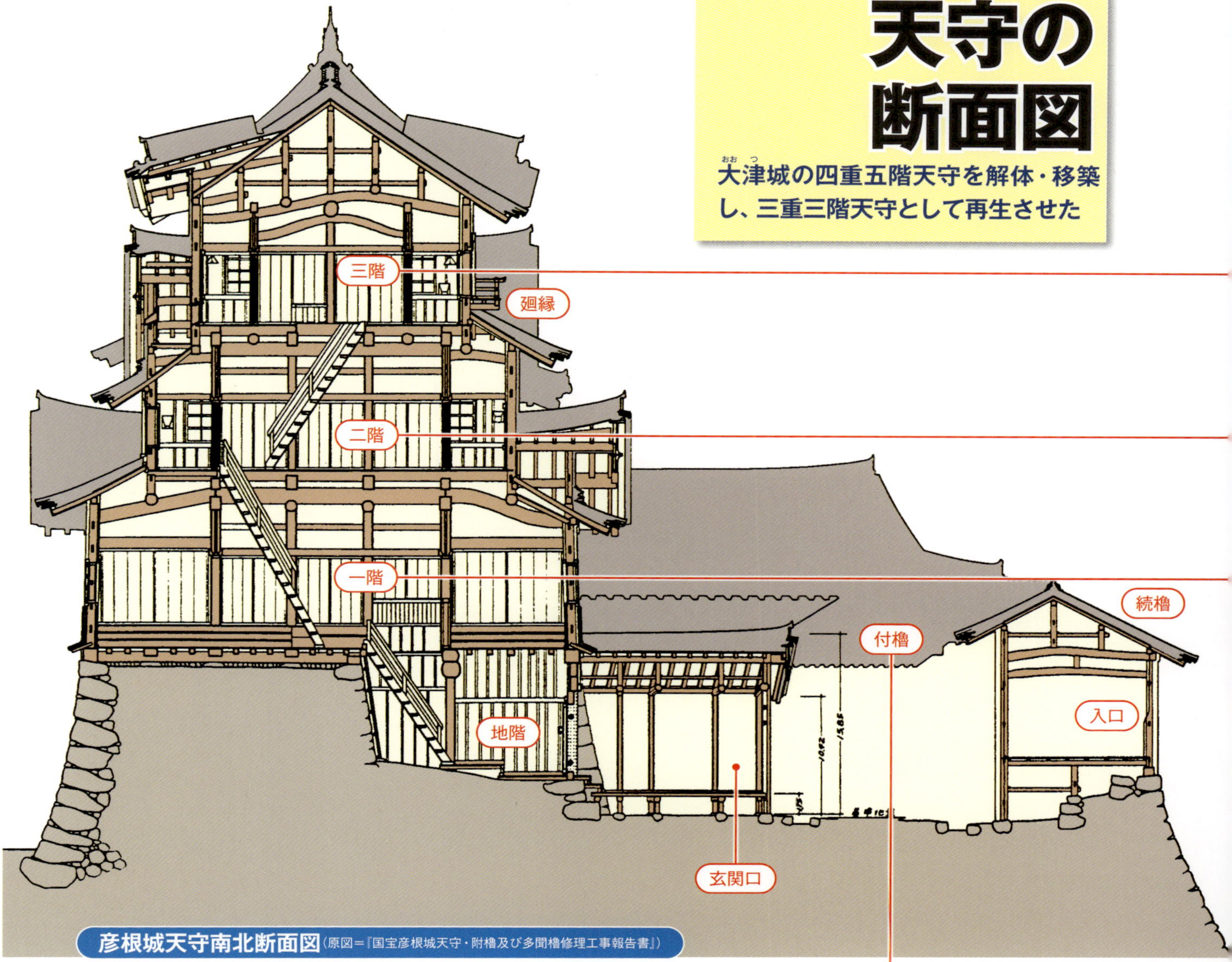

彦根城天守南北断面図（原図＝『国宝彦根城天守・附櫓及び多聞櫓修理工事報告書』）

天守の内部平面は、中央の身舎と周囲を取り巻く入側とで構成される。天守の一階へは、玄関口から天守台石垣の地下室を通る道筋と、続櫓から直接天守一階へ入る2経路がある。

直政の遺臣木俣守勝、彦根築城を受け継ぐ

直政は、敵将**三成**の居城であり、落城時に多くの血が流れた佐和山城を嫌い、磯山に新城を築く計画を立てる。だが、**関ヶ原の戦い**で受けた鉄砲傷のため、わずか2年後に急死。後継の**直継**は幼少であり、新城築城計画は遺臣の**木俣守勝**に受け継がれ、**家康**と相談して琵琶湖に浮かぶ彦根山に彦根城が築城された。

1603年に開始された築城工事は、西国諸大名を動員した**天下普請**で進められ、3年後に天守などが完成。その後も**表御殿**などを築造が続けられ、1622年にすべての工事が完了する。

築城開始時点で彦根藩主であった直継は、その後病弱などを理由に**上野安中**藩3万石に移され、異母弟・**直孝**が改めて井伊本家を継ぐ。直孝は、**大坂夏の陣**の戦功などで**加増**を重ね、のちに江戸幕府最初の**大老**に任ぜられたほか、**譜代大名**中最高の**35万石**の禄高を与えられた。

一方の直継は、3万石の小大名で生涯を終えたが、病弱といわれながらも、結果的に直孝よりも長生きしている。

城郭プラスワン　慶長の築城ブーム

関ヶ原の戦いで敗れた西軍大名の所領を没収し、東軍大名に与えたことで、新領主が各地で拠点となる新城を築いた。工事費用を豊臣方に負担させて財力を削ぐとともに、徳川方による大坂城包囲網を構築する狙いもあった。

兵庫県

6

姫路城（ひめじじょう）

▼白鷺城（しらさぎじょう）

黒田孝高が秀吉に明け渡し、池田輝政が西国監視の城として大改修した

城地種類	平山城
築城年代	1601（慶長6）年
築城主	池田輝政
所在地	姫路市本町
アクセス	JR山陽新幹線「姫路」駅から徒歩

MAP

菱の門

姫路城主郭部への入口となる菱の門。冠木（かぶき）の上に名称の由来となった木製の花菱が付けられている。前面の土塀は虎口（こぐち）に付帯するもので、未完成の原始的な枡形（ますがた）を構成している。

三国堀

三国堀から天守群西南面を望む。三国堀は菱の門右手に位置する正方形の堀。本丸への近道をわかりづらくする縄張（なわばり）上の工夫であると同時に、城内の貯水池の役割も担っていた。

人物プラスワン

黒田孝高（くろだよしたか）（1546〜1604）

通称官兵衛、出家後の号は如水。1567年に姫路城代となるが、1577年秀吉に姫路城本丸を譲って二の丸へ移り、のちに姫路城を本拠とするよう進言した。キリシタン大名としても知られる。

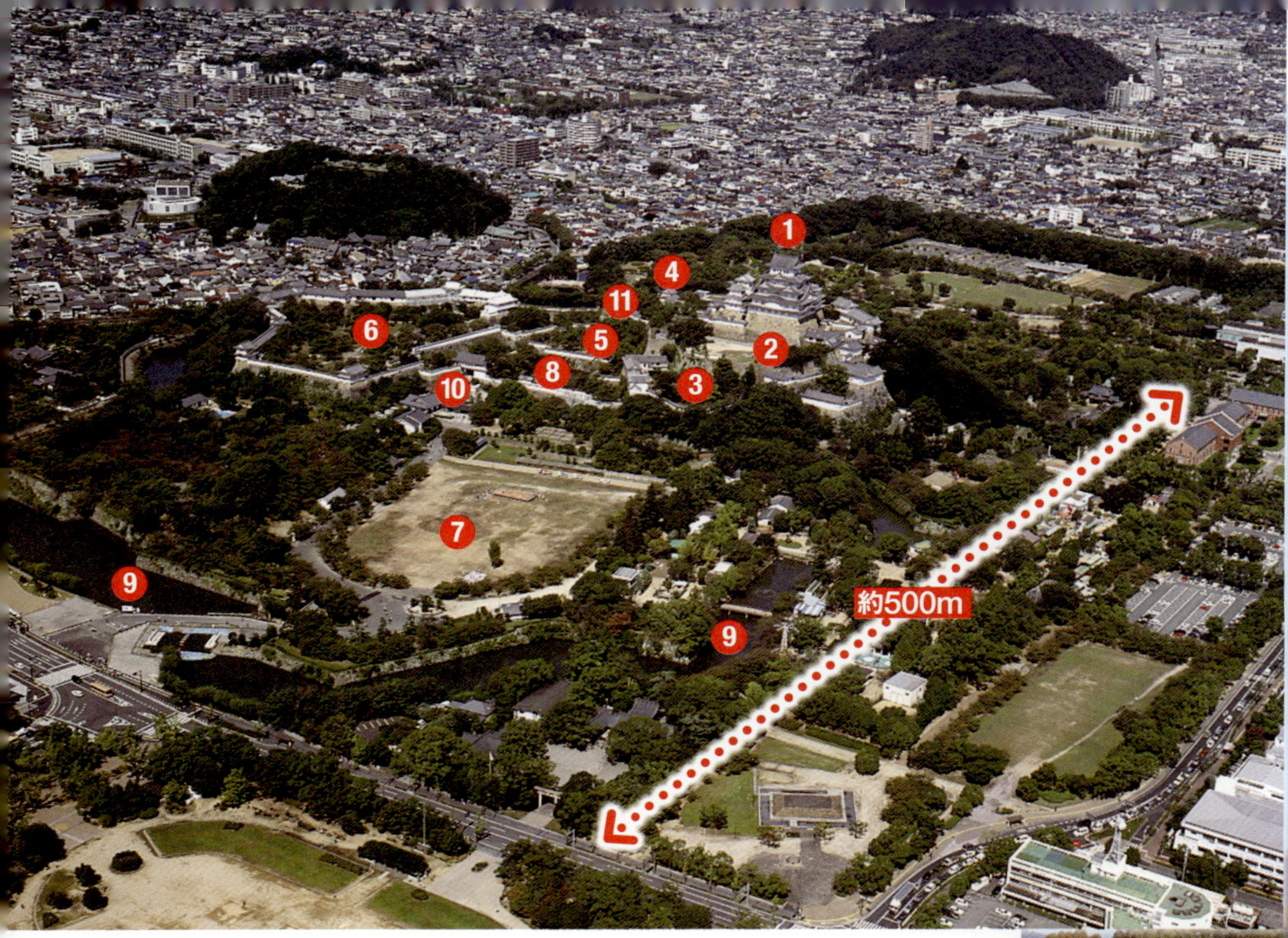

姫路城空撮

明治初期に三の丸が取り壊され、1882年に本丸が焼失するなど建築物の半数以上が失われたが、天守・小天守・櫓・門など日本一の量の建築物が現存している。

1 天守群
2 備前丸(本丸)
3 上山里曲輪
4 乾曲輪
5 二の丸
6 西の丸
7 三の丸
8 三国堀
9 内堀
10 菱の門
11 はの門

姫路城天守群

五重六階の白亜の大天守を擁する本丸から二の丸、西の丸、三の丸などの内堀に囲まれた城域が保存されており、ユネスコの世界遺産に登録されている。2015年3月27日、5年半に及ぶ「平成の大修理」が完了した。

姫山城代黒田孝高が、秀吉に城を献上する

2009年から2015年にかけて「平成の大修理」が実施され、美しく生まれ変わった**姫路城**。五重六階・地下一階の天守を中心に、乾小天守、西小天守、東小天守が配置された**連立式天守群**をはじめ、城郭の主要な部分がほぼ完全な形で現存しており、ユネスコの**世界文化遺産**にも登録されている。

姫路城の前身である**姫山城**の創建は**南北朝時代**にさかのぼり、1346年の赤松貞範に築城されたという説が有力である。ただし、本格的な城郭建築としては戦国時代後期、小寺氏の家臣の黒田氏による築城とする説もある。

1576年には、**織田信長**の命を受けた**豊臣秀吉**が中国地方の**毛利氏**を攻めるため、**播磨**へ侵攻を開始する。黒田氏の主君である小寺氏は毛利方についていたため没落するが、当時の姫山城代であった**黒田孝高**は早々に段階で秀吉に誼を通じ、そのまま秀吉に仕えた。1580年に秀吉が播磨を平定すると、孝高は秀吉に本拠地として姫山城を献上し、自身は**国府山城**に移った。

はの門脇の坂道

はの門脇の坂道から天守方向を望む。はの門は櫓門形式になっており、足元の地面には雨水を受ける敷瓦と排水溝が設けられ、燈籠の石などが門柱の礎石として転用されている。

合戦プラスワン **中国攻め**
1577年から約6年に及んだ織田信長による中国地方への侵攻戦。豊臣秀吉を総司令官として、中国地方の覇者毛利氏と戦った。1582年6月の本能寺の変で信長が横死したため、停戦となった。

乾小天守北西面

三重四階・地下一階で、天守群の中では大天守に次いで大きい。西面と南面は華頭窓によって装飾されている。

ロの渡櫓内部

東小天守と乾小天守を結ぶロの渡櫓の二階内部。渡櫓も外観二重・地下一階で、横に指し渡された梁が美しい。

東小天守東面

三重三階・地下一階の東小天守。平面規模も小さく、外観上も特に目立つ装飾はない。イの渡櫓で大天守と接続。

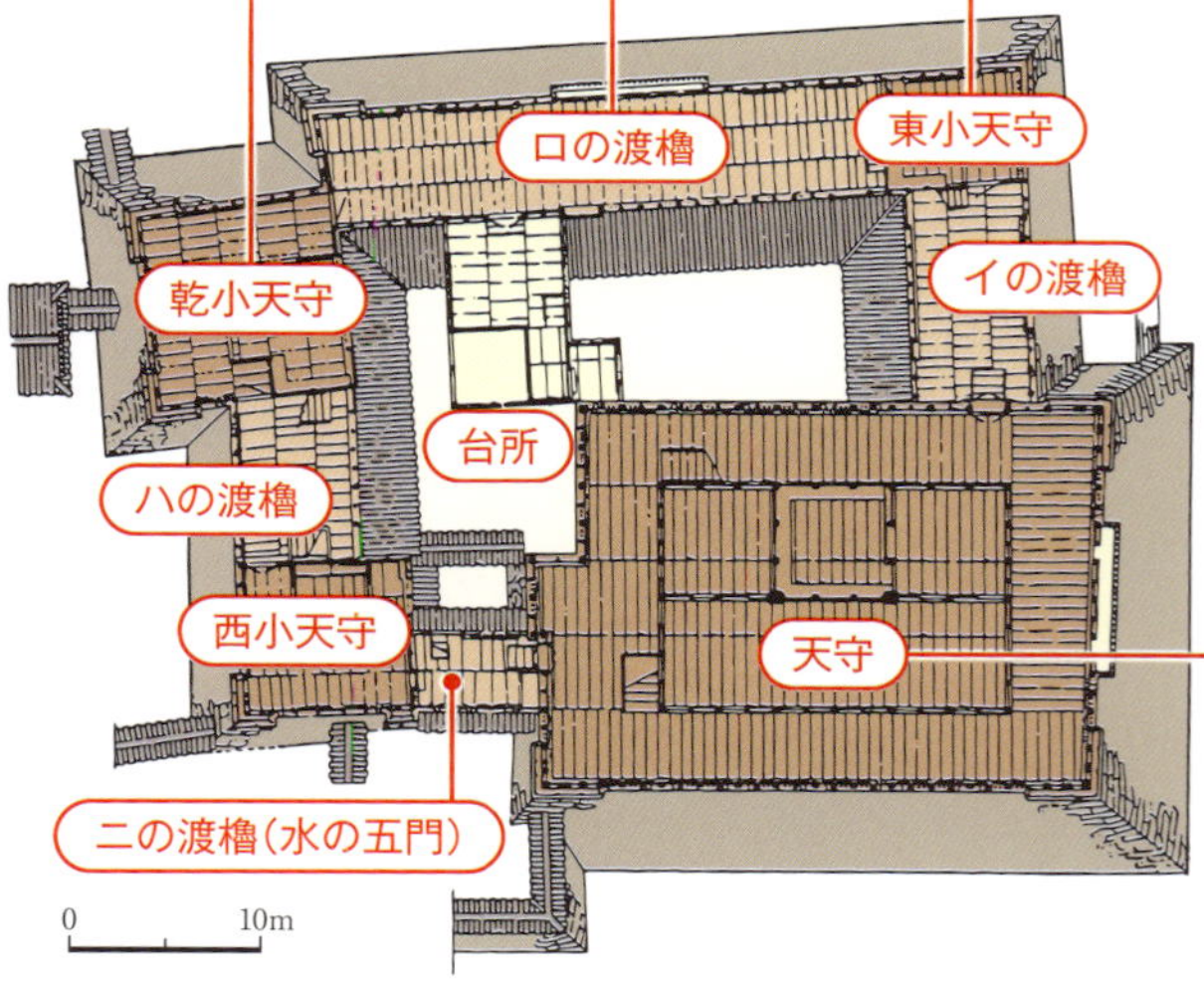

天守群平面図(原図=『国宝文化財姫路城保存修理工事報告書』)

渡櫓で結ばれた大天守と3基の小天守が、中庭を含めて中枢部である天守曲輪を形成している。天守の入口である水の五門へ至るには、すべての小天守を突破しなければならない。

天守南面

備前丸(本丸)の高台にそびえ立つ五重六階・地下一階の大天守(右)と三重三階・地下二階の西小天守(左)。二の渡り櫓で接続し、その下が水の五門(入口)となっている。

豊臣一族の居城から西国大名監視の城へ

秀吉の城主時代、**姫山城**には大改修が施され、石垣で城を囲い、太閤丸に天守を上げた**近世城郭**となった。このとき城名も「**姫路城**」と改められ、城の南部には城下町を形成するなど播磨の中心地として整備した。秀吉は1581年に**鳥取城攻略**へ出陣する前、改修した姫路城で大茶会を催している。

翌年の**本能寺の変**、**山崎の戦い**を経て、秀吉が天下人への道を歩み出すと、姫路城には弟の**秀長**、次いで正室の**北政所**の兄である**木下家定**が配された。

1600年、**関ヶ原の戦い**の戦功により**播磨一国52万石**を与えられた**池田輝政**が姫路城に入った。輝政はもともと**豊臣恩顧**の大名であったが、秀吉の仲介で**徳川家康**の次女を娶り、秀吉の死後は家康に接近していた。そして、家康から西国の諸大名の動向を監視する命を受け、翌年から8年がかりで大改修を行い、現在見られる姫路城を完成させた。築城以来、一度も大規模な戦火を受けていないことから、「**不戦の城**」ともよばれている。

城郭プラスワン　**武者隠**

武者隠とは、座敷の背後などに設けられた隠し部屋で、そこに警固の武者を控えさせたと考えられている。姫路城のほか、犬山城や二条城などでも見られるが、実際にそのような使われ方をされたのかどうかはわかっていない。

城郭大解剖
大天守の内部

大天守と3つの小天守をイ・ロ・ハ・ニの渡櫓で結び、天守曲輪を形成

北西隅から六階内陣を見る
間隔の狭い水平の桟に板を張った引き戸など、室町時代以降の武士の屋敷多く見られる内装仕上げとなっている。

東南隅から見た五階内部
手前は四角い西大柱、奥は丸い東大柱。五階は六階を支える前室的な存在で、五階の廊下の柱は六階外周の柱となる。

四階石打棚
四方に石打棚とよばれる武者台を備え、敵に攻め込まれたときは台上の高所から迎撃できるようになっていた。

三階武者隠
内陣中央の仕切りがなくなり、2本の大柱がよく見える。東西の大千鳥破風の屋根裏部分は武者隠になっている。

大天守断面模型
天守内部は階によって多少異なるが、基本的な構造としては建物の中心に身舎があり、その周囲に武者走が巡らされている。壮麗な外観に比べて、内部は基本的に簡素であった。

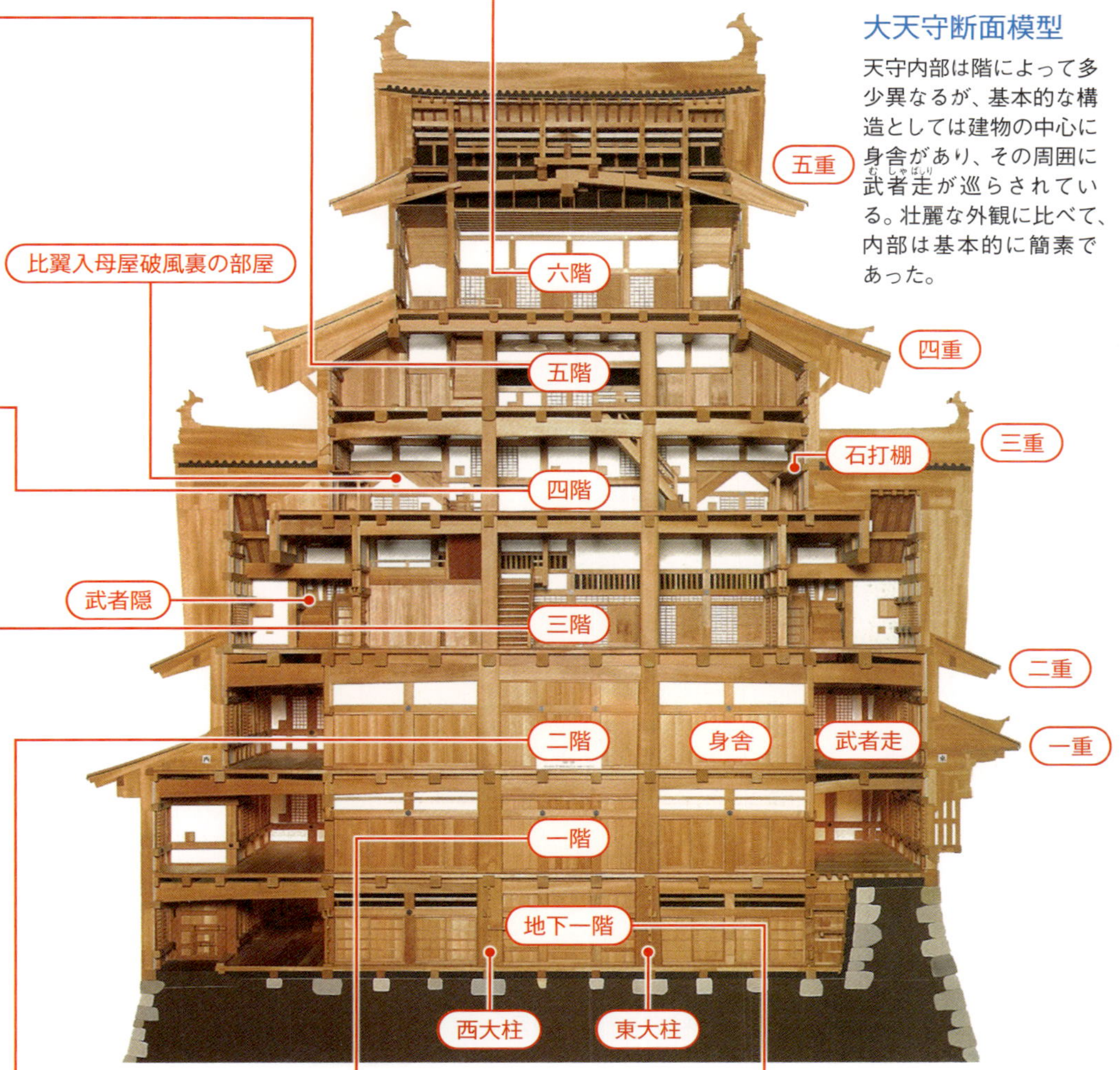

二階北廊下（武者走）
二階も一階に準じた内部構成となる。北面廊下の一帯には、槍や鉄砲を掛け並べる木製の武具掛けを配している。

北西隅から見た一階内部
周囲の廊下は幅2間（約3.63m）の武者走になっている。移動が容易なように支柱を排除し、隅に筋交柱を設けて補強している。

北西隅から見た地階内陣と廊下
北西隅に入口を配置し、漆喰塗りと鉄鋲打ちの二重扉で固めていた。北東隅と南西隅には便所が置かれていた。

合戦プラスワン
戊辰戦争
1868～69年にかけての、明治政府と旧幕府勢力の戦い。明治1年の干支が戊申だったのに由来する。日本各地で激しい戦闘がくり広げられ、姫路城も政府軍1500人に包囲されてやむなく開城した。

島根県 7

松江城（まつえじょう）

▼千鳥城（ちどりじょう）

実戦は未経験ながら、実戦を想定して築かれた戦国の遺風をとどめる城

松江城復元図（復元＝松岡利郎、作画＝板垣真誠）

城地種類
平山城
築城年代
1611（慶長16）年
築城主
堀尾吉晴
所在地
松江市殿町
アクセス
一畑電鉄「松江しんじ温泉」駅から徒歩

MAP

江戸初期に築かれた松江藩24万石の居城

山陰地方唯一の**現存天守**を有する松江城。板張り部分には石落や狭間などの防御施設が設けられている。

松江城は江戸時代初期、いわゆる「**慶長の築城ブーム**」の中で造られた比較的歴史の新しい城ではあるが、松江城が置かれている亀田山にはかつて、鎌倉時代中期の創建といわれる**末次城**が存在していた。

戦国時代の山陰地方は、**尼子氏**や**大内氏**、**毛利氏**などが勢力を競っていた。当時の山陰最大の城は、尼子氏の本拠である**月山富田城**であり、末次城は、あるときは月山富田城の**支城**として、またあるときは月山富田城の**攻略拠点**として、たびたび支配者が交代していた。

そして、1600年の**関ヶ原の戦い**の後、松江藩24万石を与えられた**堀尾吉晴・忠氏**父子が月山富田城に

城郭プラスワン **下見板張** 外壁仕上げに用いられる木製横板張の総称。真壁の外壁の土塗壁を保護するためにその上に張られることが多い。重ね張りする板材には煤と柿渋を混ぜて作った墨が塗られているため、外観が黒く見えるのが特徴である。

国宝の松江城天守

天守は全面板張と下見板張に加えて、軒裏も黒塗と、黒ずくめの意匠となっている。板張りの部分には多くの狭間（さま）が設けられ、石打棚（いしうちだな）や石落（いしおとし）などを備えた戦闘的な外観であった。一方で均整のとれた姿から「千鳥城」の別称ももつ天守は、2015年7月に5つ目の国宝天守に指定された。

本丸一の門の脇の巨石群

本丸への通路に面した一の門周辺の石垣には多くの巨石が用いられた。特に写真左手の弓櫓側に多く、写真正面に見える南多聞側は石垣中央部に散らしたように巨石を配している。

松江城古写真

明治初めの撮影で、南東側から本丸方向を写している。建物は左から順に、三の丸の長屋、その奥に二の丸の南櫓と二の丸御殿、中櫓、さらに奥に本丸の武具櫓と天守が見える。

南東上空から、城の中枢部である本丸・二の丸・三の丸を俯瞰した復元イラスト。本丸北東隅に四重天守を配置し、四周を取り囲むように複数の折を入れた多聞櫓を配していた。

現存天守と復元された櫓群

大手前通りから望む。天守を囲んで、1960年に復元された本丸南多聞櫓、2001年に復元された3基の二の丸櫓など、往時の姿が再現されている。

入った。だが、**中世山城**である月山富田城は何かと不便であるとして、堀尾氏は末次城跡に新たな居城を築城することにした。

人物プラスワン **三中老**（さんちゅうろう）

豊臣政権末期に制定された役職で、小年寄または小宿老ともいう。生駒親正、堀尾吉晴、中村一氏の3人が任命され、五大老と五奉行が対立したときの仲裁役として政事に参与したとされるが、実在を疑問視する声もある。

城郭大解剖

天守の内部

戦闘的で武骨な外観にふさわしく、内部も実戦向けの機能を備えていた

天守最上階内部

廻縁を室内に取り込み、外側を板戸で囲っている。山陰地方の厳しい冬の寒気に備えての防寒対策と思われる。

天守一階の鉄輪巻き柱

ヒノキの厚板を接ぎ合わせ、鉄輪で巻いた柱。強度を増す工夫と考えられ、弾力性が強く丈夫になるともいう。

天守地階の井戸

地階の井戸は、籠城戦時の飲料水確保を目的としたもの。名古屋城や浜松城にも存在したが、現在では唯一の例。

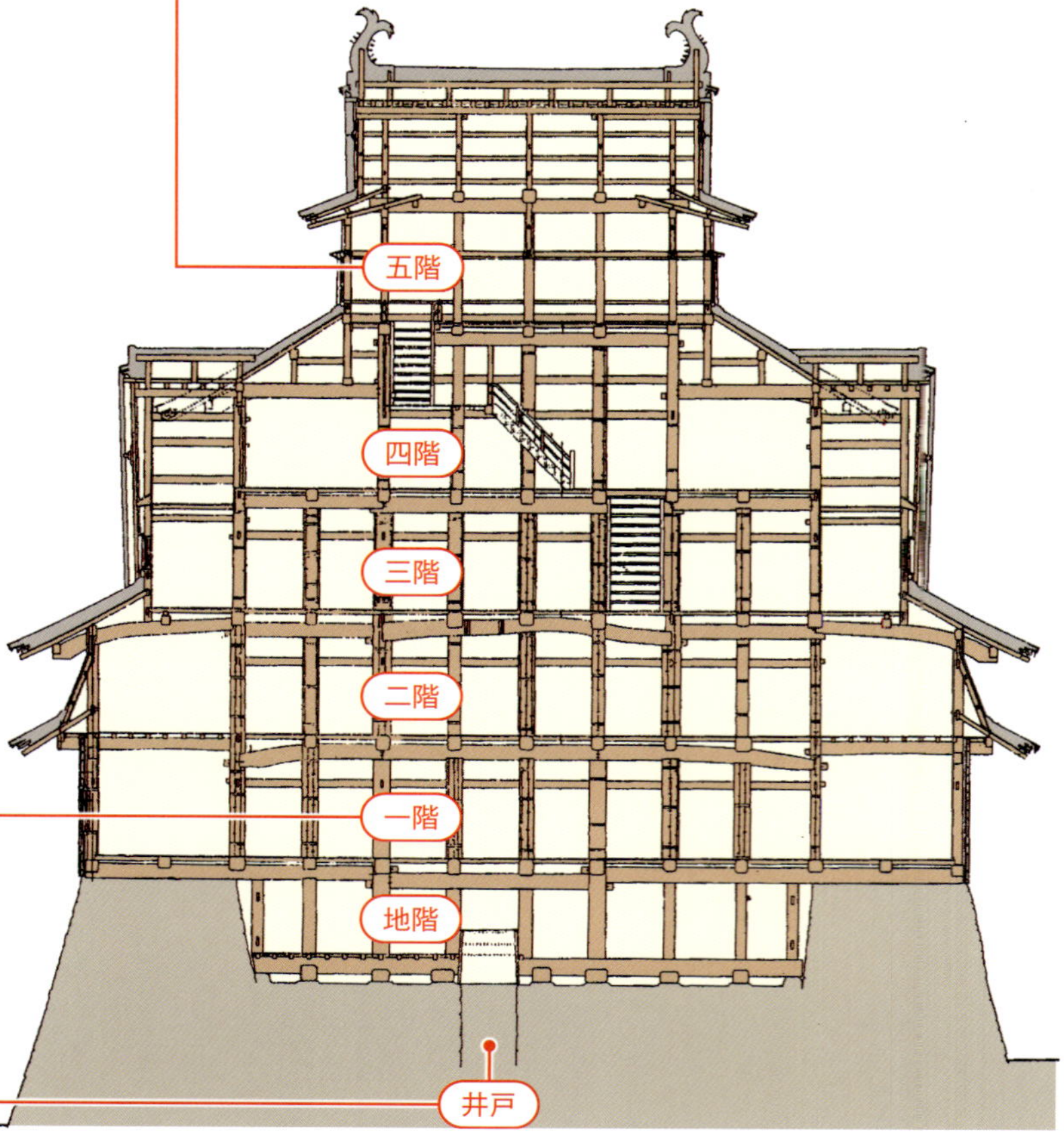

天守東西断面図（原図＝『重要文化財松江城天守修理工事報告書』）

松江城は実戦を想定した城で、天守の入口である付櫓の左右に設けられた石打棚などの防御施設に加え、天守の内部は籠城戦に備えた井戸や塩蔵など、倉庫としての機能があった。

付櫓の入口

石垣を開口した正面に、柱・扉とも総鉄板張の堅固な入口を設け、左右に大型の石落を配して外敵に備えていた。

堀尾氏3代の急死と築城をめぐる伝説

堀尾氏は1607年から**亀田山**で築城を開始したが、かなりの**難工事**であった。特に天守台の石垣は何度も崩れ落ちたため、ついには**人柱**を捧げて工事を完成させたとの伝説もある。なお、着工前に忠氏が、完成直前に吉晴が死去し、忠氏の子・忠晴も跡継ぎのないまま没して堀尾氏は断絶しているが、これも人柱のたたりと考えられた。小泉八雲はこの伝説を下敷きに「人柱にされた娘」という作品を書いている。

実際には、軟弱地盤による難工事だったようだ。事実、完成後、数十年で建物が傾いたと記録されている。

歴史プラスワン

末期養子　武家の当主が跡継ぎのないまま死に瀕したとき、とりつぶしを防ぐために緊急に養子縁組を行うこと。江戸時代初期には厳しく禁じられていたが、1651年の慶安の変（由比正雪の乱）をきっかけに緩和された。

第2章

名城探訪

北海道・東北地方

青森県 8

弘前城（ひろさきじょう）

大光寺城や堀越城を解体移築して部材に用い、実質1年ほどで完成した

▼鷹岡城　高岡城

城地種類	平城
築城年代	1611（慶長16）年
築城主	津軽信枚
所在地	弘前市下白銀町
アクセス	弘南鉄道「中央弘前」駅から徒歩

南部氏から独立して津軽氏を称する

陸奥弘前藩・**津軽氏**の居城である**弘前城**は、津軽平野を流れる**岩木川**の河岸段丘を利用して築かれた**平城**である。奥まった位置にある本丸を大小の曲輪で取り囲む**梯郭式**の縄張で、豊富な河川の水を取り込み、曲輪はすべて水堀で区画されていた。

弘前藩の藩祖である**津軽為信**は、1567年に**大浦城主**・大浦氏の家督を継いだといわれている。

1590年、大浦氏の主家である**南部晴政**の後継者争いが起こった。最終的に晴政の長女の婿・**信直**が相続したが、為信は**九戸実親**（晴政の次女の婿）を後継者に推していたため、主家の敵と見なされた。このとき、為信は**豊臣秀吉**が津軽4万5000石の所領を認める朱印状を与えられ、大浦氏から津軽氏に改姓したといわれる。

天守を南西から望む

堀に面した南側には狭間のみで窓はなく、本丸に面した西側には大きな窓が多数並んでいるのがわかる。本来は天守ではなく、本丸辰巳櫓を改築した天守代用の御三階櫓である。2015年春、「引屋」によって天守を移動させ、石垣、天守台の改修工事が開始された。

MAP

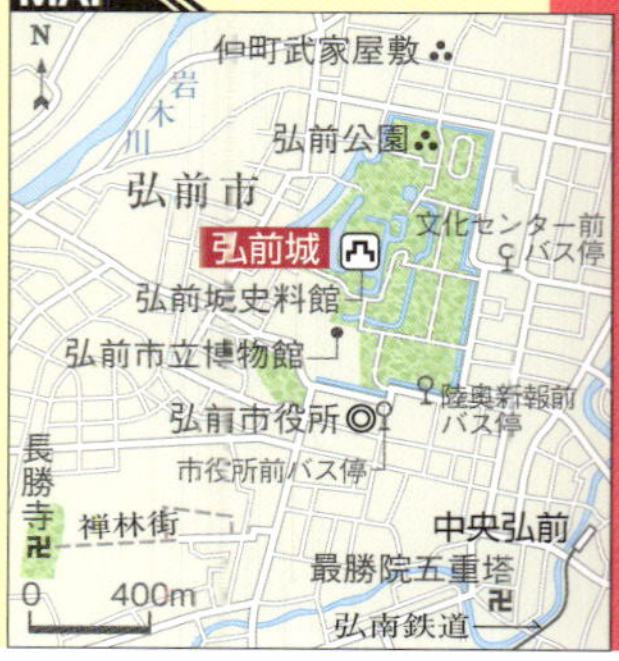

城郭プラスワン　**天守代用**　天守が火災や地震などで失われたとき、再建はせずに城内の櫓などの既存建築物を天守の代わりとすること。再建には莫大な費用がかかる上に、特に外様大名は幕府に睨まれるのを警戒して、再建しないケースが多かった。

1594年、為信は**堀越城**を築いて大浦城から本拠を移した。しかし、この堀越城は軍事的に難点があったため、さらなる新城の候補地を探し、**鷹岡**の地を選定した。**関ヶ原の戦い**では為信は東軍に属し、戦後2000石の加増を受けて**弘前藩**4万7000石を立藩する。

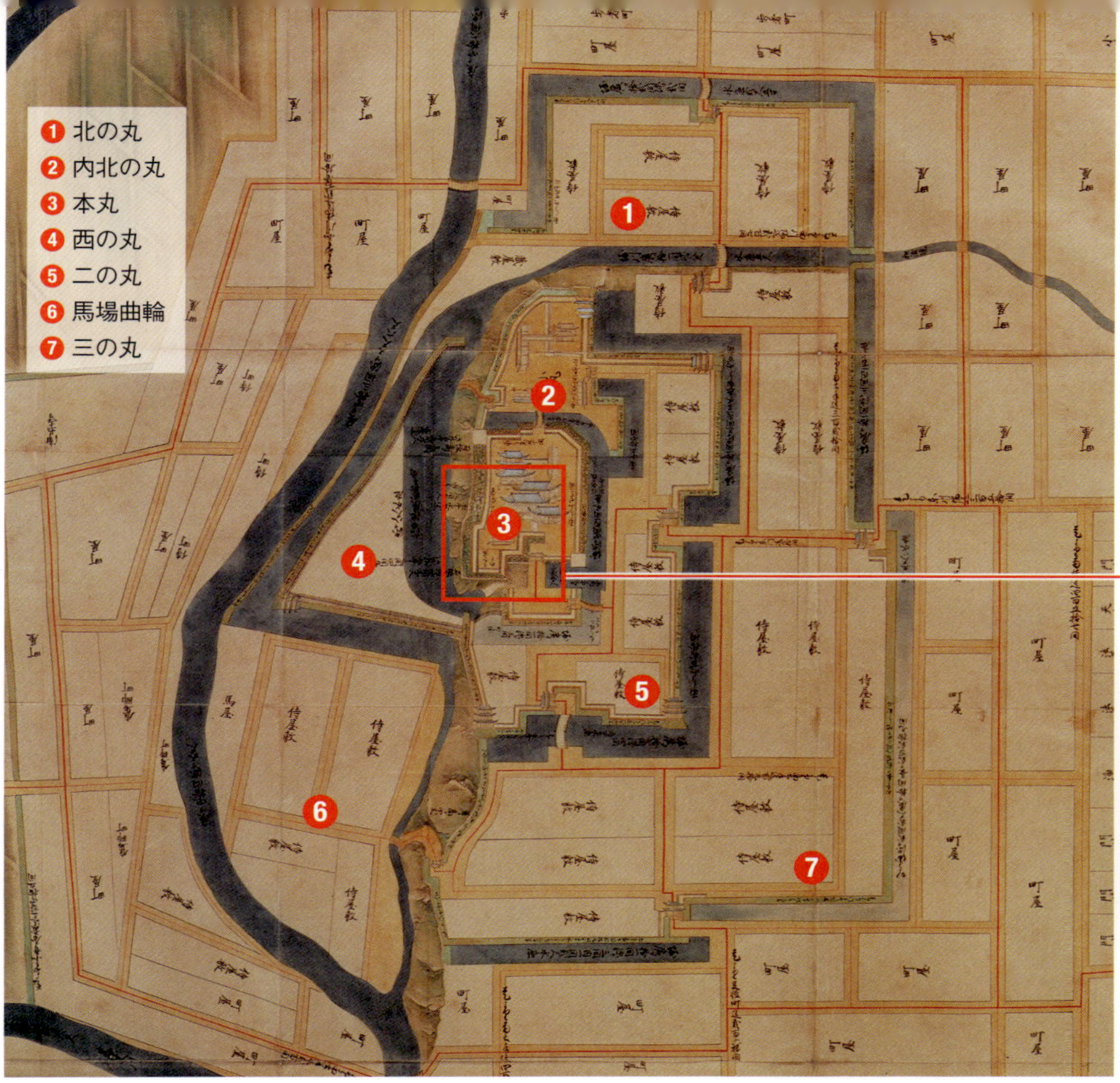

「津軽弘前城之図」 正保城絵図の1つ。1627年の落雷による天守焼失後に描かれ、本丸南西隅に「てん守ノあと」の文字が読める。石垣は本丸のみで、他の曲輪はすべて土造であった。

天守東西断面図（原図＝『重要文化財弘前城天守修理工事報告書』）

弘前城の現存する天守は、三階までの階段が建物の中央に設けられていた。それで各階の部屋は真ん中に穴が開いているためほとんど使用することができず、実用目的ではなかったと考えられる。

天守入口

入口は漆喰塗の開戸になっており、内外ともに厳重に塗り籠められている。開戸の内側にはさらに木製の引戸が設けられており、この二重構造によって天守の防備を固めていた。

天守一階の狭間と石落

切妻出窓下にある石落を開いたところ。平時は蓋がされているが、開口部はかなり広くとっていて堀底まで見通すことができる。狭間も蓋付で、死角がないように配置されている。

歴史プラスワン **奥州仕置** 1590年、豊臣秀吉が小田原平定後に行った、東北地方の戦国大名の領土処分。小田原に参陣した最上義光、相馬義胤、津軽為信らは所領を守ったが、参陣しなかった者は所領を没収されたり削られたりした。

弘前城城内図

弘前公園は豊富な水量を湛えた堀に囲まれ、天守（御三階櫓）と4基の三重櫓、5基の櫓門が現存し、ほぼ完全な形で往時の姿をとどめた全国でも珍しい城跡公園となっている。

二の丸丑寅櫓

この丑寅櫓をはじめ、現存する3基の櫓はいずれもかつて栃葺であったが、今日では銅板で葺かれている。狭間は造られているが石落などはなく、あまり実戦向きの施設ではない。

三の丸東門

城外と通じる3つの門の1基で、東側を固めている櫓門である。三の丸追手門や北の丸北門と比較すると、一階の番所と出窓のある位置がちょうど反対となっているのがわかる。

津軽騒動ののち、2代藩主信枚が築城

為信は1603年、満を持して鷹岡に築城を開始する。だが、工事があまり進まぬうちに、1607年に死去し、築城は一時中断された。長男・次男はすでに死亡していたため、三男・**信枚**が津軽氏の家督を相続することになったが、これに異を唱える重臣たちが幕府に裁定を訴える「**津軽騒動**」が起こる。裁定の結果、信枚が正式に2代藩主となり、1609年に築城が再開された。

信枚は、堀越城や大浦城などの建物群を解体して資材を転用し、約1年1か月で城を完成させた。本丸南西隅には、五重六階と推定される天守が築かれ、城郭中心部には8基の櫓と数多くの櫓門を備えていた。

だが、1627年の落雷で天守に収納していた火薬に引火し、爆発炎上。その後、200年近くにわたって天守は再建されなかったが、1810年になって、本丸南東隅に**天守代用**の**御三階櫓**が建てられた。これは**本丸辰巳櫓**を幕府の許可を得て**改築**したもので、本丸に面した内側と堀に面した外側の意匠がまったく異なる珍しい形式である。

城郭プラスワン

大光寺城

鎌倉時代に曾我氏によって築かれ、室町時代以降は南部氏の支配下となる。1574年に南部氏一族の大浦為信（のちの津軽為信）によって攻められ、一度は撃退したものの、1576年には落城した。

二の丸東内門

三の丸から二の丸へと通じる枡形に造られた内門の1つ。現存する5基の城門は、移築された北の丸北門を除いてほぼ同一の形式で造られており、同時期の建築と考えられている。

北の丸北門

大光寺城の大手門を1611年に移築したもので、当初は大手門だったという。亀甲門の別名があり、実戦経験のない弘前城中で唯一、柱に矢傷や刀傷が残っている。

二の丸未申櫓

敵の迎撃や物見などのために建てられた三重三階の隅櫓。防弾・防火のために土蔵造となっている。現存する3基の櫓はいずれも同じような姿だが、窓の形など細部の造作が違う。

二の丸辰巳櫓

一、二階は4間（約7.27m）四方で同面積だが、三階は3間（約5.45m）と小さくし、屋根は入母屋で銅板葺であり、堀側には鉄砲狭間が設けられている。壁は漆喰塗籠。

二の丸南内門

中堀に架けられた杉の大橋と直結した場所に位置する門である。この二の丸南内門を起点として塁線を辿っていくと、西隅には未申櫓があり、東隅には辰巳櫓が配置されている。

三の丸追手門

三の丸の枡形に位置し、1610年に建てられた櫓門形式の城門。当初は大手門ではなかったが、17世紀後半に碇ヶ関に通じる道が開通したために大手口となった。

合戦プラスワン **奥羽越列藩同盟**
戊辰戦争中、陸奥・出羽・越後の諸藩が、新政府の圧力に対抗するため結成。もとは会津藩と庄内藩の「朝敵」赦免嘆願を目的として結んだ同盟であった。弘前藩は早々に同盟を離脱し、藩主は明治政府の知藩事となった。

特集

城の縄張

築城の最も重要なポイントは、どこに、どのようなグランドプランの城を築くかであった。おおよその築城地の決定が「**地選**」で、さらに1か所に絞り込むことを「**地取**」といったが、基本的には治めている地域の中心に位置していて、交通の便もよいところに白羽の矢が立った。

選ばれたところにどんな形の曲輪をどう配置するか、堀と石垣・土塁などをどこに巡らせるか、天守や櫓はどこに築くかなど、具体的な城の設計をすることが「**縄張**」であった。山城・平山城・平城の縄張には、それぞれ地形による特徴や制約はあったが、基本の形は**連郭式**、**輪郭式**、**梯郭式**およびそれらの組み合わせに分けられる。また、特殊な形として、稜堡式、群郭式などが認められる。

縄張の基本的な種類

「奥州之内南部領盛岡平城絵図」

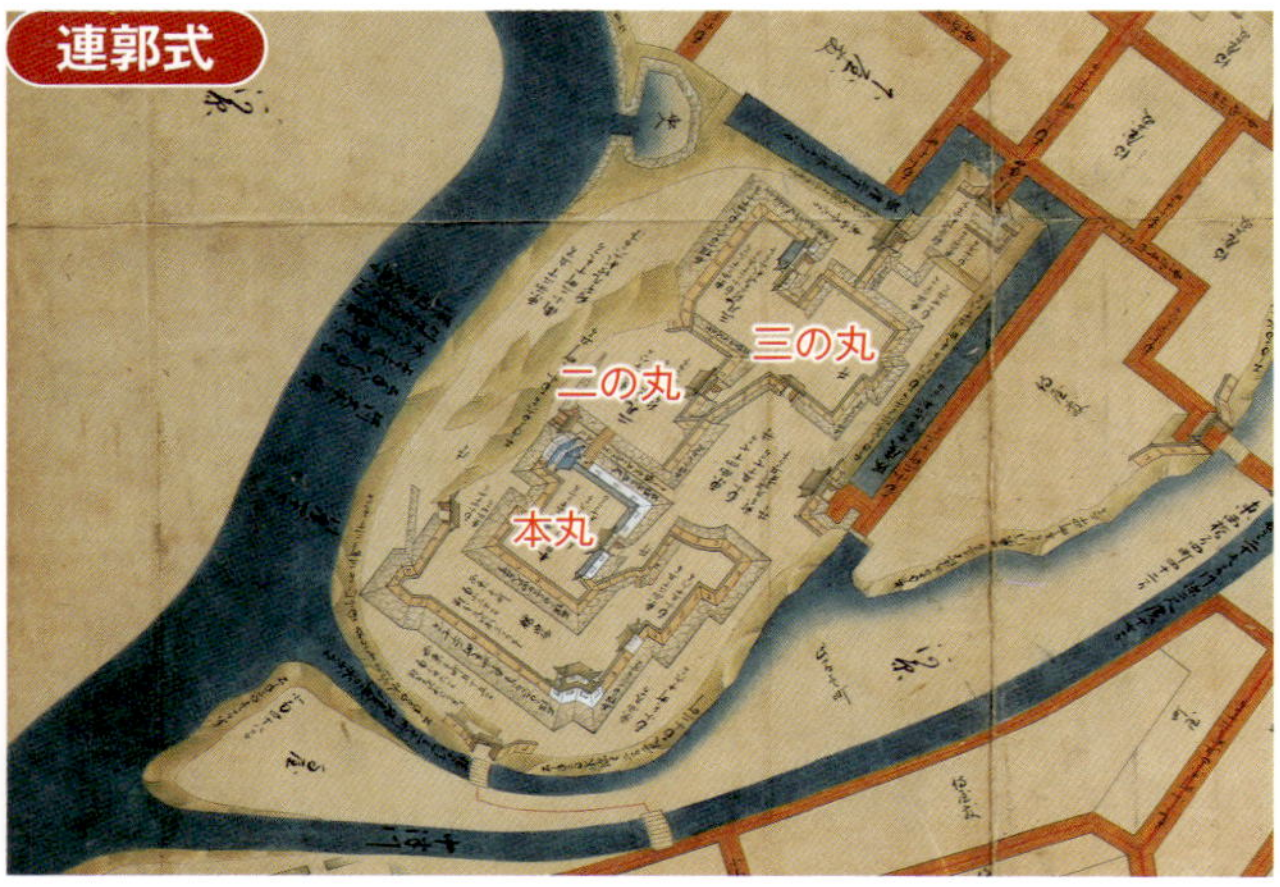

「駿府御城図」

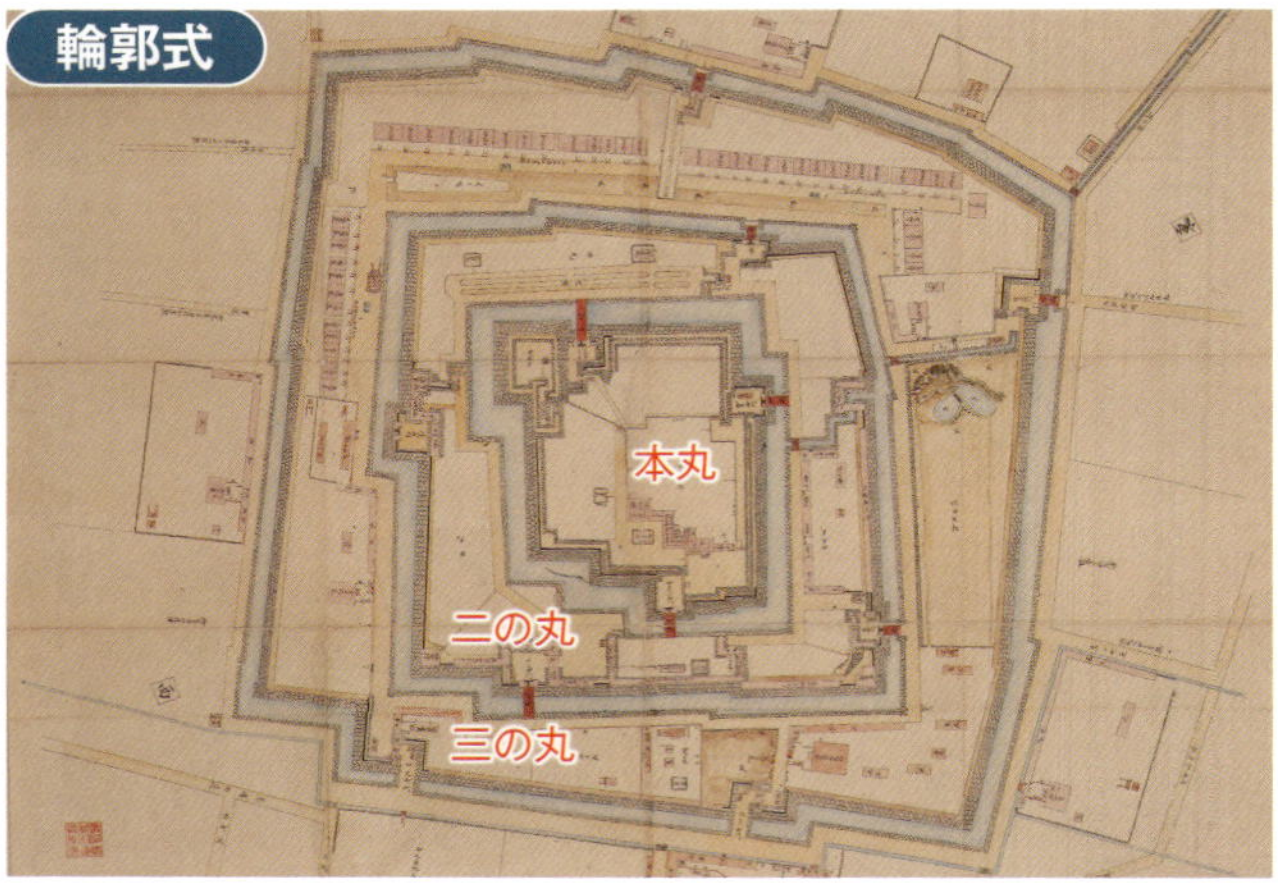

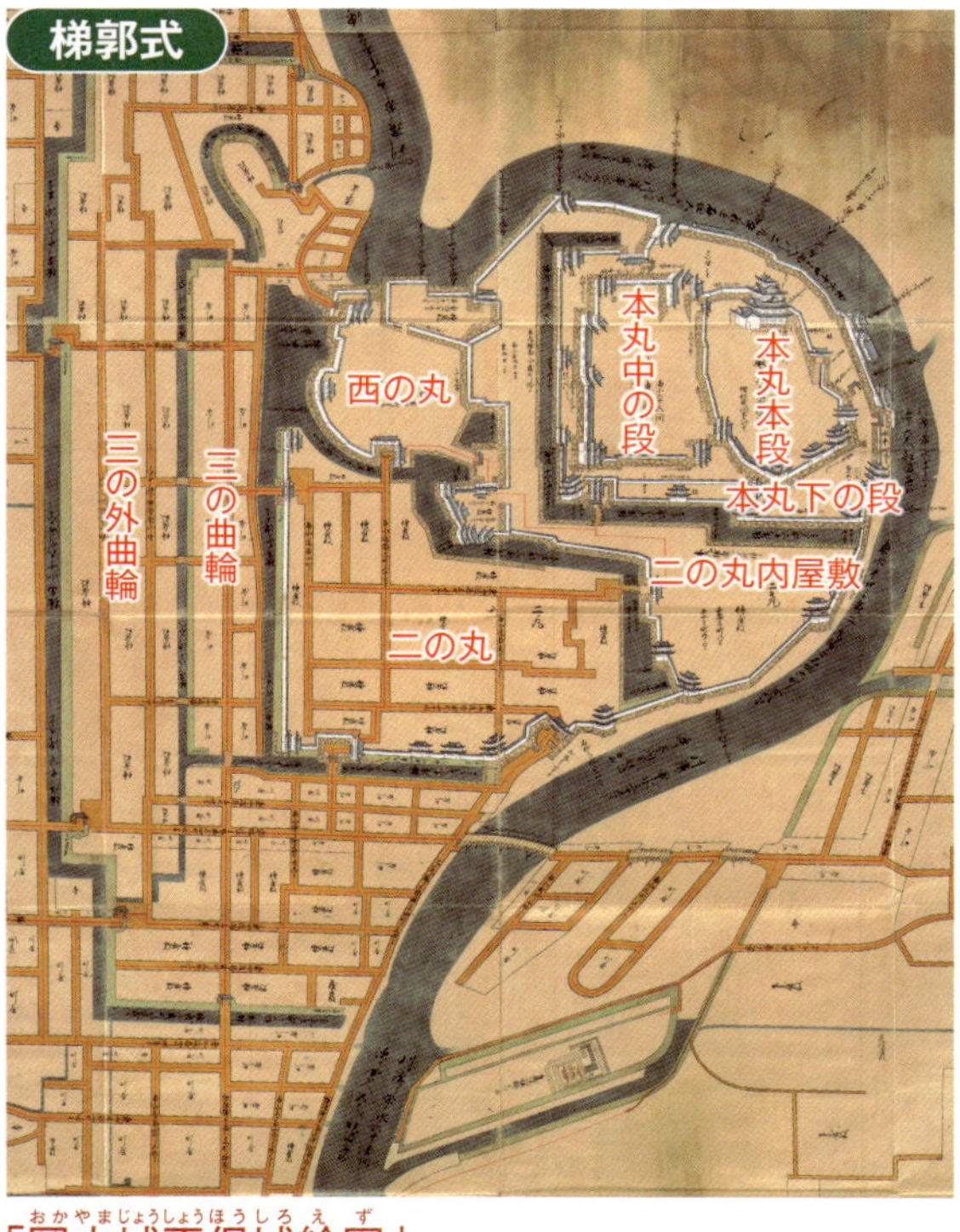

「岡山城正保城絵図」

連郭式

本丸、二の丸、三の丸が一直線に並ぶ。

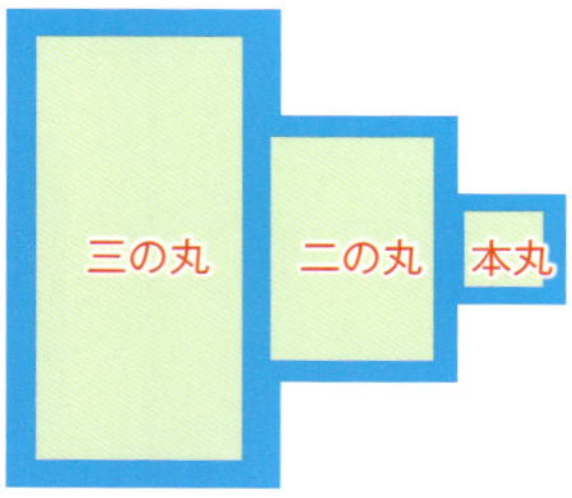

輪郭式

本丸を二の丸が、二の丸を三の丸が囲む。

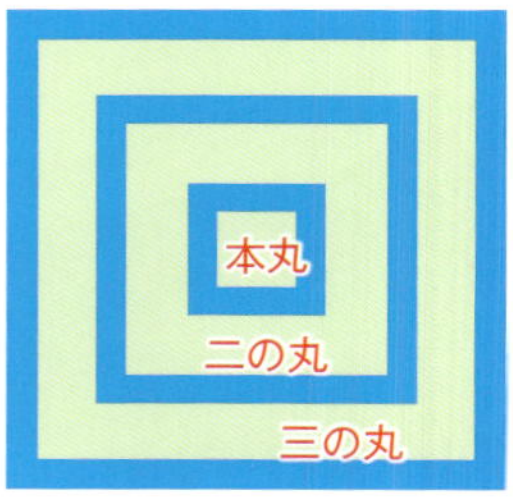

梯郭式

本丸を二の丸が、二の丸を三の丸が抱え込むように取り巻く。

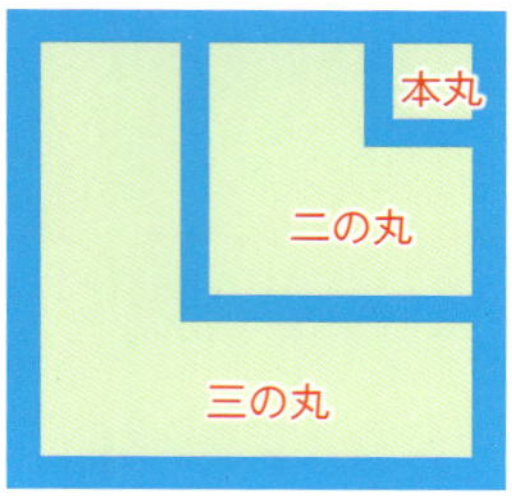

基本的な縄張

縄張の基本パターンである輪郭式、連郭式、梯郭式をそれぞれ典型的な例で示した。しかし、城は原則としては地形条件に従って築かれるものなので、実際には、輪郭式と梯郭式の組み合わせや連郭式と輪郭式の組み合わせなど、複合形の縄張となることがほとんどであった。

特殊な縄張

群郭式

知覧城（知覧城模型より）

シラス台地上に築かれた知覧城は、本丸・蔵之城・今城・弓場城などからなる中枢部も、それらを取り巻く周辺部（蔵屋敷・殿屋敷・式部殿城など）も複数の並立する郭から成っていて、このような縄張を群郭式とよぶ。

山上と麓

萩城

萩城は、日本海を背にした指月山の山上とその山麓に設けられた城であった。山麓には天守や御殿のある本丸と二の丸が置かれて藩政と生活の場になっていた。一方、山頂には有事に際して戦いの拠点となる詰丸が構えられていた。

稜堡式

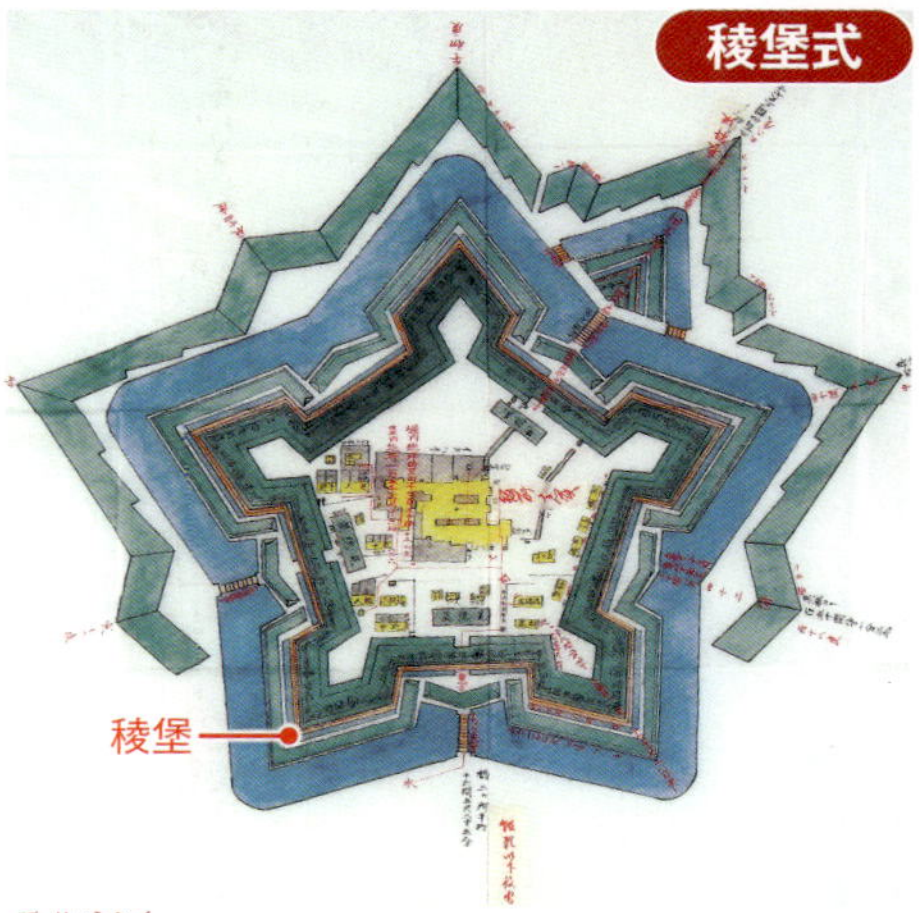

五稜郭（「五稜郭目論見図」より）

五稜郭は幕末期に西洋式縄張で築かれたもので、稜堡式とよばれる。先端を尖らせた稜堡を5つもつ星形の縄張をしていた。

縄張の複雑化と単純化

複雑な縄張と単純な縄張

土塁などよりはるかに強固な石垣の技術が進んだことで、縄張は大きく二つの方向に進化した。曲輪の配置、塁線や城内ルートを入り組んだ複雑なものにした豊臣系の縄張と、曲輪も塁線も単純にした徳川系の縄張である。右図は典型的な豊臣系縄張の熊本城で、各曲輪は折れ曲がりの多い石垣で囲まれ、城内ルートは迷路のようである。それに対して下図の名古屋城は、ほぼ四角形の大きな曲輪を四つ組み合わせただけの徳川系の典型的なシンプルな縄張である。

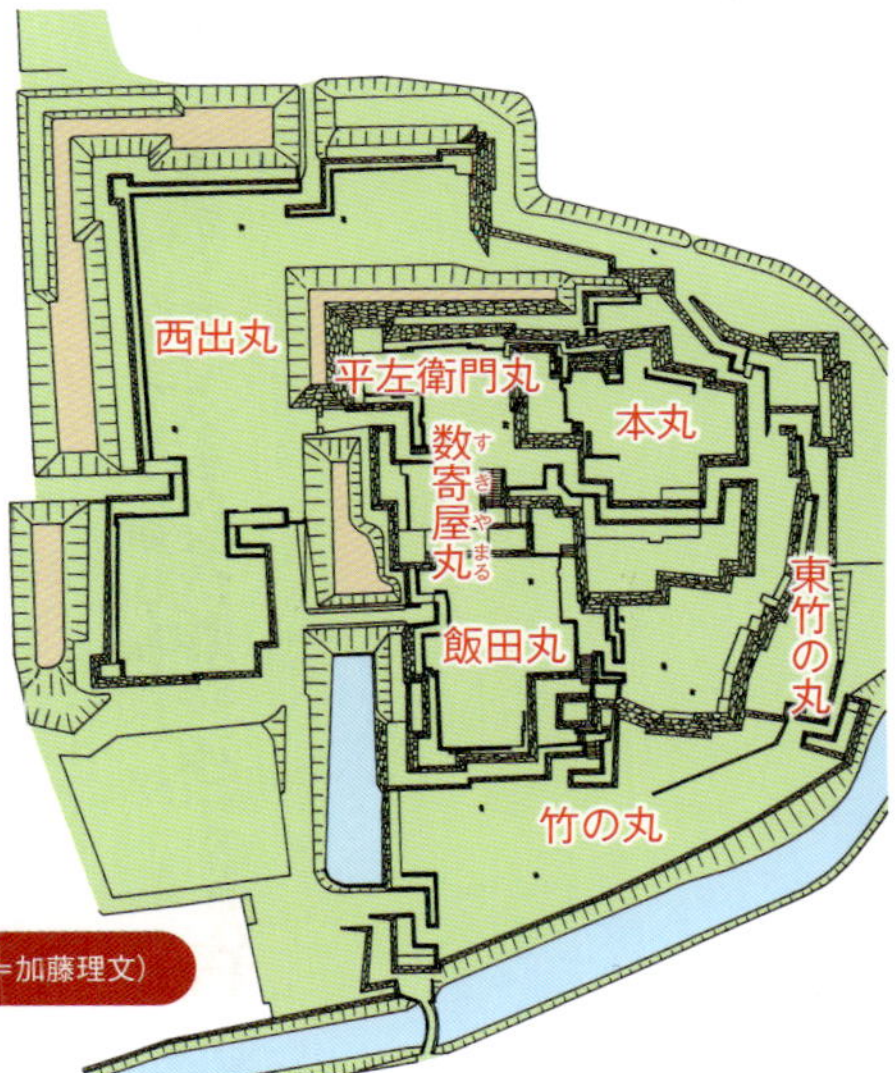

熊本城縄張図（作成＝加藤理文）

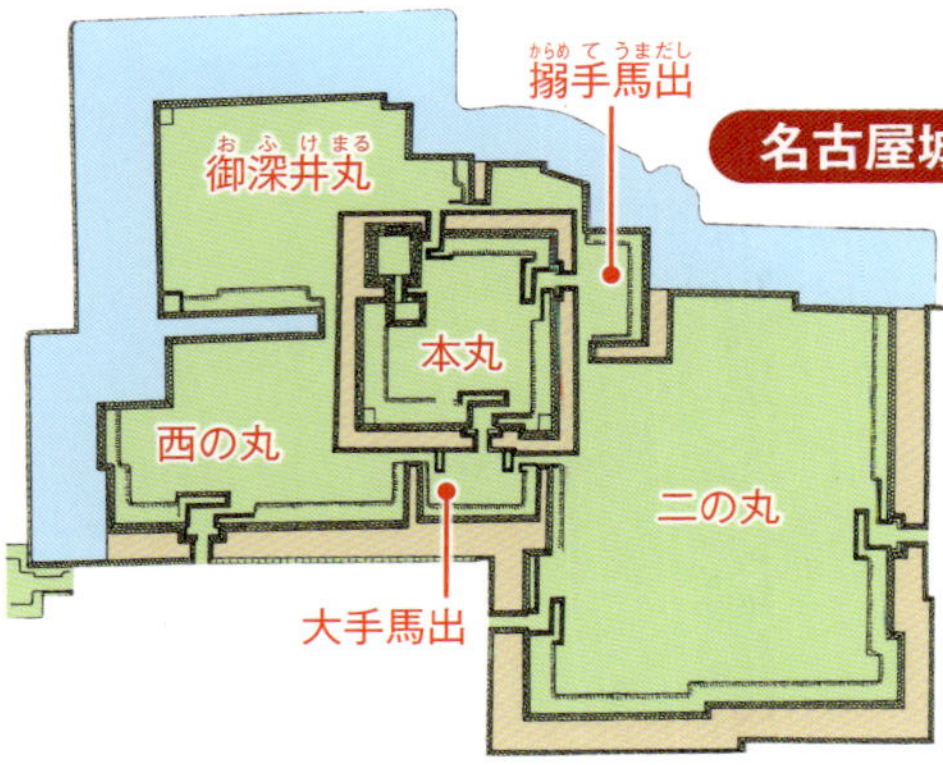

名古屋城縄張図（作成＝加藤理文）

城造りの基本

文字どおり縄を張った

縄張は文字どおり、予定地で杭を立て縄を張って工事区画を定めることで、周辺の地形や地勢、街道などとの関わりも考慮しながらの、城造りの最も重要な作業であった。それゆえに白い狐が尾で縄張の形を引いたとか、亀が歩いて導いた伝説も残っているのである。

『絵本太閤記』に描かれた姫路城の縄張作業

北海道 9

五稜郭（ごりょうかく）

幕末に江戸幕府の箱館奉行所として築かれた西洋式の城郭

▼柳野城（やなぎのじょう） 亀田役所土塁（かめだやくしょどるい）

城地種類
平城
築城年代
1864（元治元）年
築城主
徳川家茂
所在地
函館市五稜郭町
アクセス
JR函館本線「函館」駅から市電

五稜郭全景

空撮による五稜郭の全貌。五角形の形状は、高いところからでないとよくわからない。

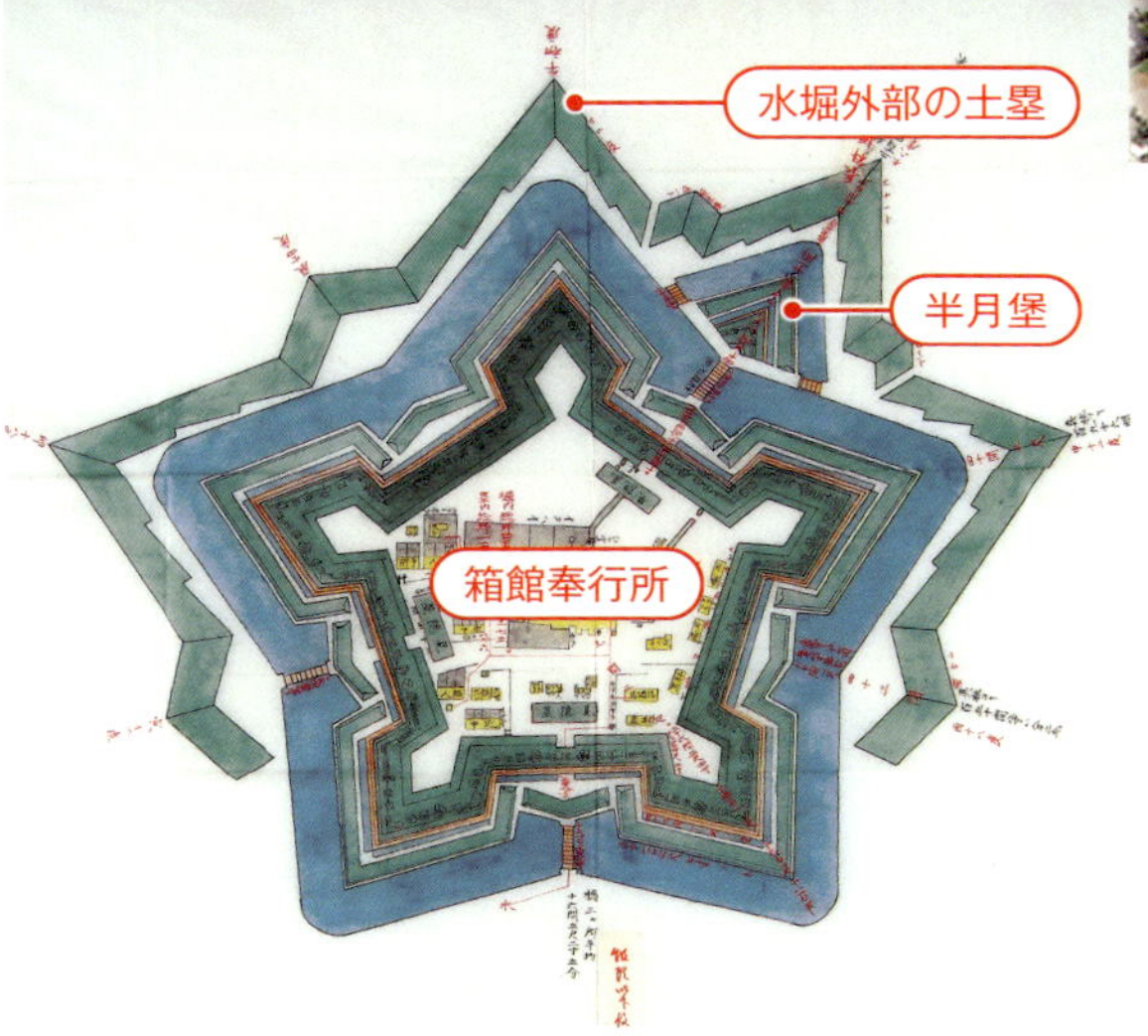

「五稜郭目論見図」

五稜郭の計画図。設計段階のものであり、実際に築かれた五稜郭とは異なる。水堀の外側にある土塁は、実際には築かれていない。

箱館奉行所

箱館奉行所は、箱館戦争後、解体された。2010年、五稜郭内に復元され、当時の姿がよみがえった。

跳出石垣（はねだしいしがき）

石垣の最上部を外に飛び出させている。こうした石垣を跳出石垣といい、幕末における西洋式城郭や台場に採用された。

見隠土塁（みかくしどるい）

一文字土居（いちもんじどい）とよばれる土塁。外から曲輪の内部を見透かされないように築かれた。戦闘時には、敵の直進を食い止める。

MAP

城郭プラスワン **稜堡式**

16世紀以降、ヨーロッパで普及していた築城の方式。星の形をしているため、星形要塞ともいう。屈曲を多用して死角をなくしているが、火砲の発達には対応できなかった。

箱館戦争CG（成瀬京司製作）
箱館山
箱館湾
弁天岬台場
千代ケ岡陣屋
五稜郭

五稜郭は海岸にも近く、箱館湾からの艦砲射撃にさらされた。5月15日に弁天岬台場が陥落し、5月18日、五稜郭は開城した。

榎本武揚

もとは幕臣。江戸開城を不服として脱走。箱館戦争で新政府軍に降伏したあと、明治政府の大臣にもなっている。

城合戦

箱館戦争

▶ 1869（明治2）年

勝 新政府軍（約7000人）

VS

負 旧幕府脱走軍（約3000人）

近代戦に耐えられなかった稜堡式城郭

五稜郭は、1864年、江戸幕府が**蝦夷地支配**と**北辺防備**のために築いた**西洋式城郭**である。設計した**武田斐三郎**は、伊予大洲藩出身の**蘭学**者だった。

ただし、**箱館奉行所**として築かれているため、厳密にいえば城ではない。正式には「**亀田役所土塁**」という。五稜郭とよばれるのは、突き出た5か所に**稜堡**が設けられているためである。この稜堡は、中世ヨーロッパで普及した築城術だった。

1869年の**箱館戦争**で、旧幕臣の**榎本武揚**らが五稜郭に立て籠もるが、新政府軍による艦砲射撃をうけ、降伏した。その後、五稜郭の建物は撤去されたが、近年、公園として整備され、奉行所の建物も復元されている。

箱館戦争経過図
1868年4月30日
❶「蝦夷共和国」の千代田形、新政府軍に拿捕される。
1868年5月7日
❷「蝦夷共和国」の回天、新政府軍の甲鉄からの砲撃で損傷し、弁天岬台場付近で座礁する。
1868年10月26日
❸榎本武揚らが五稜郭を奪取し、「蝦夷共和国」の拠点とする。
1868年12月15日
❹榎本武揚が「蝦夷共和国」の総裁に選出される。
1869年5月11日
❺新政府軍、箱館を総攻撃。土方歳三、討ち死にする。
1869年5月18日
❻五稜郭が降伏開城する。
五稜郭
亀田八幡宮
函館港（箱館港）
弁天崎台場
函館山
立待岬
大鼻岬
…新政府軍の動き
…旧幕府脱走軍の動き

人物プラスワン

武田斐三郎（1827〜1880）

伊予（愛媛県）大洲藩の出身。江戸に出て佐久間象山のもとで西洋兵学を学び、幕府に出仕する。箱館開港に伴い、弁天岬台場と五稜郭の設計に携わった。

北海道

10 松前城

▼福山城

戊辰戦争で旧幕府軍の前に落城

土方歳三率いる一隊が短時間で攻め落とす

松前城の前身である**福山館**は、**徳川家康**に蝦夷地の所領を保証された**松前慶広**が本拠地を大館から移して、1600年に築城したといわれる。

福山館は平時の居館であり、松前藩の藩庁として機能してきたが、幕末になると、蝦夷地へはロシア艦隊がしばしば来航するようになった。

幕府は松前藩に対して北方警備のために福山館改築（松前城築城）を命じた。

兵学者である**市川一学**の縄張で1854年に完成した松前城は、三重三階の天守を築き、海上からの艦砲射撃に備えて砲台を設け、城壁には鉄板を仕込んで防御力を高めていた。本丸の虎口から本丸へ至る通路は複雑で側面からの銃撃などが容易な構造となっており、当時としてはきわめて実戦的な城として考えられていた。

だが、松前城が経験することになった実戦は、開国を要求するロシア艦隊との戦いではなく、蝦夷地に独立政権樹立を目指す**榎本武揚**ら旧幕府軍との戦いであった。榎本率いる本隊が**五稜郭**を制圧後、**元新選組副長・土方歳三**が率いる約700名が松前城を攻撃した。松前城は搦手の防備の弱点を突かれ、わずか数時間の戦闘で落城したといわれる。

本丸内から見る復元天守。

城地種類	平山城
築城年代	1600（慶長5）年
築城主	松前慶広・松前崇広
所在地	松前郡松前町
アクセス	JR江差線「木古内」駅からバス

岩手県

11 九戸城

▼福岡城 宮野城

秀吉に叛旗を翻した九戸政実の城

豊臣政権への反逆者とされ皆殺しに

九戸城は、東の猫淵川、北の白鳥川、西の馬淵川に囲まれた要害の地に築かれ、奥羽の戦国大名・南部氏の有力氏族である**九戸氏**が居城としていた。南部氏は1582年、当主と嫡男が相次いで死去したため後継者争いが起こり、**九戸実親**を制して**南部信直**が家督を相続した。実親の兄で、一族きっての実力者であった九戸城主・**九戸政実**はこれを不満とし、信直を主君として認めないと公言するようになった。

だが、信直はこのとき**豊臣秀吉**に臣従しており、**小田原平定**や**奥州仕置**に参陣することで南部氏の所領と、自身の南部宗家の当主の座を確実なものとしていた。つまり、政実の主張は「豊臣政権に対する異議申し立て」とされ、秀吉の怒りを買った。

信直が奥州仕置に従軍中、主君不在の領国で反信直派と信直派の抗争が起こったのをきっかけに、1591年には、政実が5000の兵力で挙兵する。この「**九戸政実の乱**」を自力で鎮圧できなかった信直は秀吉に助けを求めた。秀吉は6万余りの大軍を差し向けて九戸城を包囲し、助命する約束で降伏・開城させたが、その約束は反故にされ、城内にいた者は女性・子どもまで皆殺しにされた。

本丸南の空堀。

城地種類	平山城
築城年代	明応年間（1492～1501）
築城主	九戸光政
所在地	二戸市福岡城ノ内
アクセス	東北新幹線・いわて銀河鉄道「二戸」駅からバス

歴史プラスワン **新撰組** 1863年に壬生浪士組として始まり、内部抗争を経て近藤勇、土方歳三らが主導権を握る新撰組となる。1867年に幕臣となり、戊辰戦争では旧幕府軍として転戦するが、敗戦で散り散りになった。

秋田県

12 久保田城

▼**矢留城　葛根城　秋田城**

何度も火災に見舞われた木と土の城

城地種類	平山城
築城年代	1604（慶長9）年
築城主	佐竹義宣
所在地	秋田市千秋公園
アクセス	JR奥羽本線・秋田新幹線「秋田」駅から徒歩

旧幕府軍には焼かれなかったが火災で全焼

常陸の戦国大名・**佐竹義宣**は、**関ヶ原の戦い**でひそかに西軍に味方したため、戦後、**徳川家康**から国替えを命じられた。佐竹氏は出羽へ移封され、当初は**出羽湊城**に入ったが、まもなく**窪田城**（のちに**久保田城**と改称）を築いて本拠を移した。

本丸北西隅に復元された御隅櫓。

窪田城には天守も石垣もなく、板塀と土塁の簡素な城であった。これは、泰平の時代を迎えて防備を固める必要がなくなったからとも、幕府に遠慮したとも、石垣の資材が入手困難だったとも、石垣造りの技術やノウハウがなかったためともいわれている。

久保田城はたびたび火災に見舞われることになる。おもなものでは、1607年には本丸が全焼する火災が発生し、1776年には穴門から東西の櫓門、表門、本丸御殿、出し御書院などが延焼、1778年にも本丸が全焼し、1797年には本丸北方で出火し、櫓2棟・長屋2棟が焼失している。

1868年の**戊辰戦争**では、久保田藩は新政府軍を支持し、旧幕府軍の攻撃を受けたが、情勢の変化により久保田城は戦火を免れた。しかし、このとき残った建物も、12年後の大火で全焼した。

岩手県

13 盛岡城

▼**不来方城**

「東の関ヶ原」で起きた所領争い

城地種類	平山城
築城年代	1598（慶長3）年
築城主	南部信直
所在地	盛岡市内丸
アクセス	東北新幹線・いわて銀河鉄道「盛岡」駅からバス

政宗にそそのかされた和賀忠親の一揆を鎮圧

東北地方最大の石垣造りの城といわれる**盛岡城**は、本丸・二の丸・三の丸・本丸腰曲輪の長大な城壁をすべて石垣で築いていた。このあたりは「**不来方**」という地名で知られ、かつては南部氏の家臣である**福士慶善の館**があったが、「**九戸政実の乱**」ののち、**南部信直**は子・**利直**に**不来方城**の築城を命じた。

南の腰曲輪の石垣。

1600年の**関ヶ原の戦い**では、家督を継いだ利直は東軍に属し、東北・北陸の戦国大名とともに**最上義光**を主将とする**会津攻め**の軍勢に加わって山形へ出陣していた。まもなく、**徳川家康**の率いる東軍本隊は、西軍の**石田三成**との決戦に臨むべく反転西上し、義光の率いる別働隊が上杉軍の抑えにまわった。

だが、自領である**和賀郡**や**稗貫郡**で一揆が起こったため、利直は許しを得て帰国した。一揆の首謀者は和賀郡の旧領主であった**和賀忠親**で、忠親は**伊達政宗**にそそのかされて、天下分け目の戦いに乗じて旧領回復を図ったという。だが、一揆は帰国した利直により鎮圧される。利直はこの功で所領を安堵され、不来方城を**総石垣造**に大改修し、「盛り上がり栄える岡」との願いを込めて地名を**盛岡**と改めた。

城郭プラスワン　**総石垣造**

天守台や城壁など、主要な部分の大半に石垣を積んだ城。主に関西で発展を遂げ、関東では小田原平定の際に豊臣秀吉が築いた石垣山城（一夜城）が最初といわれる。盛岡城は関東では珍しい本格的な総石垣造の城であった。

宮城県 14

仙台城

青葉城

奥羽の独眼竜と謳われた伊達政宗が、天険の要害の地に築いた近世城郭

仙台城復元模型

仙台城本丸の全容を、城下東方から望む。本丸の敷地は複雑な形状を呈しており、外周に土塀や木柵、土塁、石垣などで厳重に防備を固めている。広瀬川を見下ろす懸造が特徴的。

伊達政宗騎馬像

1935年、伊達政宗300年祭を記念して本丸跡に騎馬銅像が設置されたが、戦時中軍に供出した。写真の騎馬像は1964年に再設置された2代目。

「御本丸御広間御玄関大御広間百歩一之図」

「仙台城及び江戸上屋敷主要建物姿絵図」より。玄関から中門まで各殿舎の正面（北面から西面）を連続的に描き、中央の大広間大屋根は、木連格子に菊花紋や桐紋を飾っている。

1. 中門
2. 唐破風造
3. 桐紋
4. 車寄
5. 大懸魚
6. 大広間
7. 菊花紋
8. 木連格子
9. 式台（色代）
10. 遠間（広間）
11. 玄関

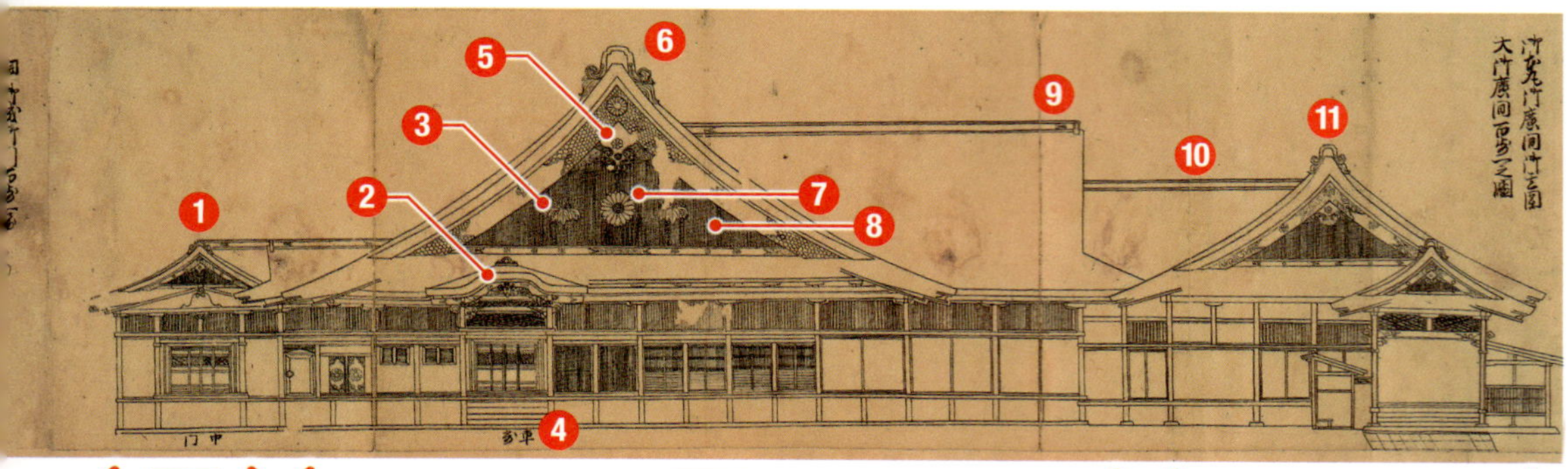

城地種類	山城
築城年代	1600（慶長5）年
築城主	伊達政宗
所在地	仙台市青葉区
アクセス	JR東北新幹線「仙台」駅からバス

MAP

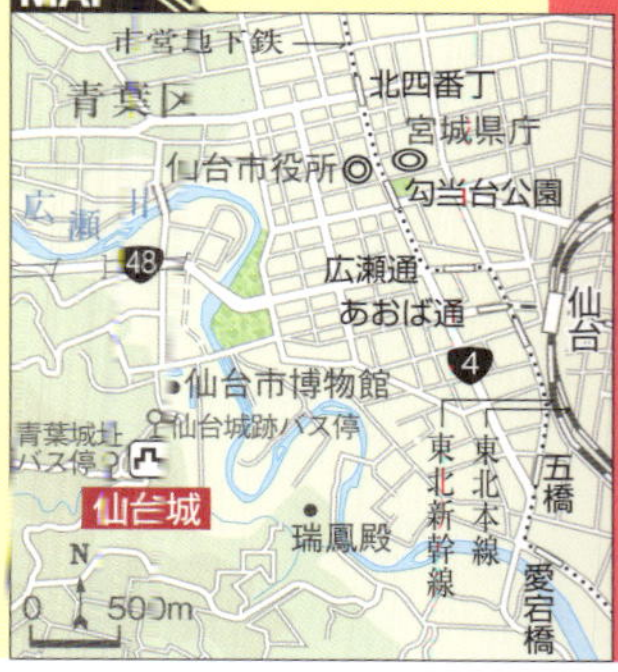

城郭プラスワン **懸造** 崖造ともいい、崖や池などの上に突き出した建物を長い柱と貫で固定し，床下を支えた建築方法。仙台城のほか、清水寺本堂や室生寺金堂などが有名である。江戸時代には浜地や堤防上に建てられた町家などにも用いられた。

一度も攻撃を受けず役目を終えた要害

仙台城のある**青葉山**には、**伊達政宗**による築城以前から城が存在した。**千代城**とよばれ、鎌倉時代末期から室町時代初期にかけては島津氏、室町時代末期には国分氏が居城していたと伝えられる。最後の千代城主であった政宗の叔父・国分盛重が、1596年に政宗と対立して出奔したことで廃城となった。

1600年の**関ヶ原の戦い**で、政宗は東軍に属し、**徳川家康**から「**100万石のお墨付き**」と新城築城の許しを得た。その後、100万石については反故にされたが、**62万石**の所領と新城築城は認められ、政宗は地名を仙台と改めて、青葉山に仙台城を築いた。

政宗の**縄張**した仙台城は慶長年間には珍しい**山城**で、本丸と西の丸から構成され、天守台はあるが天守は設けられなかった。あくまで実戦を想定した城であり、完成後に実見したスペイン人の探検家・ビスカイノはその堅固さを絶賛したという。

その後、2代藩主・**忠宗**の時代に二の丸と三の丸が増設され、**平山城**となる。要害の地に築かれたものの、築城以来一度も敵の攻撃を受けることなく役割を終えた。

本丸詰門跡

本丸の正門であり、現在は宮城県護国神社の鳥居付近にある。本丸詰門は二階建、入母屋造、本瓦葺で、大棟には鯱瓦を載せた、大手門と同じく豪華な桃山建築であったという。

大手門古写真

かつて「仙台城の顔」と称され、旧国宝にも指定されていた大手門。二階建の楼門で規模も大きく、装飾の紋から肥前名護屋城からの移築説もあったが、惜しくも戦災で焼失した。

大手門脇櫓

1945年の仙台空襲で、大手門と大手門脇櫓、三の丸巽門などが焼失。しかし、写真や実測図が残っていたことから、脇櫓は1967年に復元された。

本丸北面の石垣

1997～2004年、本丸北壁における大規模な石垣修復工事が行われた。同時に実施された発掘調査では、政宗時代のものとみられる石垣二面が検出された。

巽櫓跡

「奥州仙台城絵図」に描かれている三重櫓で、本丸南東部に位置していた。1646年の地震で崩壊し、再建されていない。発掘調査で石垣と礎石が確認されている。

歴史プラスワン　鍬形

伊達政宗像のトレードマークとなっている大きな三日月状の兜飾り。これは兜の立物とよばれる装飾部品で、特に額の左右に並んだ一対の角状の金属の立物を鍬形とよぶ。政宗の兜の立物は「弦月形鍬形」とよばれている。

山形県 15

山形城（やまがたじょう）

▼霞ケ城（かすみがじょう） 最上城（もがみじょう） 大山城（おおやまじょう）

「北の関ヶ原」慶長出羽合戦の功で出羽一国を与えられた最上義光の城

城地種類	平城
築城年代	元和8（1622）年
築城主	鳥居忠政
所在地	山形市霞城町
アクセス	JR山形新幹線「山形」駅から徒歩

東大手門
東大手門と正面の高麗門、左手の櫓門、続櫓、右手の北櫓に囲まれ、堅固な枡形を形成している。枡形の規模はきわめて大きなもので、江戸城の門の枡形にも匹敵する規模がある。

「山形城絵図」
「正保城絵図」として作成されたものの一つ。最上氏が移されたのち、鳥居忠政により改修されたもので、最上氏時代と比べて本丸の門の位置や堀の様子などが変更されている。

1. 本丸
2. 二の丸
3. 三の丸
4. 内堀
5. 中堀
6. 外堀
7. 北不明門
8. 三重櫓
9. 西大手門
10. 北大手門
11. 東大手門
12. 大手門
13. 一文字門
14. 月見櫓
15. 南大手門

最上義光銅像
霞城公園内に建立された銅像。躍動的なポーズは、直江兼続率いる2万3000の大軍を迎え撃つべく、義光自ら陣頭に立って決戦の場へ駆けつけようという姿を再現している。

三の丸跡（歌懸稲荷神社）
広大な三の丸には、一族や重臣の武具屋敷が置かれ、11か所の城門が設けられていた。現在、十日町にある歌懸稲荷神社の西側には、三の丸土塁と堀跡のくぼみが残っている。

最上氏時代の瓦
「山」の字が刻まれた軒丸瓦の一部が出土。「山」は山形の地名か、山形城の城名を表していると考えられる。

MAP

合戦プラスワン　慶長出羽合戦
1600（慶長5）年の会津攻めの際、石田三成の挙兵に呼応して徳川家康の本隊が反転西上した後、西軍の上杉景勝と東軍の伊達政宗・最上義光らが戦った。義光は景勝から庄内地方を奪い、戦後その支配を認められた。

東大手門と大手橋

東大手門前に位置する二の丸堀には木造の大手橋が架けられており、ここを渡って城内に入ることになる。鳥居氏の改修による急勾配の高石垣は、往時の面影を色濃く残している。

二の丸東大手門

1991年に復元された二の丸東大手門。明治の古写真では両側の平櫓に挟まれて低く建てられていたが、正保城絵図に基づいて一般的な形式の櫓門として復元された。

最上義光が拡張し、鳥居忠政により完成

山形城は**南北朝時代**、北朝方の羽州探題としてこの地に入った**斯波兼頼**が築いたという。兼頼の子孫は最上氏を名乗り、この地に土着して勢力を拡大していった。

現在見られる山形城の縄張は、戦国時代末期に最上氏の最盛期を築いた**最上義光**が、慶長年間に行った改修によるものだ。義光は1590年の**小田原平定**で**豊臣秀吉**に臣従し、同年の**奥州仕置**では秀吉の養子・**秀次**に「東国一の美女」と謳われた愛娘を側室に差し出した。だが、のちに秀次が謀反の疑いで切腹となったとき、義光の娘も連座して殺害されたため、豊臣氏に深い恨みを抱くようになったといわれる。

1600年の**関ヶ原の戦い**では、義光は東軍に属して会津の上杉氏を牽制し、その功で**出羽山形藩57万石**の大大名となる。義光は城域を拡張して三の丸を増築し、さらに城下町を整備した。

しかし、義光の死後、最上氏は御家騒動などで没落。代わって山形城に入った**鳥居忠政**の時代に「東国の押さえ」としてさらなる改修が加えられ、現在の形がほぼ完成した。

その後、山形城では城主交代のたびに石高が小さくなり、廃城時にはわずか5万石の城となっていた。

二の丸南大手門の枡形

二の丸の南辺ほぼ中央に築かれていた城門で、二の丸東大手門と同じように石垣によって枡形を構えていた。写真中央の石垣の間に高麗門、写真手前側には櫓門が建てられていた。

本丸一文字門

一文字門は本丸の正門に当たり、2006年に門に架かる大手橋が復元された。その後、2013年には大手門枡形内の高麗門と土塀が復元されている。

城郭プラスワン　**正保城絵図**

1644（正保元）年12月、幕府が諸藩に命じて作成させた城下町の図。城郭内の建造物、石垣の高さ、堀の幅や水深などの軍事情報などが精密に描かれているほか、城下の町割・山川の位置・形も詳細に記載されていた。

福島県 16

会津若松城

戊辰戦争で攻撃された会津藩の府城

▼鶴ヶ城

城地種類	平山城
築城年代	不明
築城主	蘆名氏
所在地	会津若松市追手町
アクセス	JR磐越西線「会津若松」駅からバス

MAP

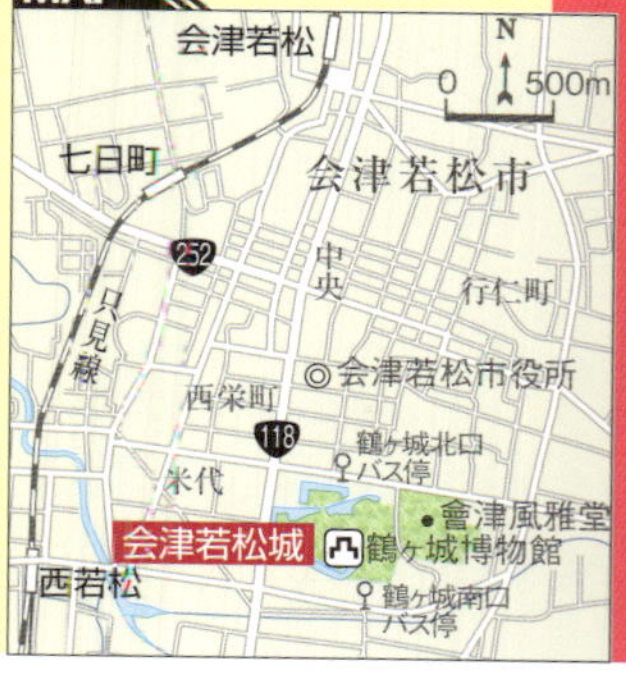

蘆名氏の居城から会津藩の府城へ

会津若松城は、もとは**黒川城**といった。南北朝期、**蘆名直盛**が築いたとされ、以来、蘆名氏14代の居城となっている。しかし、1589年、**蘆名義広**のとき、**伊達政宗**に敗れ、黒川城を追われる。その後、政宗が入城し、翌年、**豊臣秀吉**の**奥州仕置**によって、秀吉の家臣・**蒲生氏郷**が城主となった。

会津若松城は、この蒲生氏郷によって近世城郭に改修され、その後、**上杉景勝**、**加藤嘉明**などが城主となる。現在の会津若松城は、その頃、完成したものである。

1643年には、**保科正之**が入り、保科氏が松平氏に改姓して幕末に至る。1868年の**戊辰戦争**で**松平容保**が新政府軍に抵抗したため、攻められて降伏開城した。

甲賀町口郭門跡

総構の門のひとつで、城内に通じる追手筋に設けられた甲賀町口を守った。東西に石垣があったが、現在は西側の石垣のみが残る。

天寧寺町土塁

総構の土塁。かつては、こうした土塁が城下を囲んでいたが、現在残っているのはこの部分のみ。

天守

天守は1965年に鉄筋コンクリートで外観復元され、近年、幕末期の赤瓦に葺き替えられた。

人物プラスワン **蒲生氏郷** (1556〜1595)

近江中野城主蒲生賢秀の子。織田信長・豊臣秀吉に仕え、奥羽仕置により、会津若松城に入る。氏郷によって七重の天守が建てられたというが、地震によって倒壊したため、詳細は不明。

会津若松城惣構

会津若松城は、総延長6kmに及ぶ土塁・堀によって囲まれており、そこには16の郭門が構築されていた。

干飯櫓と南走長屋

天守から見た干飯櫓と南走長屋。手前が南走長屋で、奥が干飯櫓。干飯櫓は、糒櫓とも書かれ、食糧が貯蔵されていた。

黒鉄門

本丸の表門。門の扉や柱が鉄で覆われていたことから黒鉄門という。

太鼓門

北出丸から続く重要な門で、枡形を構成していた。欅で作られた太鼓があったことから、太鼓門とよぶ。

天守台石垣

天守台の石垣は、古い時代の野面積で、蒲生氏によって築かれた当時のものと考えられている。

城郭プラスワン　赤瓦

1965年に再建されたとき、会津若松城の瓦は黒色だった。しかし、現在は幕末のときに用いられていた赤瓦に葺きなおされている。赤瓦は釉薬を施して焼かれているため、風雪に強いという。

国境を守備していた会津藩兵が帰還する。その一方、新政府軍は、小田山を占拠して、ここから会津若松城に対する砲撃を始めた。

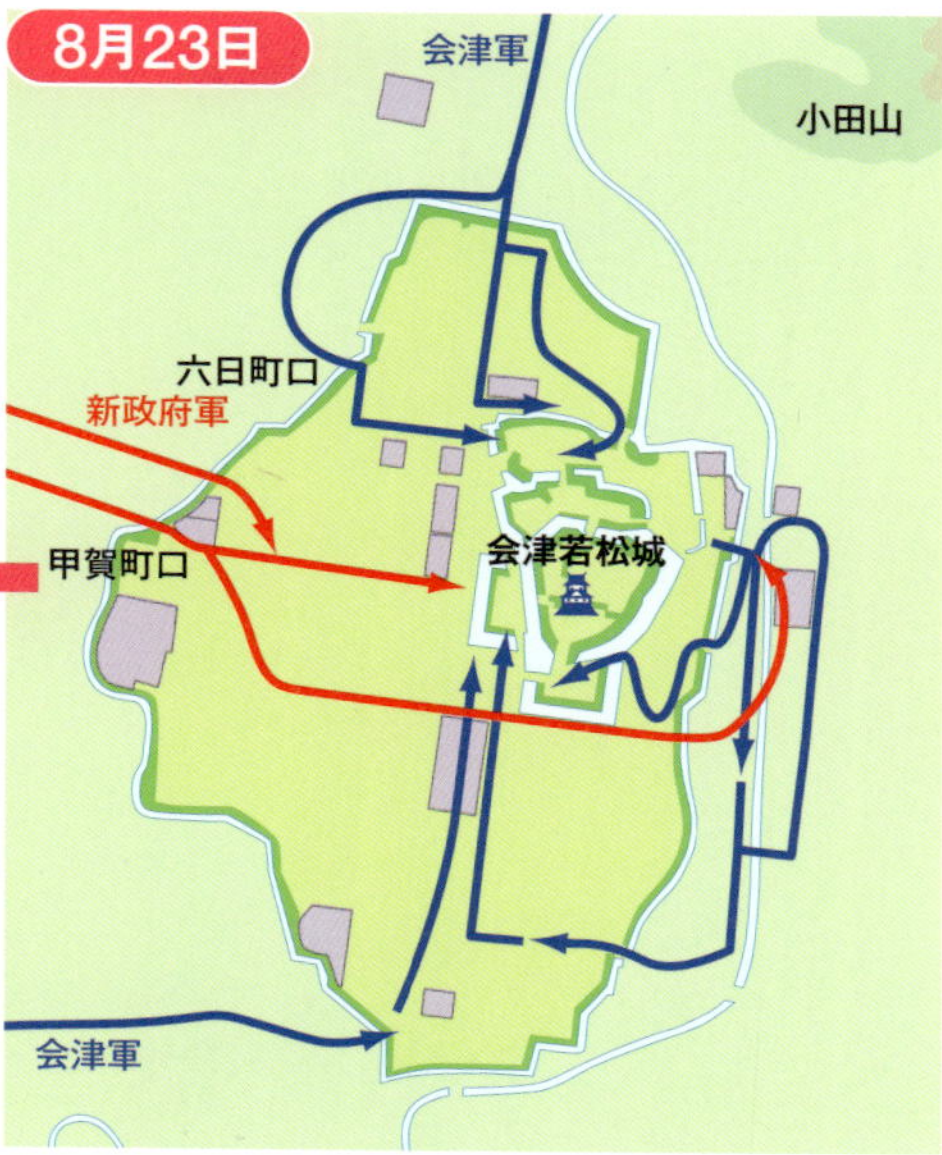

会津藩は、兵力の不足から惣構の防備を完全にはできなかった。新政府軍は、防備が手薄な六日町口郭門を突破し、続いて甲賀町口郭門から城内に侵入した。

城合戦 会津戦争

▶1868（明治元）年

勝 新政府軍（約3万人）

VS

負 会津軍（約5000人）

「若松城下絵図」

幕末に活躍した会津藩の絵師大須賀清光によって描かれた会津若松城下。天守の瓦も、近年に吹き替えられたものと同じ赤瓦である。

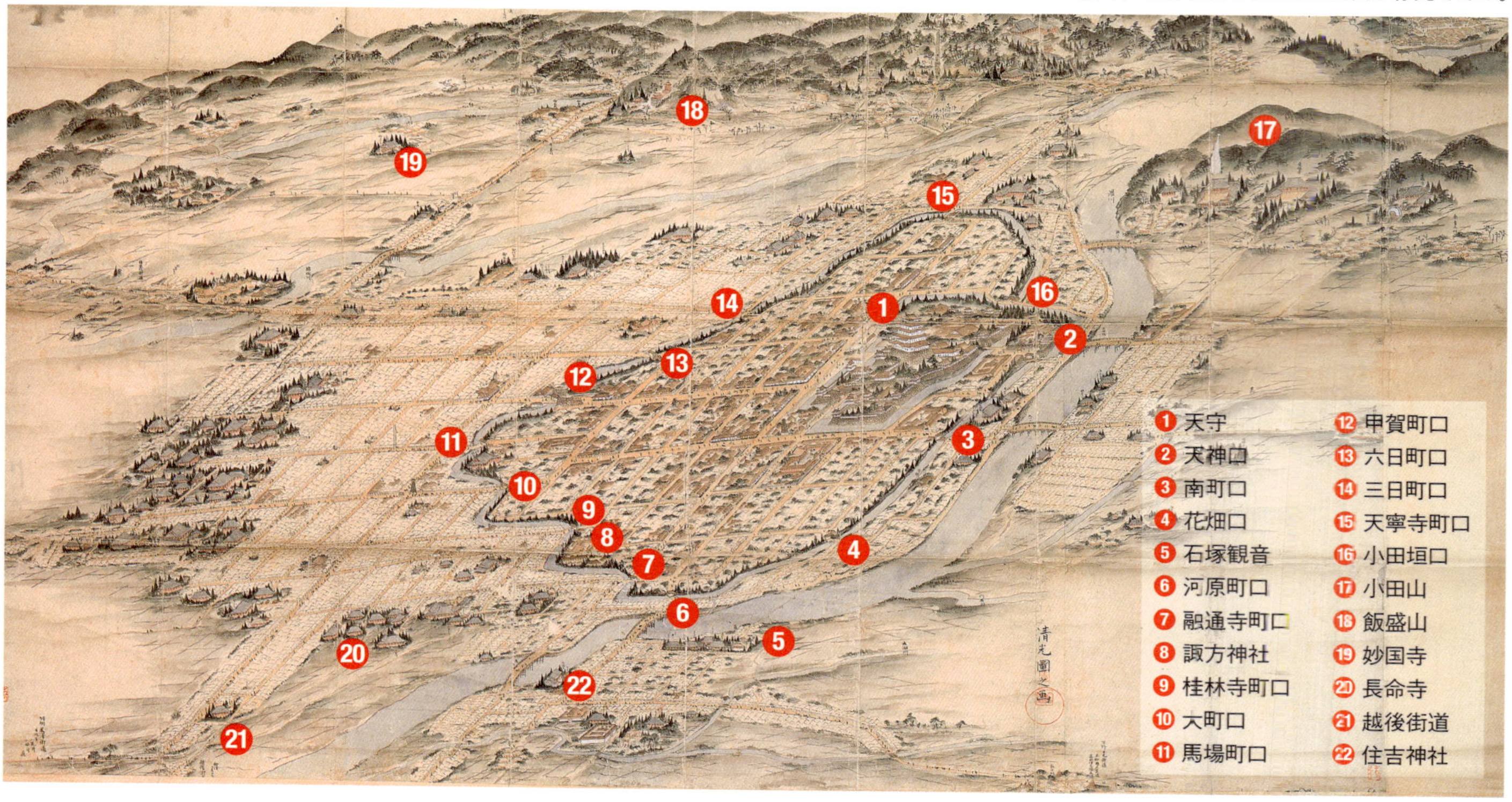

新政府軍による集中砲火を浴びて開城

1868年の戊辰戦争において、会津藩主・**松平容保**は、江戸幕府の15代将軍であった**徳川慶喜**に次ぐ朝敵とされた。容保が京都守護職として反幕府派の志士を弾圧していたからである。容保は謹慎して帰順を嘆願したが受け入れられず、東北などの諸藩と**奥羽越列藩同盟**を結び、新政府軍に抗戦することにした。

会津藩は、新政府軍の侵攻にさいし、藩領の境界で迎え撃つが、次々に敗れてしまう。そして、猪苗代湖に近い戸ノ口原を突破され、籠城戦にもち込んだ。

その頃、奥羽越列藩同盟は、新政府軍に降伏する藩が続出して解体。攻防の舞台が会津若松城に集中するなか、一か月にわたる激戦ののち、容保は降伏開城した。

なお、**戸ノ口原の戦い**後、16〜17歳の少年からなる**白虎隊**のうち、士中二番隊37名は他の隊とはぐれて**飯盛山**に向かったが、燃える城下をみて自死を選んでいる。維新後、容保は、「幾人の涙は石にそそぐともその名は世々に朽しとぞ思う」と詠み、白虎隊の忠節を悼んだ。

人物プラスワン　**松平容保**（1836〜1893）

美濃高須藩主松平義建の子。会津藩主松平容敬の養子となる。京都守護職として京都の治安維持につとめたが、幕府滅亡により新政府軍から追討される。会津戦争後、許されて日光東照宮の宮司となった。

会津戦争（制作＝成瀬京司）

薩摩藩や佐賀藩を中心とする新政府軍は、会津若松城の東南約1.5kmに位置する小田山に布陣。アームストロング砲をふくむ大砲で攻撃した。

城の攻め方・守り方

総構（そうがまえ）の防御力を発揮するための兵力

総構というのは、惣構（そうがまえ）とも書き、城下町までをも囲んだ堀・土塁のことをいう。江戸時代の城ではよくみられ、人工的な堀ではなく、自然の河川を利用して総構を形成していることもある。

総構は防御性にすぐれており、大坂冬の陣でも徳川方は大坂城の総構を越えることすらできなかった。ただし、守るにはそれなりの兵力が必要となる。会津若松城の総構も、適切な兵力で守ることができれば、新政府軍は突破できなかったかもしれない。

会津若松城古写真

会津若松城は1874年に壊された。この写真は、取り壊し前に撮影されたもので、会津戦争による砲弾の跡なども残っている。

戸ノ口原古戦場

会津藩の白虎隊は、会津若松城下に向けて進軍する新政府軍を会津の東方に位置する戸ノ口原で迎え撃ったが、破れて飯盛山に敗走した。

飯盛山

戸ノ口原の戦いに敗れた白虎隊は、飯盛山に逃れた。そこで、城下が燃える様子をみて会津若松城が落城したものと判断し、自害したという。

合戦プラスワン

アームストロング砲　イギリスのウィリアム・ジョージ・アームストロングが 発明した大砲の一種。射程や精度に優れ、南北戦争後のアメリカから輸入された。戊辰戦争では、上野戦争や会津戦争で使われている。

山形県

17

鶴ヶ岡城

▼**大宝寺城　大梵寺城**

上杉氏と最上氏が奪い合った城

庄内地方の支配拠点として再三戦場となる

上空から見ると「回」の字に配置された**輪郭式縄張**をもつ**鶴ヶ岡城**。この城のある出羽沿岸南部の庄内地方は、日本有数の穀倉地帯として知られている。平安時代には大泉・遊佐・櫛引の3つの荘園が置かれ、その中で最も栄えた大泉荘内の地という意味から荘内（庄内）の呼び名が生まれたとされる。

室町時代に大泉荘地頭であった大泉氏がこの地に下向して**大宝寺城**を築き、大宝寺氏と称したという。戦国時代には、大宝寺氏は上杉氏や織田氏と結んで戦国大名化したが、1587年に**大宝寺義興**が**最上義光**に討たれ、以後衰退する。

その後、庄内の地をめぐる最上氏と上杉氏の争いとなり、1588年には上杉方の**本庄繁長**が大宝寺城を攻め落とした。この2年後には国人一揆のために一時失陥したこともあるが、1602年に米沢へ移されるまでは、大宝寺城は上杉氏の所領であった。

上杉氏に代わって庄内地方は最上氏に与えられ、大宝寺城は先代・義光の**隠居城**として改修され、翌1603年に鶴ヶ岡城と改称された。だが、最上氏もまもなく御家騒動で所領を没収され、その後は徳川家譜代の**酒井忠勝**の城となった。

本丸の水堀と土塁。

城地種類	平城
築城年代	1622（元和8）年
築城主	大泉氏?・酒井忠勝
所在地	鶴岡市馬場町
アクセス	JR羽越本線「鶴岡」駅から徒歩

山形県

18

米沢城

▼**松ヶ崎城　舞鶴城**

家康を激怒させた「直江状」筆者の城

上杉景勝の懐刀といわれた直江兼続が改修

米沢城の歴史は古く、その創建は鎌倉時代初期までさかのぼるという。室町時代初期に**伊達宗遠**がこの地へ侵攻、以後伊達氏の本拠となった。

1591年に**豊臣秀吉**の命で伊達氏は**岩出山城**へ移され、米沢城は蒲生氏に与えられた。その後、1597年に蒲生氏が下野宇都宮へ移されると、翌年、上杉氏が会津120万石を与えられて越後から移った。**上杉景勝**は戦略上の要地である米沢城を重臣・**直江兼続**に任せた。まもなく秀吉が死去し、天下は**徳川家康**の手に落ちようとしていたが、景勝はたびたび発せられた家康の上洛命令を拒絶し、兼続に命じて**神指城**を築城させるなど対決姿勢を強めた。また兼続は景勝の謀反の疑いに反論する「**直江状**」を送り、これに激怒した家康は**会津攻め**を決意し、これが**関ヶ原の戦い**のきっかけとなった。

関ヶ原の戦い後、上杉氏は所領を30万石に削られ、米沢城に移された。1608年から近代城郭としての本格的な改修が行われたが、石高が4分の1になっても家臣の召し放ち（解雇）をほとんど行わなかったために財政は窮乏し、石垣も天守もない、簡素な**土造りの城**となった。

本丸の水堀に掛かる菱門橋。

城地種類	平城
築城年代	1608（慶長13）年
築城主	上杉景勝
所在地	米沢市丸の内
アクセス	山形新幹線「米沢」駅からバス

城郭プラスワン　**隠居城**

家督を譲って隠居した前当主が移り住んだ城。徳川家康の駿府城、前田利長の高岡城のように新規に築城した例もあるが、大多数は既存の支城などを改修したもの。一国一城令によって江戸時代中期以降はほぼ姿を消した。

宮城県

19

白石城

▼益岡城

会津攻めを機に伊達政宗が奪還

城地種類	平山城
築城年代	1591（天正19）年
築城主	蒲生氏郷
所在地	白石市益岡町
アクセス	JR東北本線「白石」駅から徒歩

かつての領主伊達政宗が1日で攻め落とす

仙台城の**支城**として、**伊達政宗**の最も信頼する重臣・**片倉景綱**が居城とした**白石城**。その前身は、**後三年の役**（1083〜87年）の戦功で刈田郡・伊具郡を与えられた白石氏（刈田氏）の居城であったという。白石氏はのちに伊達氏と縁戚関係を結んだが、**伊達稙宗**の代に伊達氏の家臣に組み込まれ、白石城も伊達氏の支城の一つとされた。

北面から見る復元された三重天守。

1591年に**豊臣秀吉**の命で**蒲生氏郷**の所領とされ、近世城郭として本格的な築城が行われた。次いで上杉氏の所領となり、**甘糟景継**が改修している。

そして1600年、**徳川家康**の**会津攻め**において、信夫口からの上杉領侵攻を命じられた伊達政宗は、刈田郡の防衛拠点である白石城を取り囲んだ。

このとき、白石城代の景継は若松城に詰めており、景継の甥である登坂勝乃が守将を務めていた。

守備方の城代が不在なうえに、かつての領主として城の地理にも精通していた伊達軍は、わずか1日で本丸を除く城の全域を占拠してしまった。勝乃は「勝機なし」と判断して降伏を覚悟したが、かつて政宗に主君と父を殺された鹿子田右衛門は徹底抗戦を主張して譲らない。そこで、勝乃は右衛門を謀殺して政宗に降伏した。

福島県

20

白河小峰城

▼白河城　小峰城

白河郡に築かれた陸奥の要衝

城地種類	平山城
築城年代	1627〜32（寛永4〜9）年
築城主	丹羽長重
所在地	白河市郭内
アクセス	JR東北本線「白河」駅から徒歩

築城名人・丹羽長重が伊達政宗に備えて築城

白河郡にはかつて、蝦夷の侵入を防ぐために設けられた**白河の関**があったように、古くから陸奥の要衝として知られていた。

1590年に**豊臣秀吉**の**奥州仕置**により蒲生氏の所領とされ、その後、1627年には、2代将軍・**秀忠**、3代将軍・**家光**の御伽衆筆頭として重用された**丹羽長重**が白河郡10万7000石を与えられ、**小峰城**に入った。外様ながら将軍家の信任の厚かった長重には、この要衝の地に堅固な城を築いて「奥州の大藩＝**伊達政宗**」に備えるという役割が与えられていたといわれる。

木造で復元された三重天守と前御門。

白河小峰城は、既存の小峰城を改修したというより、築城名人として知られた長重が一から築いた城といっていい。とりわけ、主要部を囲む石垣は、東北地方の城郭には珍しい、見事な高石垣となっている。築城工事は1629年から4年がかりで行われ、1632年までに城郭と城下町が完成した。その5年後に長重が死去すると、子の**光重**が2代藩主に就いたが、まもなく二本松藩へ所領替えになった。

長重の築いた白河小峰城は幕府に重視され、丹羽氏以降は榊原氏、本多氏、奥平氏、越前松平氏、久松松平氏、阿部氏など**譜代・親藩**の有力大名が入れ替わり立ち代わり城主を務めた。

歴史プラスワン　**御伽衆**

将軍や大名に側近として仕え、政治や軍事の相談役となったり、また武辺話や諸国の動静を伝えたり、世間話の相手などを務めた職掌。天下人の御伽衆には没落した大名なども多く、丹羽長重は織田信長の重臣丹羽長秀の子。

福島県

21 猪苗代城

▼亀ケ城

会津領の重要拠点として幕末まで存続した城

城地種類	平山城
築城年代	不明
築城主	佐原氏?
所在地	麻郡猪苗代町字古城跡
アクセス	JR磐越西線「猪苗代」駅から徒歩

戊辰戦争で城代が自ら城に火をかける

猪苗代城は鎌倉時代初期、佐原経連が築いたといわれているが、定かではない。佐原氏は鎌倉幕府創立に貢献した相模の名門・三浦氏の庶流で、奥州合戦の戦功により会津の地を与えられた佐原義連の子孫である。宝治合戦で、佐原氏は宗家である三浦方について滅ぼされ、北条方についた義連の子・盛連の家系だけがわずかに生き残った。盛連の長子・光盛の子孫は蘆名氏を名乗り、その弟の経連の子孫は猪苗代氏を名乗った。

戦国時代には、蘆名氏は有力な戦国大名に成長し、同族である猪苗代氏はこれに従属していたが、しばしば主家に反逆して相争った。

そして、1589年の**摺上原の戦い**の直前、**猪苗代盛国**は**伊達政宗**に内応し、これが蘆名氏を滅亡に追い込むきっかけとなった。翌年の**奥州仕置**後、伊達氏に従って猪苗代氏も会津を離れた。

猪苗代城は、江戸時代に入ってからも会津領の重要拠点として1615年の**一国一城令**後も存続を認められたので、歴代の会津領主は有力な家臣を城代に置いた。だが、1868年の**戊辰戦争**で新政府軍が会津へ侵入すると、城代・高橋権太夫は自ら城に火をかけて若松へ撤退した。

大手口に残る石垣。

福島県

22 二本松城

▼霞ケ城 白旗城

戊辰戦争で二本松少年隊の悲劇を生んだ城

城地種類	平山城
築城年代	嘉吉年間（1441～44年）
築城主	畠山（二本松）満泰
所在地	二本松市郭内
アクセス	JR東北本線「二本松」駅から徒歩

少年兵を含む多くの犠牲者を出した攻城戦

二本松城の原型は、室町時代に畠山（二本松）満泰が築いたといわれているが、その詳細は定かでない。

今日に伝わる近世城郭に生まれ変わらせたのは、築城名人として名高い**丹羽長重**の子・**光重**である。光重は**観音丘陵**を城域に取り込み、三重天守を築くなど、ほとんど一から築城し直すほどの徹底的な大改修を施し、以後、幕末まで二本松城は丹羽氏の居城となった。

1868年の**戊辰戦争**が起こると、二本松藩は「**奥羽越列藩同盟**」に参加して新政府軍と戦うことになった。この戦いには、12歳から17歳の少年兵62名も動員されていた。だが、藩兵の主力が白河口に出撃して手薄となった隙をつかれ、新政府軍が二本松城下に殺到すると、わずか1日の戦闘（**白河口の戦い**）で二本松城は落城し、藩主・丹羽長国は米沢に逃亡している。

この攻城戦で、二本松城の建物の多くが焼失した。二本松藩側は、少年兵18名を含む218名が戦死し、家老以下の上級職全員が討死するというありさまであった。

一方、新政府軍側の損害は、死者こそ17名にとどまったものの、二本松藩の激しい抵抗のため多くの負傷者が出た。当時一部隊の隊長を務めた野津道貫は、この戦いを「戊辰戦争中第一の激戦」と評した。

千人溜に立つ二本松少年隊の碑。

合戦プラスワン **奥州合戦**

1189年7～9月、源義経追討を名目に、源頼朝を首班とする武家政権と、奥州藤原氏の間に起こった東北地方の戦乱。「治承・寿永の乱」の最後を締めくくる戦争であり、この戦いにより鎌倉幕府が確立した。

第 3 章

名城探訪

関東・甲信越地方

東京都 23

江戸城（えどじょう）

徳川将軍家の権威と威信をかけた天下無双の巨大城郭

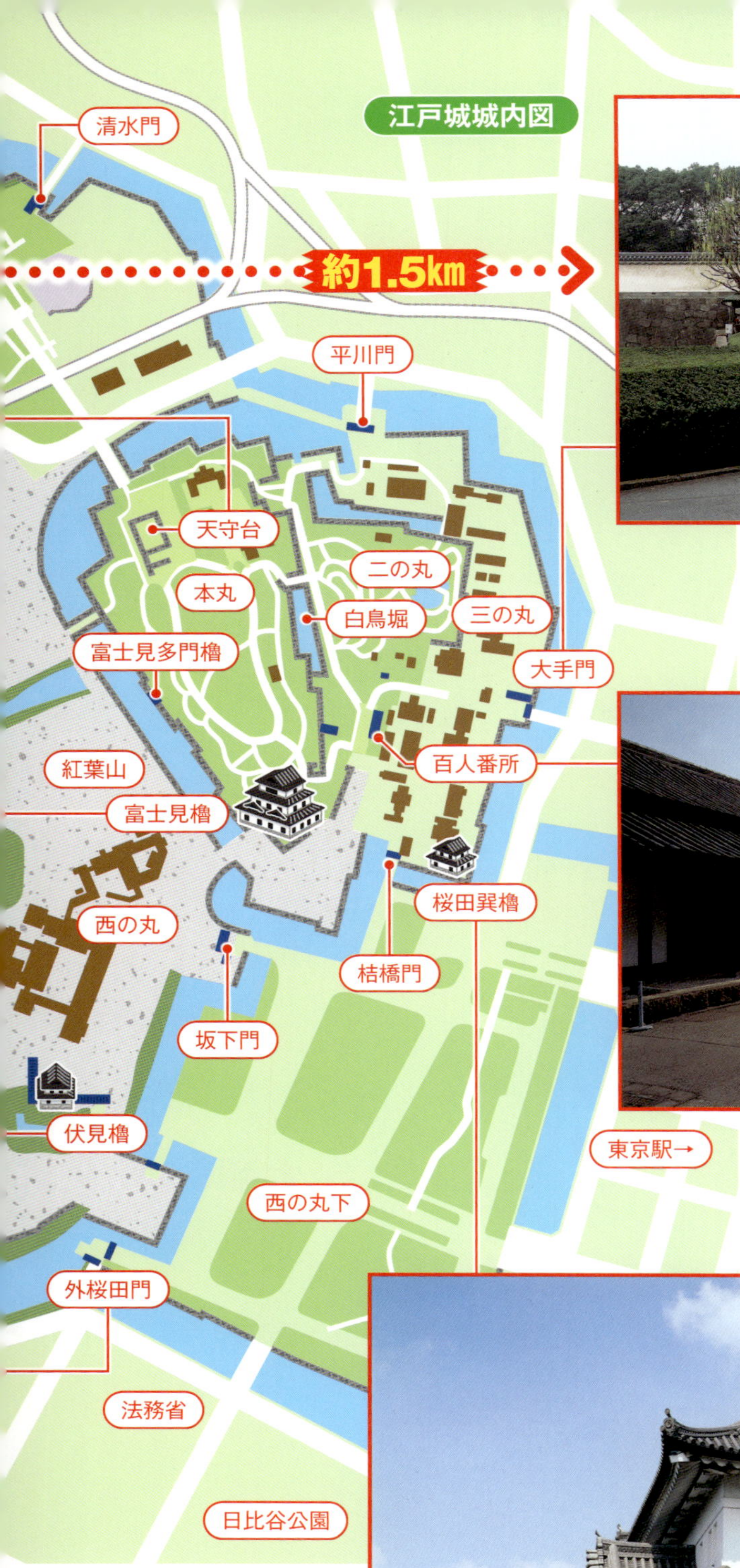

大手門

江戸城のいわゆる正面入り口で、数ある門の中で最上位に位置する。向かって右に建つ櫓は太平洋戦争で焼失、1967年に復元。

百人番所（ひゃくにんばんしょ）

二の丸から本丸へと向かう途中に建つ城内最大、長さ約50mにも及ぶ検問所で、100人の同心が交代で警護に当たった。

桜田巽櫓（さくらだたつみ）

三の丸南隅に現存する二重櫓。初重の平面面積が約180㎡、高さ約13mと、三重天守にも匹敵する大きさを誇る。

城地種類	平城
築城年代	1457（長禄元）年
築城主	太田道灌
所在地	東京都千代田区
アクセス	都営地下鉄「大手町駅」から徒歩

城郭プラスワン 見附

四谷、赤坂など、現代の都心にも地名として残る見附とは、外的の侵攻をいち早く発見し防ぐために、外郭に設けられた城門のことで、すべての位置を特定することはできないが、36か所あったという。

天守台

美しく整形された巨石が整然と積み上げられた石垣。明暦の大火後に加賀前田家によって築造された当時の姿を留める。

富士見櫓

江戸幕府定型の層塔型、総塗籠、出窓付きの三重櫓で、天守焼失後は天守の代用とされた現存遺構。

伏見櫓

廃城となった京都伏見城から移築されたとの伝承がある二重櫓。左右に付く多門櫓とともに現存。

外桜田門

桜田門外の変でその名が知られる、江戸城の南面を守る門。三方を堀に囲まれた外枡形をなす。

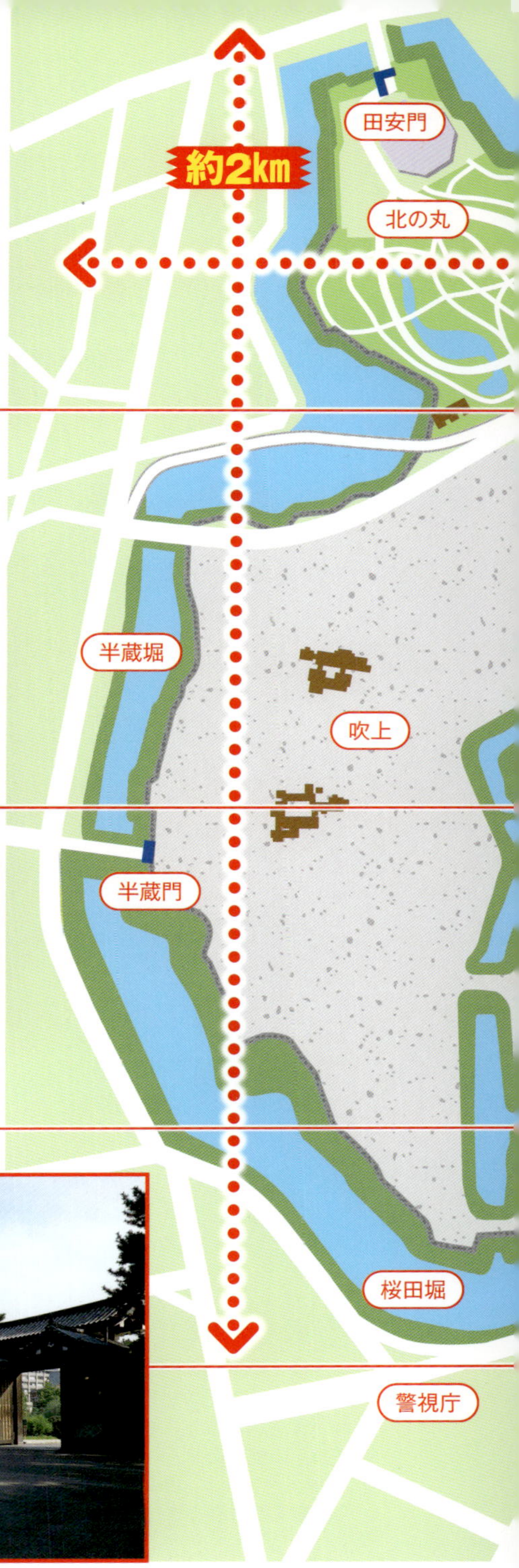

三代で完成させた天下人の巨城

江戸時代の265年、日本の政庁であり、また**徳川将軍家の居城**であった**江戸城**。かつての城地を現代の地図と重ねると、東の隅田川、北の神田川、そして飯田橋から四谷、虎の門、日比谷を経て新橋に至る外堀に囲まれた外郭が、いかに広大であったか理解できる。

　だが、**天下普請**と称して諸大名に命じて大規模工事を行わせた将軍家といえ、これだけの城郭は一朝一夕に完成できるわけではなかった。実に初代将軍の**徳川家康**から、3代の**家光**の時代までの年月を要している。家康が入城する前の江戸城は、関東一円を支配した**北条氏**の一**支城**に過ぎず、城域は**太田道灌**時代と変わらず、石垣はなく建物も荒廃にまかせられていたと伝えられる。入城した家康は、まず本丸部分の改修や、城下町整備の他に道三堀や小名木川の開削を行っているが、それはあくまでも豊臣家の一大名のレベルであった。それが1603年、この地に幕府を開いて一転、天下人に相応しい城と城下町の整備が始動したのであった。

歴史プラスワン

小名木川　家康が開削した、塩を輸送するために、近在一の生産地であった行徳（現・千葉県市川市）と江戸との間を結ぶ運河。江戸川、利根川など、周辺河川の航路整備に伴い、物流と人の移動のための重要河川となった。

城郭大解剖

天守と本丸御殿

日本城郭建築史上最大の天守と政庁にして将軍の住まい

1 富士見櫓
2 数寄屋櫓
3 西桔橋門
4 乾櫓
5 北桔橋門
6 梅林櫓
7 上梅林門
8 汐見太鼓櫓
9 汐見坂門
10 汐見櫓
11 台所前櫓
12 書院門
13 能舞台
14 式台：玄関に相当。

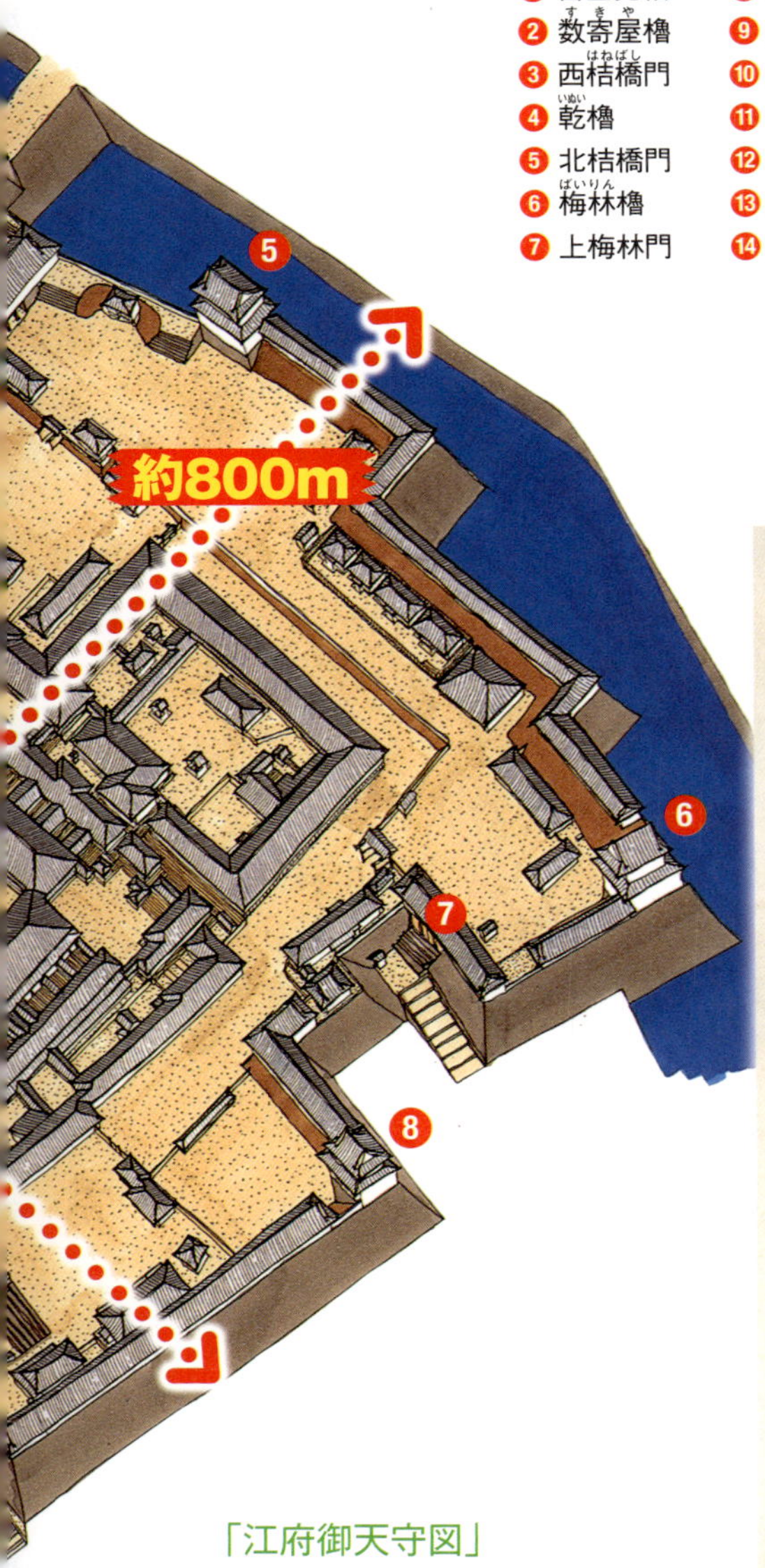

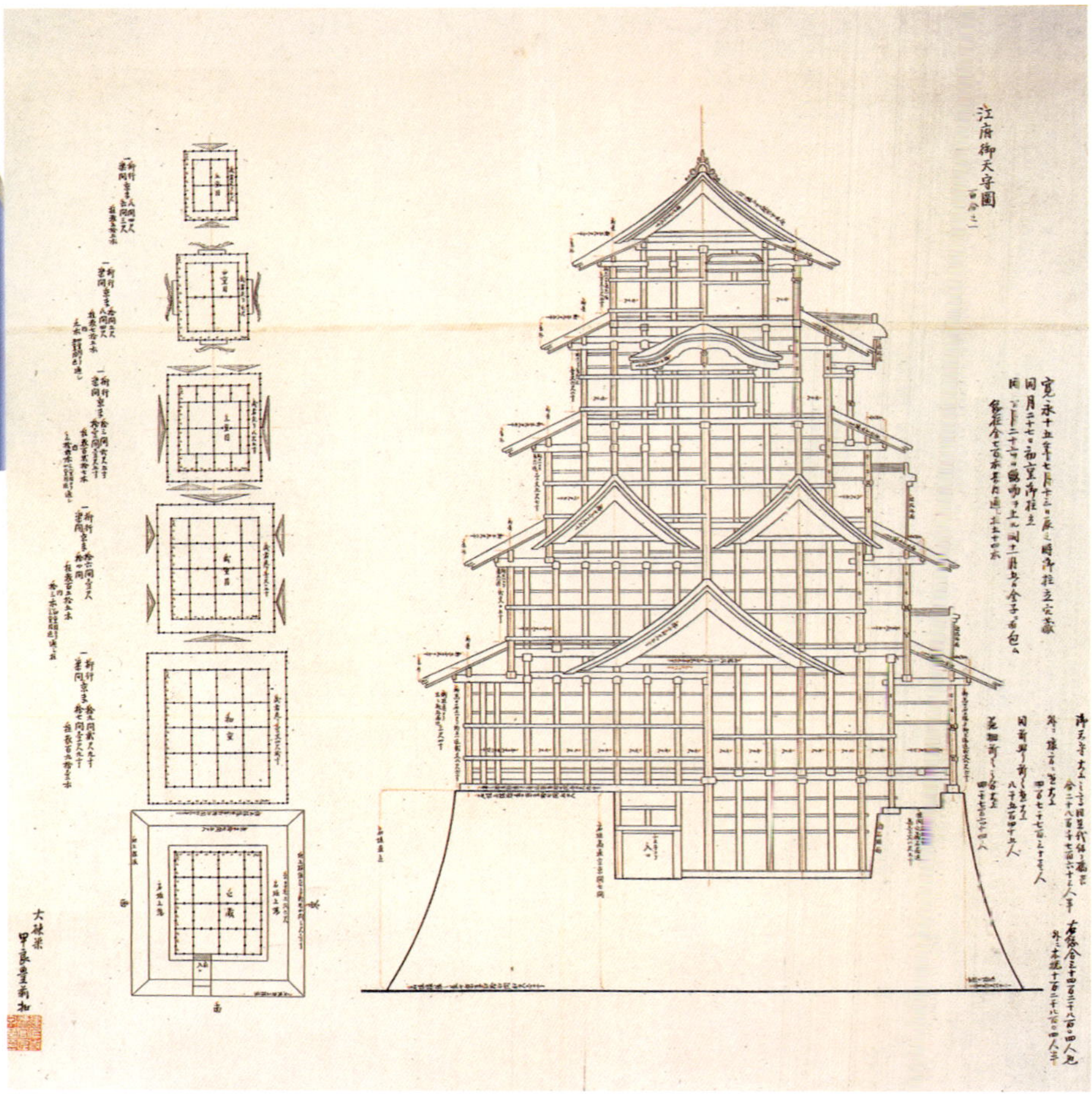

「江府御天守図」

本図は、3代将軍の徳川家光によって建設された寛永度天守の構造を伝える。徳川将軍家の江戸城として3代目となるこの天守は、五重五階地下一階、本体の高さが約44.8mという、現代の15階建てビルにも匹敵する偉容を誇った。

三人の将軍が三度建てた日本一の天守

南北約500m、東西約300mの本丸は、**近世城郭**としては**最大級**。現在、城域の大部分は皇居となっているが、かつての内郭部分は皇居東御苑として一般に開放されている。また、皇居の堀の廻りには、枡形門や、他の城の天守をも凌ぐ櫓などの現存遺構が確認できる。

江戸城の天守は、1607（慶長12）年の**家康**、1623（元和9）年の**秀忠**、1638（寛永15）年の**家光**と、3人の将軍によって3度築かれている。

慶長、元和の天守の詳細はわかっていないが、寛永度の天守を見ると、**豊臣大坂城**を遥かに越える高さで、まさに天守こそが、将軍の威光であった。一方将軍の居所であり、幕府の政庁でもある**本丸御殿**は、1606年に造営されてから、焼失のたびに再建され、合計9回建てられているが、1863年以降は再建されることはなかった。今に伝わる絵図などから偲ばれる姿は、その規模の大きさもさることながら、幕府の威厳を示して余りある格式と美しさを誇っていた。

歴史プラスワン **明暦の大火**

1657（明暦3）年3月2日から3月4日にかけ、江戸の市街地の過半以上を焼き尽くした大火。家光築造の寛永度の天守もこの火事で焼失、以降再建されることはなかった。

「江戸図屏風」

現在の日本橋方面上空から俯瞰した江戸城で、描かれているのは、明暦の大火以前の風景と考えられている。天守手前に並ぶ大屋根は本丸御殿。なお天守は、2代将軍・秀忠による元和度か、家光の寛永度は判然としていない。

⑮ 遠侍：式台に付随する控え室。
⑯ 大広間：将軍の謁見や儀式が行われる、最も格式の高い御殿。
⑰ 松之廊下
⑱ 白書院：将軍と御三家や位階の高い大名、勅使らとの対面に使われた書院。
⑲ 竹之廊下
⑳ 黒書院：将軍が日常使う書院で、近親者との面会に用いられることもあった。
㉑ 御座之間：将軍の居間に相当、ここに付随する御休息とよばれる部屋が寝所。
㉒ 大奥：将軍の正室である御台所や子女の居所、大奥に働く女中らの生活する部屋があった。
㉓ 天守台

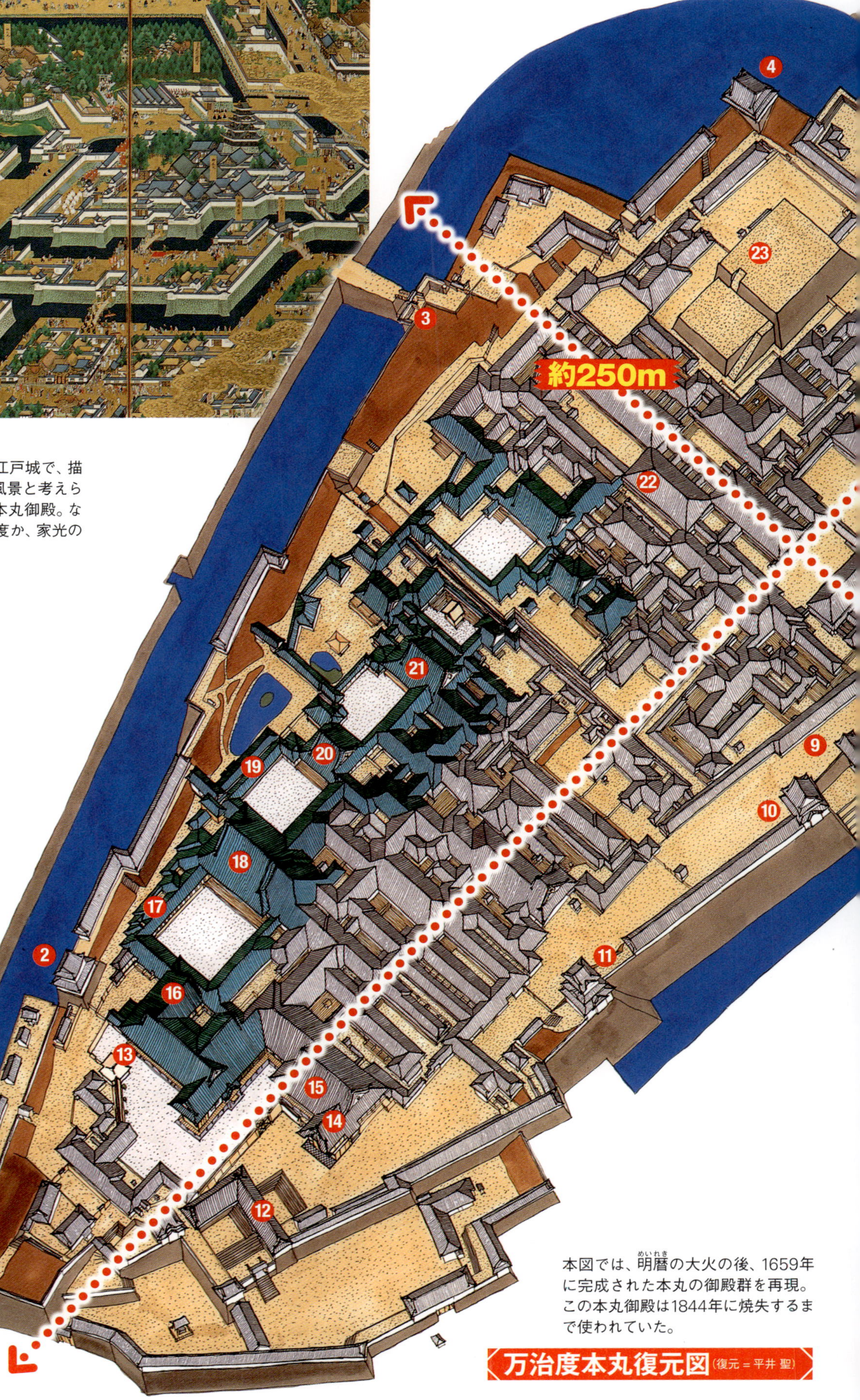

本図では、明暦の大火の後、1659年に完成された本丸の御殿群を再現。この本丸御殿は1844年に焼失するまで使われていた。

万治度本丸復元図（復元＝平井 聖）

人物プラスワン

徳川家光
(1604～1651)

2代将軍・秀忠の嫡男として生まれる。母は織田信長の姪に当たるお江。1623年から3代将軍となり、大名に参勤交代を義務づける武家諸法度の改訂など、幕藩体制の強化·確立を進めた。

特集

土塁と堀

曲輪の周囲や城地の周辺に土をつき固めて盛り上げたものが**土塁**、地面を掘り込んで「溝」としたものが**堀**で、いずれも**石垣**と並んで城の防御ラインの中心となる設備である。

土塁は土に粘土や小石などを混ぜたり、斜面に植物を植え込んだりして強度を上げる。上りにくい点では石垣以上だが、雨水に弱く崩れやすい欠点がある。

堀は敵の侵入を防ぐとともに、城域や城下町の区切りとしても造成された。形状により**横堀**、**竪堀**、**堀切**などに分けられ、横堀は水のあるなしで**水堀**と**空堀**に分類される。また堀底の形には**箱堀**、**毛抜堀**、**薬研堀**および**片薬研堀**などがあり、さらに堀内の敵の動きを制限するため底面に**障壁**などを設けたものもあった。

土塁のしくみ

土塁の側面　春日山城

春日山城の山麓に構えられた総構の土塁を復元整備したもので、法面には植栽が植えられる。監物堀に面して築かれた土塁は、塁線を折り曲げられて横矢掛りをきかせている。

土塁の構造

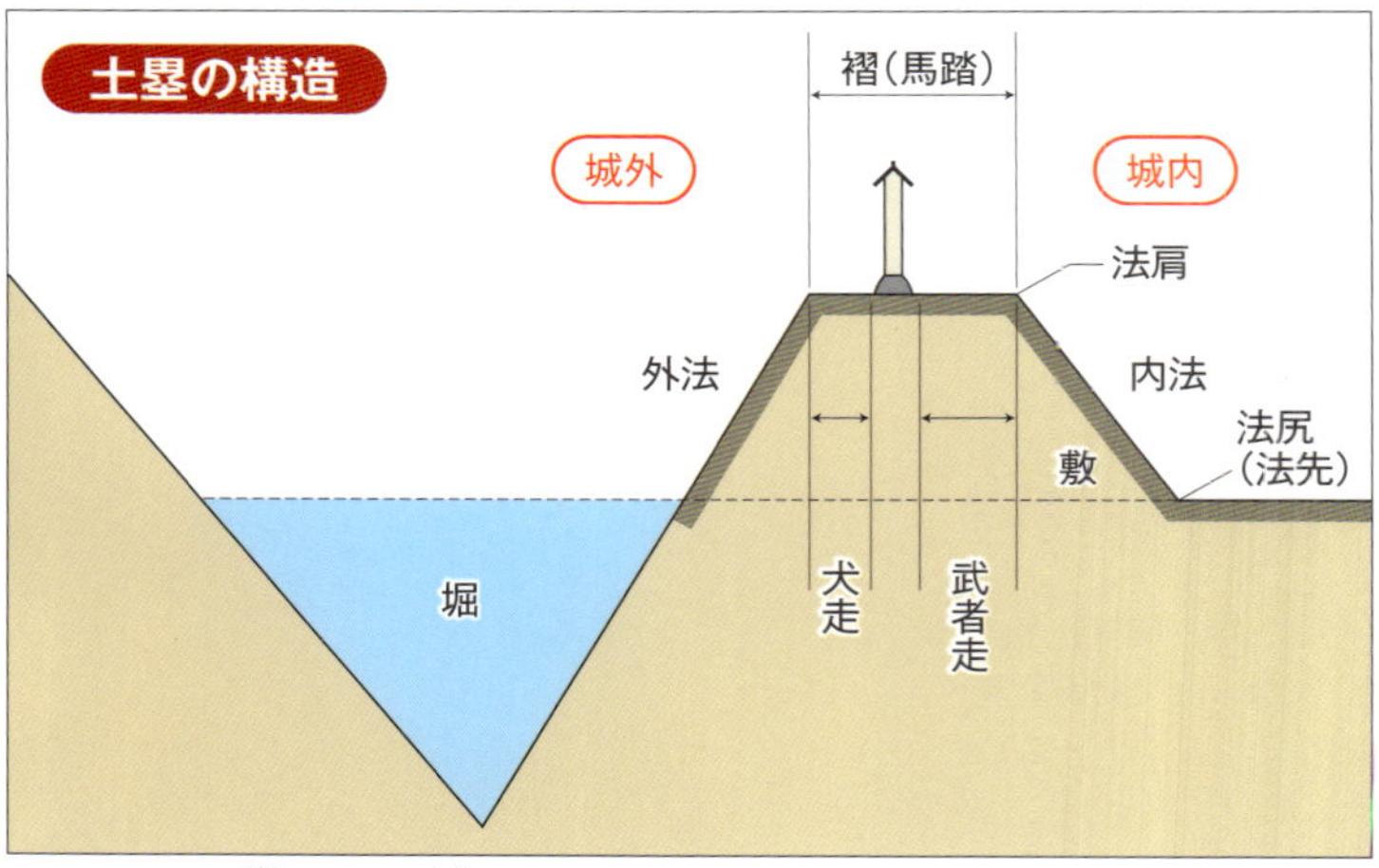

土塁は上辺を褶、底辺を敷、傾斜面を法とよぶ。城外側の法を「外法」、城内側を「内法」とよぶ場合もある。褶の部分は兵や馬が動き回る場所で、「馬踏」ともよぶ。ここも城外側を「犬走」、城内側を「武者走」とよび分ける。

土塁の勾配　高遠城

高遠城本丸の土塁であるが、勾配はおよそ60°にもなる。こうした急勾配の土塁はまず上ることはできない。

たたき土居(上)と芝土居(下)

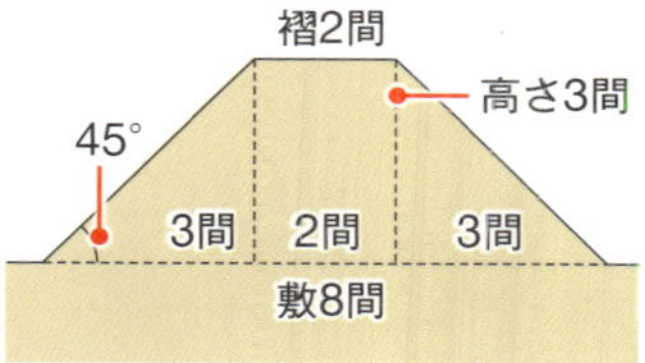

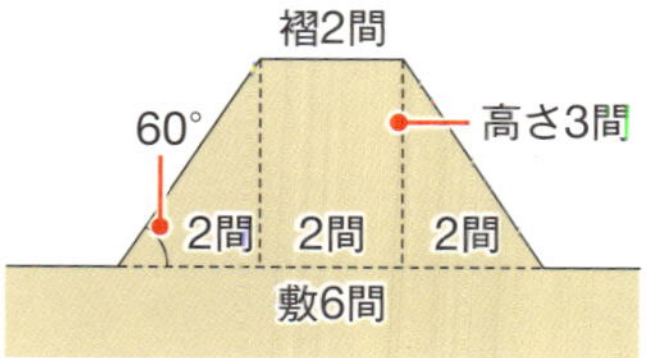

土塁は大きく二つに分類できる。土に粘土・礫を混ぜ合わせてつき固めた「たたき土居」と、土塁の法面に芝などの植物を植えて崩れにくくした「芝土居」である。右の図は、江戸時代の軍学書などによるたたき土居と芝土居のモデルケースで、崩落しにくい芝土居の方が勾配を急にできるとしてある。

助け合う土塁と石垣

鉢巻と腰巻

土塁と石垣は、どちらも城の塁線を固める大きなアイテムであるが、補強のために組み合わされて用いられることもある。上に乗れば「鉢巻」、下に置かれれば「腰巻」とよばれる。つまり、土塁の上に石垣を乗せたものは、「鉢巻石垣」もしくは「腰巻土塁」となる。左のように上下を石垣でサンドイッチしたものは「鉢巻腰巻石垣」となる。

鉢巻腰巻石垣　彦根城

土塁の上面　高崎城

土塁の褶にあたる部分である。土塁は防御力は高かったが、石垣に比べればはるかに崩れやすく、残存するものは少ない。

水堀と空堀

水堀　大坂城

二の丸の南面を巡る広大な水堀。これだけの幅があれば、泳いで渡ることも、鉄砲で攻撃することも不可能であった。

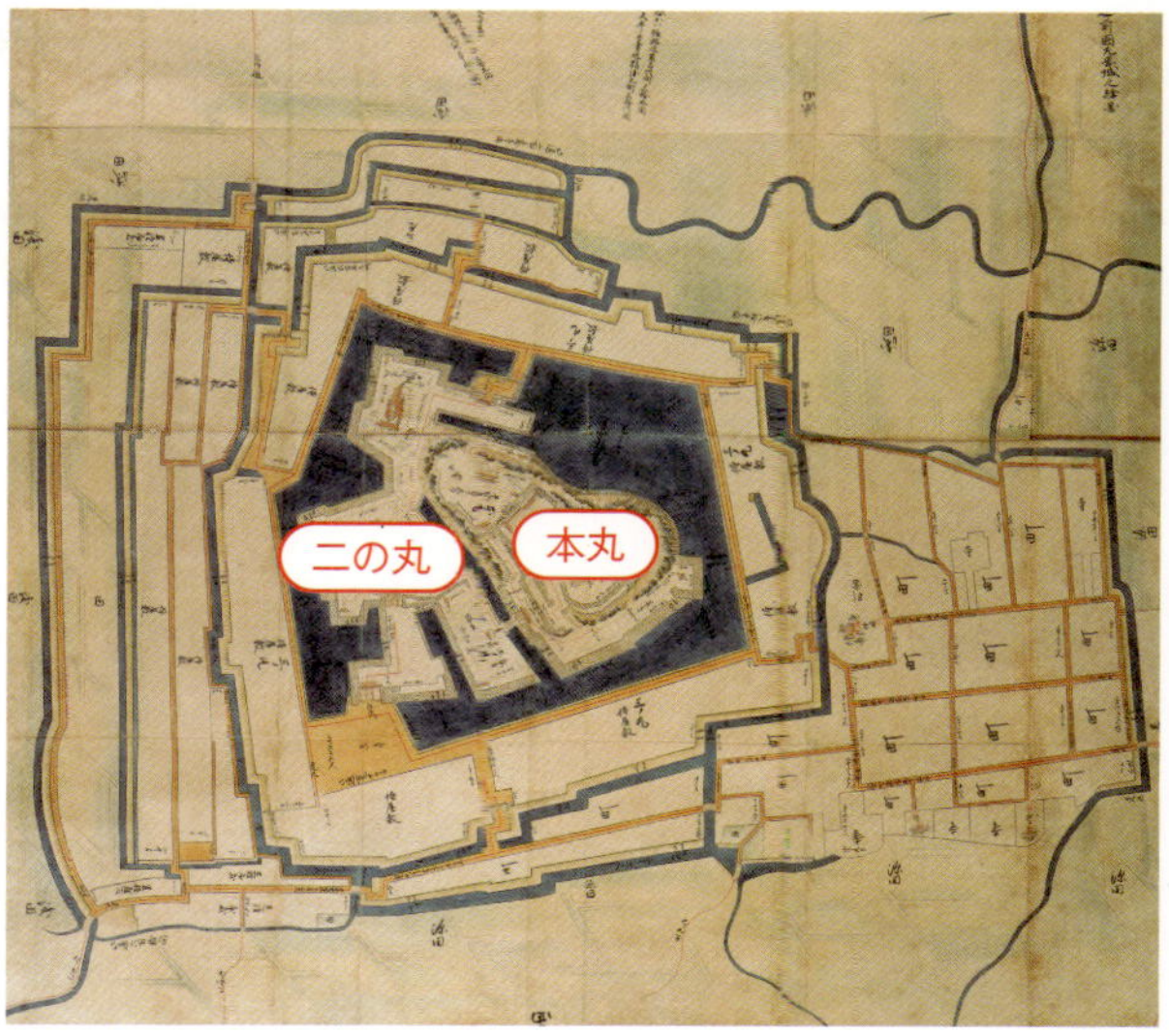

城と城下町を巡る堀「越前国丸岡城之絵図」

丸岡城では本丸・二の丸などの城郭部分を五角形をした幅広の水堀が取り巻き、その周囲に広がる武家屋敷や城下町を、また幾重にも水堀が巡っている。これらの堀は城郭全体を囲み込む塁線であり、内堀・中堀・外堀などとよび分ける場合もある。

薬研堀の空堀　高根城

深いV字状となっている。山城では堀の高さによって敵の侵入を防いだため、こうした堀底の薬研堀が多く構えられた。

箱堀の空堀　名古屋城

巨大な空堀が二の丸を巡っている。近世城郭では堀幅を広くとって城の防御としたため、堀底が平らで広くなる箱堀が多用された。

山城の堀

山城の堀復元図

（作画＝板垣真誠）

軍事性を追求した山城では、敵の前進の障害となった「堀切」や、斜面の横移動を防いだ「竪堀」から、城域を区切るための「横堀」や堀の中の移動を防ぐ「堀障子」まで多様な形態の堀が造られた。

茨城県

24 水戸城

▼水府城　馬場城

簡素にして剛健な御三家の居城

城地種類	平山城
築城年代	12世紀頃
築城主	馬場資幹
所在地	水戸市三の丸
アクセス	JR常磐線「水戸」駅から徒歩

威容を誇る深い空堀

平安時代の末期、当地の豪族の**馬場資幹**が居館を築いたことに始まる**水戸城**。戦国時代末期には、常陸を領有した佐竹氏の本城となる。そして**関ヶ原の戦い**の後には、**徳川家康**の五男・**武田信吉**、十一男の**頼房**が相次いで入城し、頼房が初代水戸藩主となった。

藩主が江戸に常駐したことから、**御三家**に列する**水戸徳川家**の居城でありながら、**名古屋城**、**和歌山城**に比べ規模的にも小さく、豪壮な天守もない簡素な城といわれるが、石垣ではなく空堀などで曲輪を構成する、関東地方に多く見られる**土造りの城**の特徴をよく残している。

城地は、JR水戸駅の北側、西から東へ舌を伸ばしたような台地。今は埋め立てが進み小さくなっているが、往時の千波湖は、水戸駅付近はもとより城地の南側に大きく広がっており、北側を流れる那珂川とで広大な天然の水堀が形成されていた。そしてこの台地に東から、東の二の丸（下の丸）、本丸、二の丸、三の丸が直線的に並ぶ。そして、現在JR水郡線が通る本丸堀と、県道・市毛水戸線が走る二の丸堀の跡。かつての水戸城の威容を今に伝える。

三の丸に現存する藩校弘道館正庁。

茨城県

25 土浦城

▼亀城

低湿地に築かれた水城

城地種類	平城
築城年代	永享年間（1429～41年）
築城主	若泉三郎
所在地	土浦市中央
アクセス	JR常磐線「土浦」駅から徒歩

関東地方唯一の本丸櫓門遺構

茨城県西部の山地から霞ヶ浦へと注ぐ桜川の河口付近に、周囲の沼や低地を利用して築かれた**土浦城**は、その姿が、水面に甲羅を出して泳ぐ亀のように見えたことから、**亀城**の別名をもつ。

室町時代後期に、常陸守護の八田知家の一族で、小田氏配下の**若泉三郎**によって最初に築かれた。その後、北の**佐竹氏**、南の**北条氏**を軸とする関東地方の覇権争いの真っ只中にあったこの城は、城主がたびたび入れ替わるが、やがて**豊臣秀吉**による**小田原平定**（1590年）の後、関東地方を治めた**徳川家康**は、二男の**結城秀康**を土浦城主とする。それから土浦城は、徳川譜代の**松平信一**・**信吉**父子が城主を務めた江戸時代初期にかけて、近世城郭としての基礎が整えられていった。

現在、亀城公園として整備された城址の本丸跡には、大手となる太鼓門（本丸に残る櫓門としては関東地方で唯一）、搦手の霞門が現存し、さらに東西に2基の二重櫓が復元されている。また、土塁の屏風折の塁線が改修されて直線の石垣となってはいるが、一部が残る本丸と二の丸の堀跡は、かつての水に浮かぶ城の面影を留めている。

復元された本丸の二重西櫓。

人物プラスワン　**結城秀康**（1574～1607）　遠州浜松で徳川家康の二男として誕生。少年時代を豊臣秀吉の養子として過ごしたのち結城氏を継ぎ、さらに関ヶ原の戦いの後には、越前北ノ庄藩の初代藩主として加増移封された。

栃木県

26 宇都宮城

▼亀ケ岡城

日光社参する将軍のための宿城

城地種類	平城
築城年代	1053（天喜元）年頃
築城主	藤原宗円
所在地	宇都宮市本丸町
アクセス	東武線「東武宇都宮」駅から徒歩

本多正純の大改修で近世城郭へ

奥州街道から日光街道が分岐する交通の要衝・宇都宮。江戸から**徳川家康**を祀る日光の東照宮へ詣でる将軍が宿泊所としたことでも知られる**宇都宮城**は、家康の重臣で、東照宮（当時は東照社）造営の奉行も務めた**本多正純**が1619年に入城して、巨大な土塁と水堀を巡らせた近世城郭へと変貌させた。

もとは、**前九年の役**（1051年）での功績を認められ、のちに下野国守護、下野国一宮別当となった**藤原宗円**の築城で、宇都宮の地とこの城は、宗円から2代あとの**朝綱**時代から宇都宮姓を名乗った同氏によって16世紀末まで治められてきた。

その宇都宮氏を追放したのは、天下を手中にした**豊臣秀吉**。1597年のことである。翌年には秀吉の重臣・**浅野長政**が城主となり、**蒲生秀行**がその後を継ぎ、**関ヶ原の戦い**で**徳川家康**が勝利してからは、その孫の**奥平家昌**が入城している。

本丸の土塁には5基の二重櫓が建ち、そのすべてが土塀で結ばれ、各曲輪への虎口は枡形と馬出で防備を固められている。**戊辰戦争**では戦地となり、大半が失われてしまったが、近年、本丸の一部が復元整備されて、往時の姿を取り戻しつつある。

復元された清明台と堀、土塁。

群馬県

27 箕輪城

北関東支配を巡る三つ巴の激戦地

城地種類	平山城
築城年代	1510（永正7）年頃
築城主	長野業尚
所在地	高崎市箕郷町
アクセス	JR上越新幹線「高崎」駅からバス

実戦的な中世の不落要塞

信濃との国境にもほど近い西上野の要衝に、当地を支配する**長野業尚**によって構えられた**箕輪城**。戦国時代の後期になると、甲斐の**武田氏**、越後の**上杉氏**、小田原の**北条氏**が争奪を繰り返し、戦国時代を通じて関東屈指の激戦地となった。

しかしこの城の縄張は、南の榛名湖を天然の水堀とし、榛名白川東岸にできた河岸段丘を巧みに活かしたもので、さらに主郭部分を南北に分断する大堀切を備えていた。こうした堅固な防備により、この城は長野氏によって守り続けられた。その箕輪城が陥落したのは、**上杉謙信**との戦いで川中島以北への侵攻が困難になっていた**武田信玄**が、1566年、西上野へと軍を進めたことによる。天険の要害とはいえ、2万の大軍に対し、1500の兵で籠城する長野氏に勝機はなかった。

こうして武田氏の配下となった箕輪城であるが、武田氏滅亡後は、**滝川一益**、**北条氏邦**が入城。**徳川家康**が関東に入ると、その重臣の**井伊直政**が城主を務めた。なお、直政は、主郭に石垣を積み上げ、近世城郭への改修を行ったが、わずか8年で新たに築かれた**高崎城**へ移ったため、箕輪城は**廃城**となった。

三の丸跡に残る石垣。

城郭プラスワン　**高崎城**

中山道と三国街道の分岐点に当たる高崎の地を監視することを目的に、1597年に徳川家康の命に従い井伊直政が築城。このとき直政は、箕輪の町人らを移住させ、城下町を造っている。

埼玉県 28

川越城

▼霧隠城　初雁城

江戸の北を守る譜代大名の城

現存する本丸御殿の玄関。

北条氏康の知謀 河越夜戦の舞台

川越城という表記は、江戸時代になってからのもので、戦国時代の名称は**河越城**として区別されている。

そもそも河越城は、**古河公方・足利成氏**に対抗するため、**扇谷上杉氏**が重臣の**太田道真・道灌**父子に築かせたのだが、その名を今に伝えるのは、**河越夜戦**であろう。

1546年、関東地方で勢力伸長著しい**北条氏**の手に落ちた河越城を奪還しようと、**扇谷上杉氏**が**山内上杉氏**、**古河公方足利氏**と**連合**し8万の大軍で3000の兵で守備する河越城を包囲。しかしこのとき、8000の兵を率いて小田原から救援に駆けつけた**北条氏康**の**知謀**により、圧倒的兵力差にもかかわらず、上杉氏は落城させることはできなかったのであった。

江戸時代に入ってからの川越城は、1639年に**知恵伊豆**こと**松平信綱**が入城して、城域を拡大。土塁による防備も固め、城と城下町を整備。江戸の北を守る城として重視され続け、代々譜代の幕府で重職を担った大名が城主を務めた。

本丸跡に残る御殿は、嘉永年間（1848～54年）に再建されたもので、巨大な唐破風と銅板葺きの屋根を戴く玄関が残っている。

城地種類	平城
築城年代	1457（長禄元）年
築城主	太田道真・道灌
所在地	川越市郭町
アクセス	JR川越線「川越」駅からバス

埼玉県 29

忍城

▼亀城

石田三成も攻めあぐねた浮城

復興された三階櫓。

力攻めでは落とせなかった城

関東地方を代表する大河、利根川と荒川に挟まれた東西が約1.1km、南北は約2.2kmに及ぶ広大な沼地に、島のように配置した曲輪を橋でつないだ**忍城**は、その景観どおり**浮城**と称される。

関東地方領有を目論む戦国大名の侵攻に幾度も見舞われるが、城主の**成田氏**は、時には従属し、また時には戦い、敵を退けてきた。

そしてこの城の強さが証明されたのは1590年、**豊臣秀吉**の**小田原攻め**の際であった。当時、北条氏に属していた忍城城主の**成田長氏**は、**小田原城**に籠城。関東に点在する北条方の城を攻略して進軍する豊臣方に応戦したのは、城代の**成田長親**だった。それを2万数千の兵で**石田三成**が攻めた。しかし、周囲を低湿な沼沢で守られた忍城には、その大軍も容易に攻め込むことができなかった。そこで三成は、総延長28kmともいわれる堤防を築き**水攻め**を試みるが、逆に堤防が決壊して自軍に被害がでた。結局、小田原城落城まで忍城は落とされることはなかった。この城を守った沼野の名残は、現在の水城公園に見られる。

城地種類	平城
築城年代	15世紀
築城主	成田氏
所在地	行田市本丸
アクセス	秩父鉄道秩父本線「行田市」駅から徒歩

合戦プラスワン　河越夜戦

河越城を守るため救援に駆けつけた氏康は、まず和議を申し出て、兵力の面で圧倒的優位に立つ敵が油断して軍装を解いたところに奇襲攻撃をかけたのだった。

埼玉県

30 鉢形城

断崖絶壁に築かれた戦国の城

三の丸に再建された四脚門。

豊臣軍の猛攻で天険の要害もついに開城

1476年、主君である**関東管領**の**山内上杉顕定**に背き、**長尾景春**が起こした乱の拠点となった**鉢形城**は、**太田道灌**によって乱が鎮められてからは、顕定が入城。そして養子の**顕実**が後を継ぐが、**河越夜戦**（1546年）で上杉氏が北条氏に敗れたのちは、**北条氏邦**の居城となった。

その後、関東地方への版図拡大を進めようとする甲斐の武田信玄、越後の上杉謙信の侵攻されるが、蛇行する荒川によって浸食された北武蔵の断崖に建つ鉢形城は難攻不落。落城することはなかった。

そんな鉢形城が最後を迎えたのは、**豊臣秀吉**の**小田原攻め**（1590年）である。氏邦は、前田利家、本多忠勝、上杉景勝、真田昌幸ら、総勢3万5000の猛攻を受けるが、荒川の水利と絶壁からなるこの天嶮の要害に3000余りの兵とともに**籠城**し、善戦する。しかし、本多勢による大砲の砲撃により、城内での死傷が多数出て兵の士気は消沈。抗戦続行は不可能と判断した氏邦は、**開城降伏**したのだった。

その後、鉢形城は廃城となっているが、現在では、巨大な空堀や門、馬出が復元され、往時の激戦の現場を訪ねることができる。

城地種類	平山城
築城年代	1476（文明8）年
築城主	長尾景春
所在地	大里郡寄居町大字鉢形
アクセス	JR八高線「寄居」駅から徒歩

千葉県

31 佐倉城

▼鹿嶋山城

江戸の東を守る堅城

再現された椎木曲輪の角馬出と空堀。

老中を多数輩出した有力譜代大名の居城

鹿島川や印旛沼に囲まれた、標高約30mの鹿島台地の西端。戦国時代末期に、この地に築城を試みていた千葉氏が滅亡。**佐倉城**を近世城郭として完成させたのは、江戸開幕間もない頃の徳川政権で、老中・大老職として政治手腕を発揮した**土井利勝**である。

江戸の東の守りとして重視されたこの城は、以来、城主の入れ替わりは激しかったが、幕末までに老中以上の幕府要職を8名も輩出した有力譜代大名の居城としても知られている。ちなみに、幕末期に**老中首座**を務め、ハリスとの日米修好通商条約締結（1858年）を担当した外交の総責任者でもあった**堀田正睦**もそのひとりである。

明治維新後は、城地が帝国陸軍歩兵隊の**駐屯地**となったため、櫓や門などの建築物はすべて取り壊され、多くの堀も埋められた。しかし、国立歴史民俗博物館奥に復元された**角馬出**の空堀をはじめ、三の丸跡の手前に残る巨大な空堀、本丸の天守台跡、本丸直下の帯曲輪や南と西の水堀に突き出した**出丸**跡など、多数の土木遺構が城址に残っており、往時のこの城郭の防御機能とスケールを知ることができる。

城地種類	平山城
築城年代	1611（慶長16）年
築城主	土井利勝
所在地	佐倉市城内町
アクセス	JR総武本線「佐倉」駅から徒歩

人物プラスワン

土井利勝（1573〜1644）

徳川家康の実母・於大の方の兄である水野信元の三男として生まれ、信元の死後、土井家に養子となる。幼少期から家康が特別に重用したことから、一説には、家康のご落胤とも伝えられる。

神奈川県

32 小田原城

豊臣秀吉に降伏開城した戦国大名北条氏の居城

二の丸平櫓　二の丸の南東隅にある櫓。往時はさらに高い石垣の上に建てられていたが、関東大震災で倒壊し、規模を縮小して復興された。

銅門　馬屋曲輪から二の丸に通じる位置にあり、二の丸の表門にあたる。銅板で覆われていたことから銅門とよばれ、1997年に復元された。

馬出門　二の丸正面に位置し、馬場曲輪に通じていたことから馬出門とよばれたらしい。三の丸から二の丸に通じる重要な門だった。2009年に復元されている。

常盤木門　本丸の正門。門の名は、常盤木とは常緑広葉樹林のことで、門の側に松の木があったことにちなむという。1971年に再建された。

天守　小田原城の天守は、明治維新後に解体された。1960年、鉄筋コンクリート造により、江戸時代中期の天守が復元された。ただし、当時の天守に最上階の高欄はない。

城地種類
平山城
築城年代
1417（応永23）年？
築城主
大森頼春？
所在地
小田原市城内
アクセス
JR東海道本線「小田原」駅から徒歩

MAP

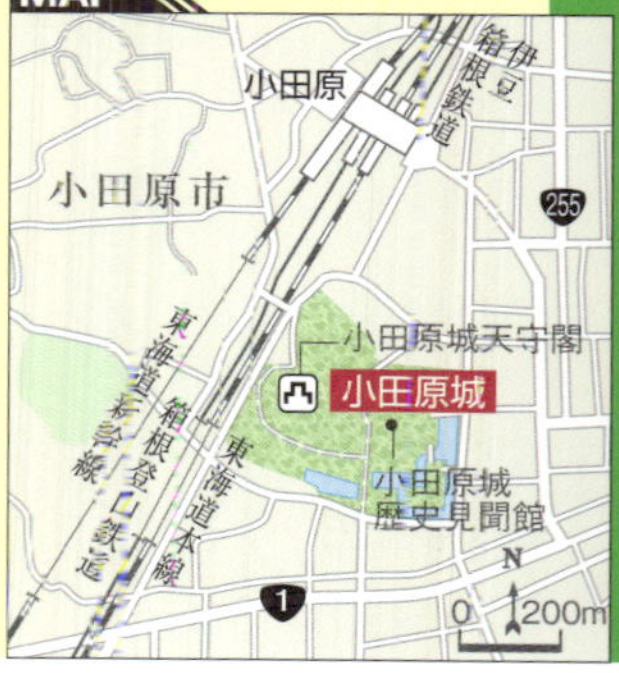

人物プラスワン

北条早雲
(1432〜1519)

本名は伊勢盛時といい、出家して早雲と号した。通称として北条早雲とよばれるが、北条姓を名乗るようになったのは、早雲の子氏綱の代である。つまり、早雲は北条姓を名乗ってはいない。

小田原城は、周囲約9kmにわたって総構で囲まれていた。豊臣軍は、その外から小田原城を包囲している。

城合戦

小田原城の戦い

▶ 1590（天正18）年

勝 豊臣秀吉軍（18万人？）

VS

負 北条氏直軍（8万2000人？）

大森氏5代、北条氏5代の居城

小田原城の起源は古く、**源頼朝**の挙兵を助けた**土肥実平**の子・**土肥遠平**が築いたという。土肥氏は、1416年、関東管領であった**上杉氏憲**（**禅秀**）が鎌倉公方**足利持氏**に反乱をおこした**上杉禅秀の乱**で、禅秀に味方して敗れてしまった。遺領は**大森頼明**に与えられ、以来、大森氏5代の居城となる。

戦国時代になると、伊豆の韮山を本拠とする**北条早雲**に攻略されてしまう。このとき、早雲は「火牛の計」を用いて小田原城を落としたというが、史実として確認することはできない。その後、小田原城は**北条氏の居城**となるが、5代目の氏直のとき、**豊臣秀吉**に攻められて降伏開城し、北条氏は滅亡した。

江戸時代には、譜代大名が入り、東海道を東上して江戸に向かう敵に備えた。明治維新後、建物は解体されたが、天守以下、復元整備が進められている。

豊臣秀吉による小田原平定は、小田原城だけを標的としたものではない。関東に散らばる北条氏の支城すべてが攻撃の対象となっていた。

歴史プラスワン　火牛の計　中国の戦国時代に斉の将軍・田単が用いたという誇示にちなむ、松明を角につけた牛を使って攻撃するという計略。北条早雲が小田原城奪取に用いたというのは、のちの創作話と考えられる。

山梨県

33 甲府城

▼舞鶴城

甲府市の中心市街地にそびえる、東日本屈指の堅牢な高石垣群

城地種類	平山城
築城年代	文禄2（1593）年
築城主	浅野長政・幸長
所在地	甲府市丸の内
アクセス	JR中央本線「甲府」駅から徒歩

MAP

鉄門

天守曲輪と本丸を結ぶ巨大な櫓門。防御力を高めるために門扉に貼られた鉄板が、その名の由来。2013年に復元。

天守台

城内の最高所に屹立、本丸との高低差が最大のところで約13mにも及ぶ。東日本に現存する天守台としては江戸城、会津若松城に次ぐ規模を誇る。

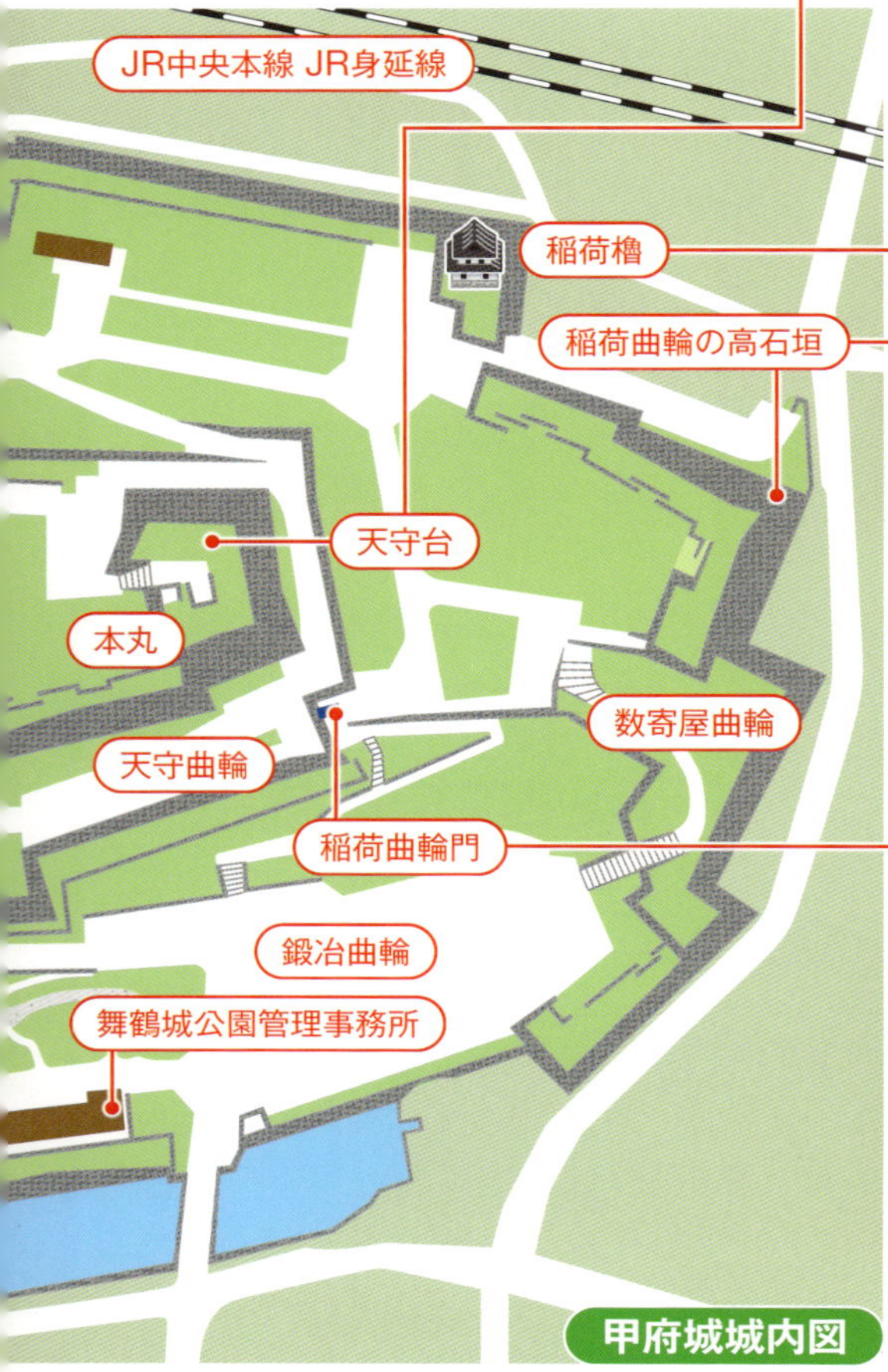

甲府城城内図

稲荷櫓

城の鬼門に当たる北東に建つ二重櫓で、艮櫓とも称される。江戸時代は武器庫として使われていたが、2004年に概観復元された現在の櫓は内部が資料館となっている。

稲荷曲輪の高石垣

城郭の東にそびえる、高さ約17mもの石垣。形も大きさも異なる石を巧みに組み合わせ積み上げた野面積の特徴がはっきり確認できる。

鍛冶曲輪門

現在は、舞鶴通りからの舞鶴城公園への入り口となっているが、往時は御殿が建つ楽屋曲輪と鍛冶曲輪の間に位置する。1996年に復元。

稲荷曲輪門

鍛冶曲輪から稲荷曲輪に上がる途中に設けられた。この先の稲荷曲輪には、煙硝蔵跡などが残る。

歴史プラスワン

甲府城御金蔵事件　1734年に、1400両の公金が甲府城に侵入した盗賊に盗まれたという事件。当日、甲府勤番士が博奕をしていたとして17名が処罰され、のちに犯人として百姓が捕らえられているが、真相は不明という。

徳川を監視する城から徳川を守る城へ

1582年、武田氏の滅亡から、織田氏、徳川氏、豊臣氏と目まぐるしく領主が入れ替わった甲斐。豊臣政権下では、この**甲府城**は関東に移封された**徳川家康**を**監視**する役目を担い、この城の象徴ともいえる堅牢な**高石垣群**と天守が築かれたのはこの頃と考えられている。

江戸時代に入ると、敵の侵攻から江戸を守る城として重視され、江戸時代初期は代々将軍の息子が城主を務めた。

親藩以外の城主が甲府に入ったのは、1705年、のちに6代将軍・**家宣**となる**徳川綱豊**の後を受けた**柳沢吉保**で、城郭の拡張や城下町の整備が進められた。しかし1724年、その子・**吉里**が大和郡山に移ってから、甲斐は幕府の**直轄領**となったまま幕末を迎えている。なお**戊辰戦争**（1868年）の折には、城代・**堀田正倫**が新政府軍に恭順したため、東山道先鋒総督府参謀の**板垣退助**らは、**無血入城**している。

内松陰門

現在は市街地になっているが、かつては城地の西側に広がっていた屋形曲輪から本丸への入り口に当たる高麗門。1999年に復元。

山手門

甲府城に入るために南北西に設けられていた門のうち北側のもの。城地が現在はJR中央本線によって分断されているため、舞鶴城公園からは跨線橋で線路を越えた先に建つ。2007年に、山手渡櫓門とともに復元。

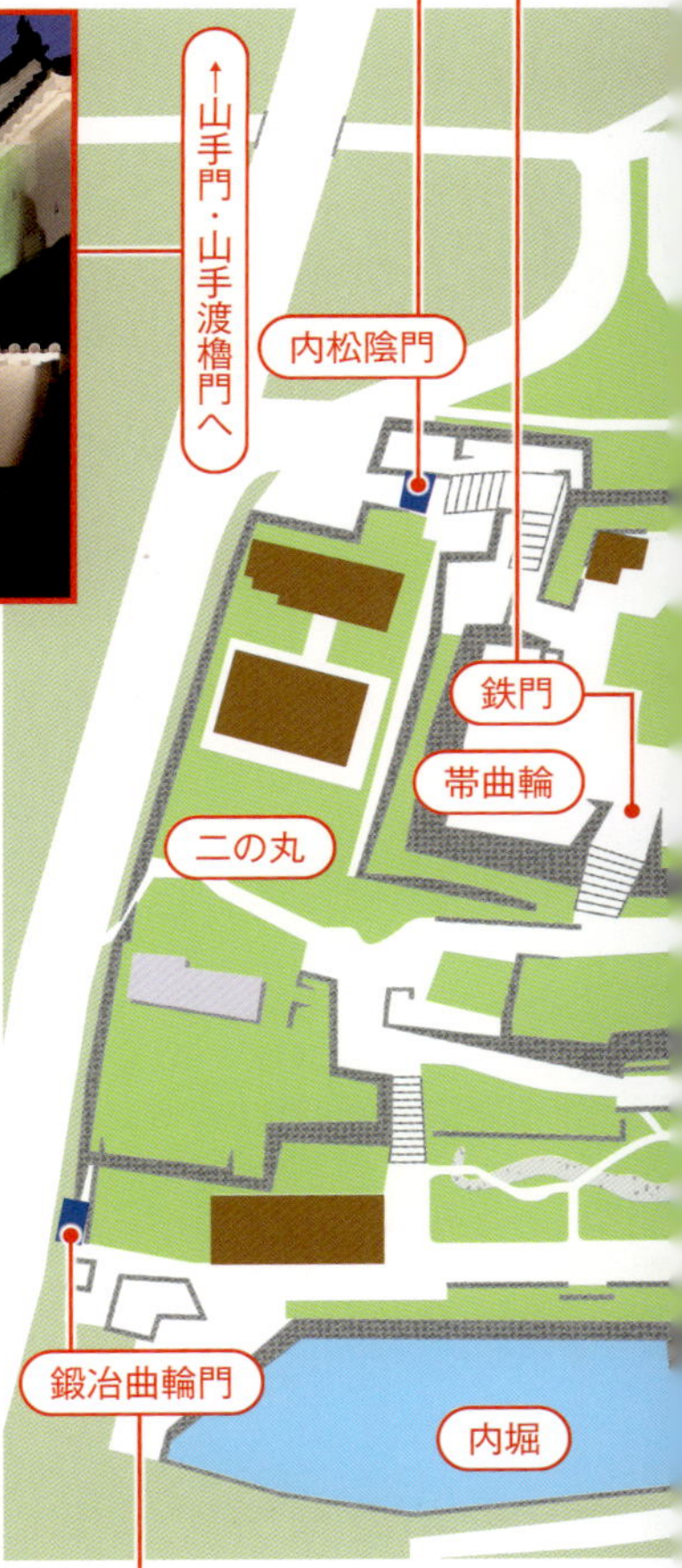

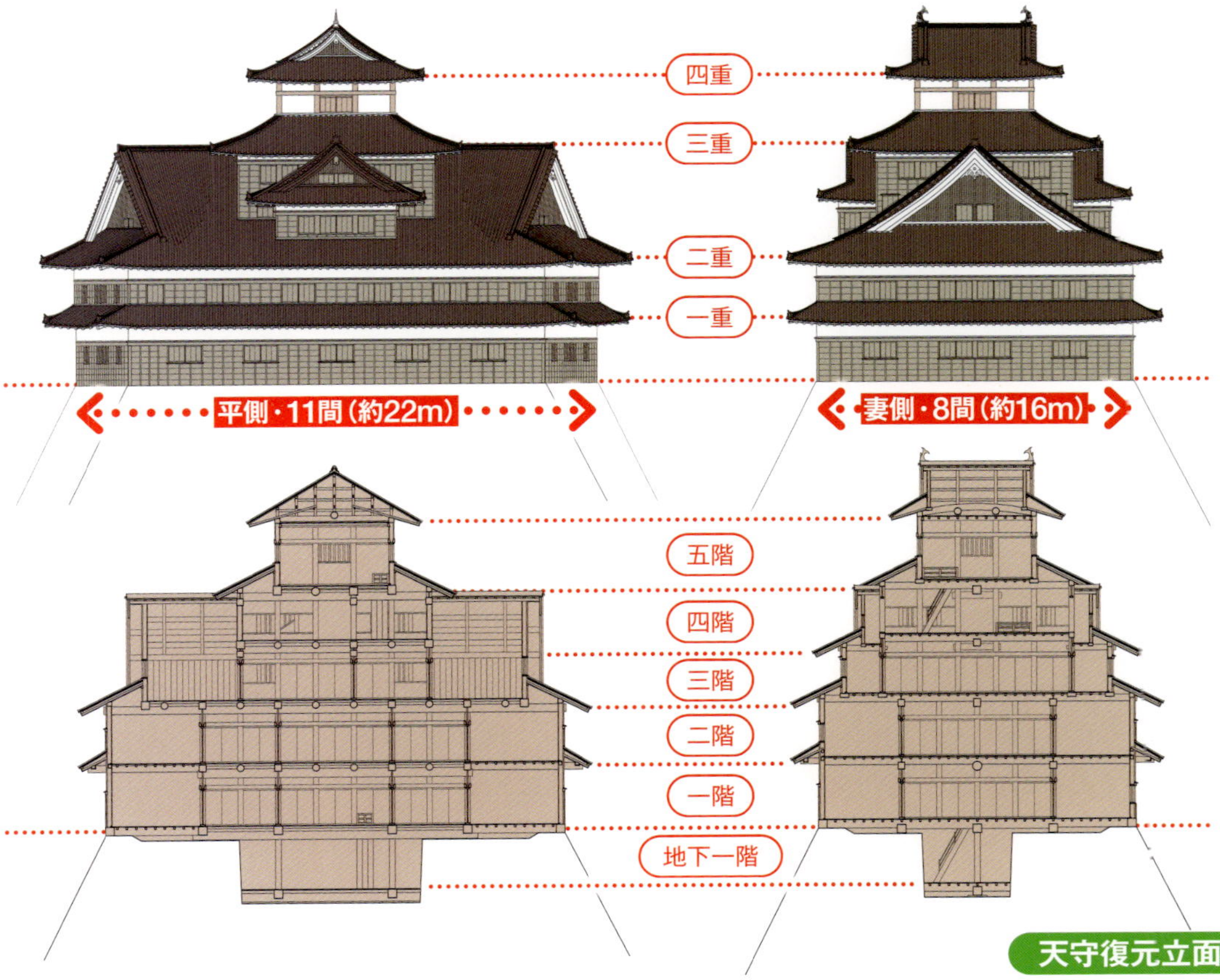

天守台の形状や築城年代から、外観が四重、内部は地下一階・地上五階からなる望楼型の天守であったと考えられる。

天守復元立面図・断面図（復元＝三浦正幸・中村泰朗）

人物プラスワン

柳沢吉保（1658～1714）　館林藩士の子として生まれ、家督相続後、藩主・徳川綱吉が兄である4代将軍・家綱の後継として江戸城に入り、吉保も幕臣となる。将軍となった綱吉に重用され、側用人、さらには大老格として幕政を担った。

長野県 34

上田城（うえだじょう）

▼尼ヶ淵城（あまがふちじょう）

二度にわたって徳川軍を退けた難攻不落の名城

本丸土塁

上田城の本丸では、北東隅の部分だけ、隅を欠いている。これは鬼門除けであったと考えられている。

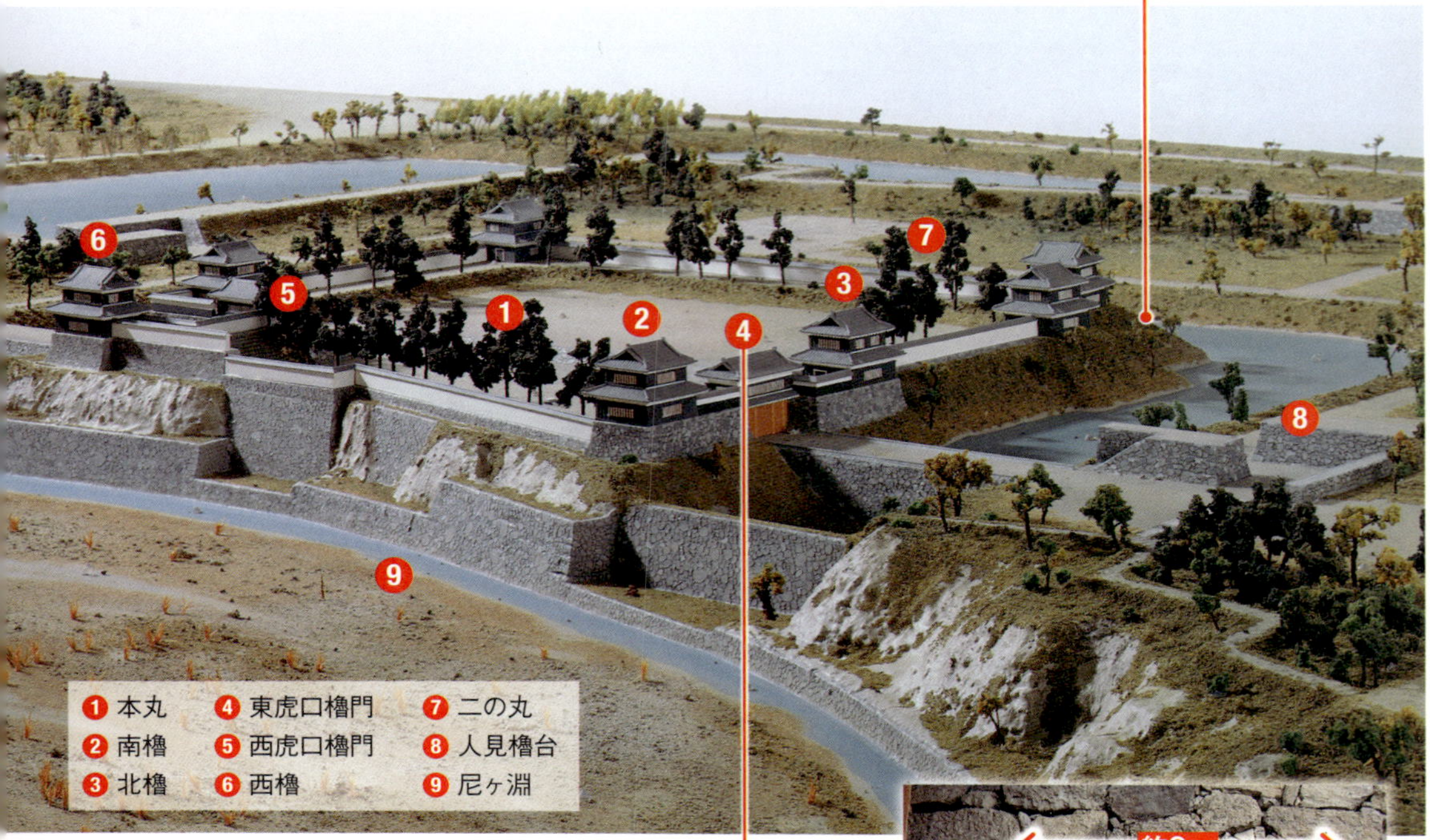

上田城復元模型

1622年に入った仙石氏の時代の上田城の様子。戦国時代の上田城には、このような近世城郭の櫓は存在していない。

真田石（さなだいし）

本丸東虎口にある巨石で、「真田石」とよばれている。上田城内の石垣に使われた最大の石垣だった。

本丸東虎口　正面は櫓門、左は南櫓で右は北櫓。南櫓と北櫓は、遊郭（ゆうかく）に払い下げられて一つの建物に改築されていたが、1949年、もとの場所に移築復元された。

城地種類	平城
築城年代	1583（天正11）年
築城主	真田昌幸
所在地	上田市二の丸
アクセス	北陸新幹線・しなの鉄道・上田電鉄「上田」駅から徒歩

MAP

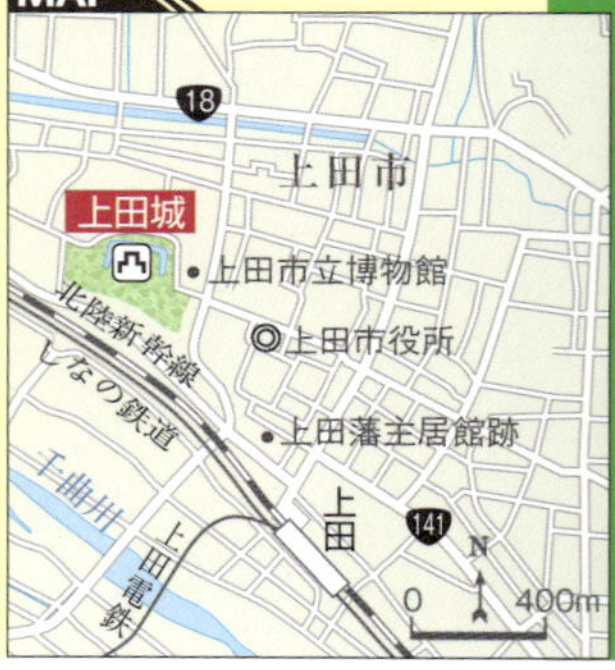

城郭プラスワン　鬼門除け

鬼門とは、丑寅、すなわち北東の隅にあたる方角をいう。古来、日本では鬼が出入りする方角として丑寅を忌避。城では丑寅の方角に寺院を配置したり、石垣・土塁の隅を欠いたりしている。

二度にわたって徳川軍を迎え撃つ

上田城を築いたのは、**智将**として知られる**真田昌幸**である。真田氏は、もともと甲斐の武田氏に従属していたが、昌幸は1582年の主家滅亡を機に**自立**を図る。戦国大名となった真田氏の居城として築かれたのが、上田城だった。越後の**上杉景勝**に備えるため、築城には**徳川家康**の支援を受けていたという。

ところが、ほどなく昌幸は、所領の権理を巡って家康と対立するようになる。そして、1585年、上田城は徳川軍に攻められたが、撃退に成功した（**第一次上田合戦**）。

さらに、1600年の**関ヶ原の戦い**では、西軍についた昌幸は、次男の**信繁**（**幸村**）とともに、中山道を西進して関ヶ原に向かう**徳川秀忠**の大軍を迎え撃っている（**第二次上田合戦**）。秀忠は関ヶ原の本戦は間に合わなかった。

戦後、上田城には家康に従っていた昌幸の長男・**信幸**（**信之**）が入るが、1622年、松代に転封となる。その後に入城した**仙石忠政**によって、近世城郭に改修された。現在、仙石氏時代の櫓3基が残る。

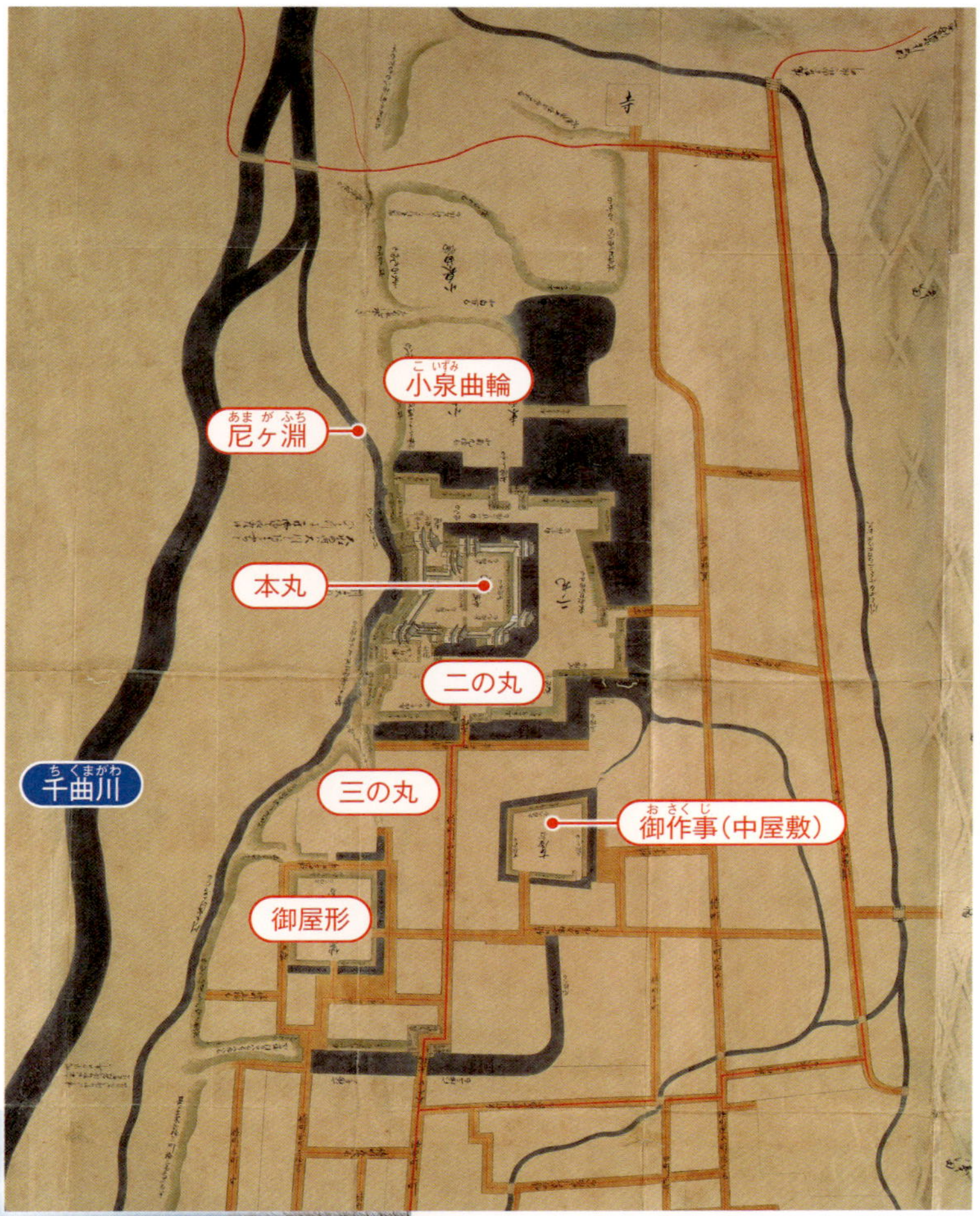

「上田城絵図」
1644年に幕府が諸藩に命じて作成させた絵図で、俗に「正保城絵図」とよばれるもの。江戸時代前期の上田城の様子が描かれている。

西櫓 仙石氏による築城当初のものと考えられる。明治維新後の取り壊しもまぬがれ、現在も同じ場所に残されている。

尼ヶ淵から望む上田城 上田城のすぐ南には、千曲川の支流である尼ヶ淵が流れていた。現在は埋め立てられて駐車場などになっている。

御屋形表門 三の丸には藩主の居館として「御屋形」がおかれていた。その表門が長野県上田高等学校の校門として残され、「古城の門」とよばれている。

歴史プラスワン

戦国大名 戦国大名は、一円的かつ一元的に領域支配を行うことができた権力と定義される。武田氏に従属していた時代の真田氏は、そういう意味からしても戦国大名とはいえない。

真田昌幸像　武田信玄に仕え、武田氏の滅亡後に独立する。徳川氏・上杉氏・北条氏による武田遺領争いに巻き込まれながら、本領を守り切った。

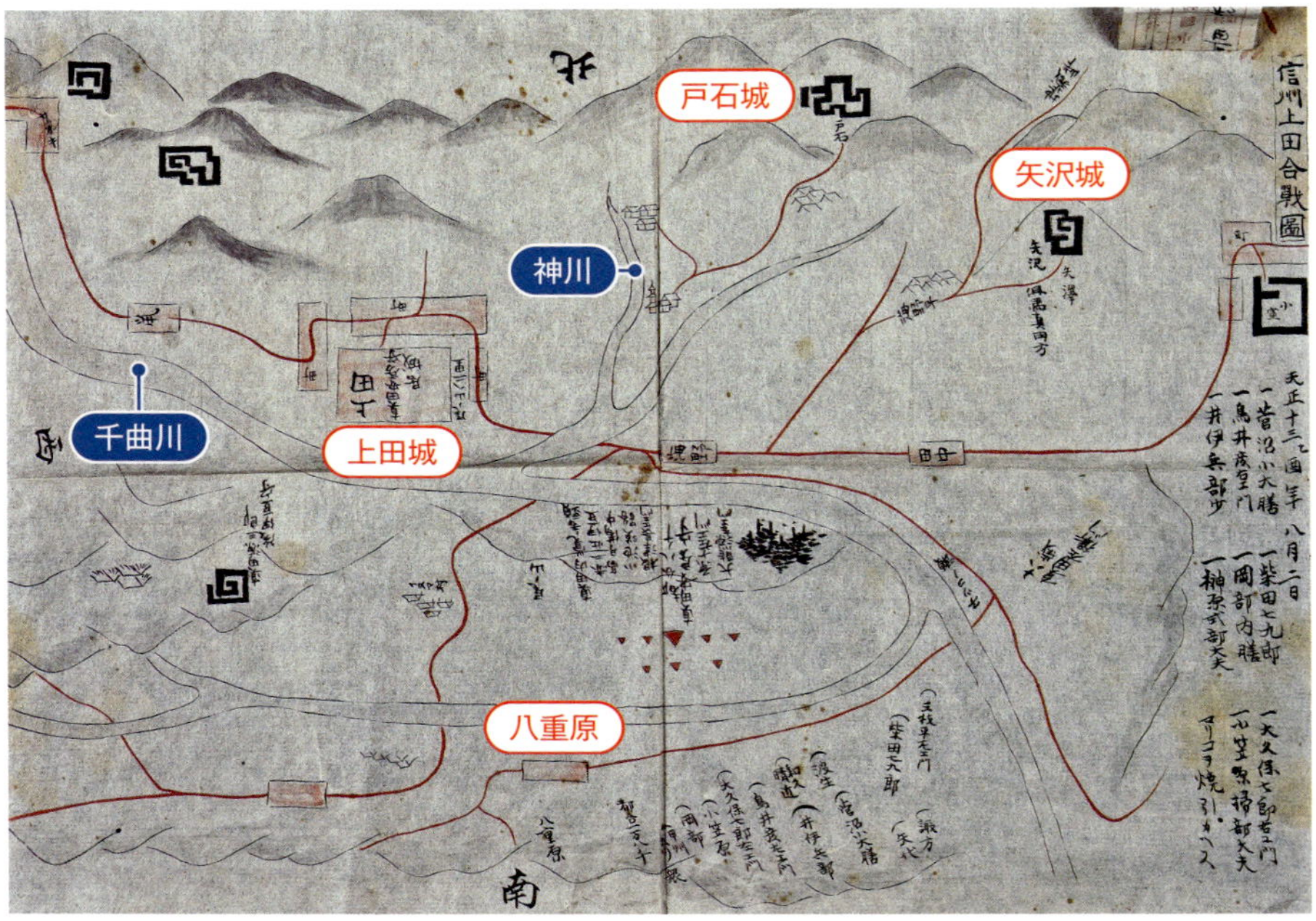

「信州上田合戦図」
「八月二日」と記されているが、閏8月2日の合戦後の対陣を描いている。

城合戦

第一次上田合戦

▶ 1585（天正13）年

勝 真田昌幸軍（約2000人）
VS
負 徳川家康軍（約8000人）

神川
神川の北から南を望む。突き当たりの千曲川に合流している。

戸石城
葛尾城を本拠とする村上義清の支城であったが、昌幸の父・幸隆が落とす。その後、上田城の支城となった。

策略を用いて徳川軍を翻弄

1585年7月、**徳川家康**に従っていた**真田昌幸**は、次男の**弁丸**（のちの**信繁**）を人質に出して越後の**上杉景勝**と和睦した。昌幸は、家康から離反して景勝に付くことを明らかにしたのである。

もちろん、昌幸の寝返りが家康の逆鱗に触れたことはいうまでもない。家康は早くも翌8月、**鳥居元忠・大久保忠世・大久保忠教・平岩親吉**らを中心とする約2万の兵によって上田城を攻めさせた。**第一次上田合戦**の勃発である。

閏8月2日、徳川軍は上田城に総攻撃を加え、城内に侵入する。しかし、伏兵による奇襲を受けた徳川軍は、城外へと退却。このとき、昌幸が**千鳥掛**の柵を設けていたため、徳川軍は退路を阻まれ、混乱に陥ったという。

総崩れとなった徳川軍は、上田城の東方に位置する**神川**まで追い詰められた。このとき、神川が増水していたため、溺死した兵卒も多かったと伝わっている。その後も西軍の小競り合いは続いたが、11月になって徳川軍が撤退したことで第一次上田合戦はようやく終わりを告げた。

合戦プラスワン **千鳥掛**　城外側から城内側に向けて、食い違いに柵を構えたもの。進むのは簡単だが、退くのは困難となる。軍記物語にみえる戦術なので、実際に用いられたのかどうかはわからない。

第一次上田合戦（制作＝成瀬京司）

真田昌幸は、徳川軍を二の丸まで引き寄せたうえで、一斉に攻撃した。これに慌てた徳川軍は、神川まで追撃される。

城の攻め方・守り方

敗走のフリをして敵を城内に引き込む

江戸時代に書かれた軍記物語『上田軍記』によると、真田昌幸は、幅3間・奥行き5間の千鳥掛の柵を神川や城下に設けさせていたという。そして、昌幸の子の信幸（のぶゆき）・信繁（のぶしげ）が負けたふりをしたため、徳川軍は千鳥掛をものともせず、城内に侵入した。このとき、真田軍が一斉攻撃をかけたため、徳川軍は城外に出ようとするが、城下の千鳥掛に阻まれて進退を失う。こうして昌幸は勝利をおさめたというが、江戸時代の軍記物語のみに記されていることなので、実際にこのような戦術がとられたとは考えにくい。

千鳥掛

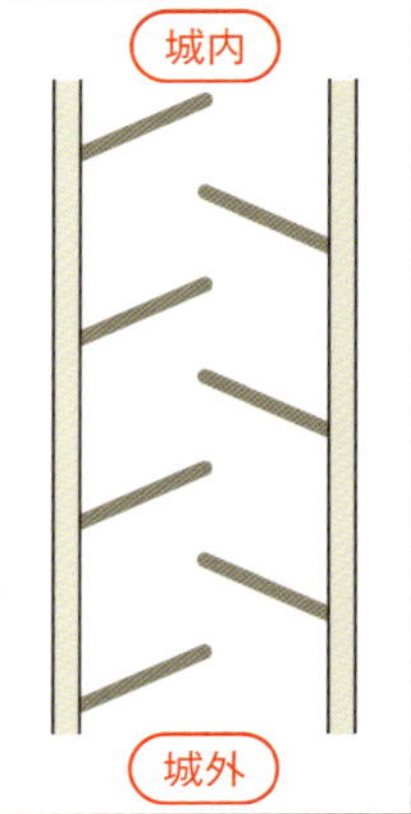

歴史プラスワン **兵法書**　戦国武将は、古代中国の兵法書を読んでいた。なかでも、「武経七書」とよばれる『孫子』・『呉子』・『尉繚子』・『六韜』・『三略』・『司馬法』・『李衛公問対』の7書は、必読の書とされた。

長野県 35

松代城

海津城

武田信玄が築いた川中島征圧の拠点

武田氏の海津城から真田氏の松代城へ

松代城は、もともと**海津城**とよばれていた。**武田信玄**が築いたものだが、その時期についてはよくわかっていない。信玄は、**川中島**の領有をめぐって越後の**上杉謙信**と争っており、1560年頃、上杉氏に備えて築いたものと考えられる。

築城当時の海津城は、千曲川を天然の外堀とする天然の要害だった。

1561年の**川中島の戦い**でも、上杉謙信を迎え撃つ武田信玄の戦略的な拠点として機能している。川中島の戦いは、つまるところ、海津城の帰属をめぐる争いだった。

武田氏の滅亡後、織田氏や上杉氏による争奪戦を経て、1622年に**真田信之**が入り、幕末に至るまで真田氏の居城となった。明治維新後、松代城は廃城となり、建物は解体されてしまう。近年は江戸時代の門や塀などの復元整備が進んでいる。

海津城跡碑

松代城は、戦国時代には「海津城」とよばれていた。本丸には、「海津城址之碑」が建てられている。

本丸跡

本丸内に建てられた御殿は1717年に焼失。以来、御殿は花の丸に移された。

北不明門

松代城の北に位置する門で、櫓門と高麗門によって枡形が構築されている。当時は城の北側を千曲川が流れていたため、水ノ手御門とよばれていた。

戌亥隅櫓台

本丸の戌亥、すなわち北西に位置する櫓台の石垣。天守相当の大きさであるが、松代城に天守が建てられたという記録は残されていない。

太鼓門

本丸の南に位置する門。手前の橋詰門と奥の太鼓門で枡形を形成している。近年、発掘調査の成果をもとに復元された。

城地種類	平城
築城年代	1560（永禄3）年？
築城主	武田信玄
所在地	長野市松代町
アクセス	JR信越本線「長野」駅からバス

MAP

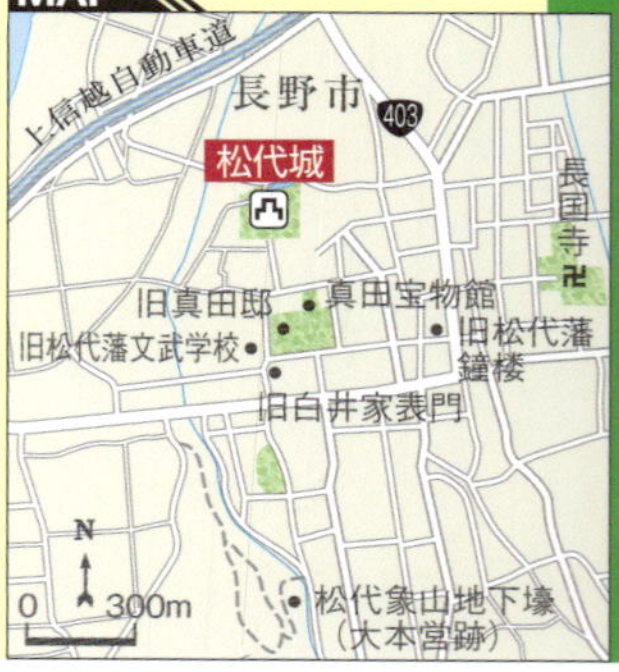

人物プラスワン　**真田信之**（1566～1658）　もともとの名は信幸と書く。真田昌幸の長男であったが、関ヶ原の戦いでは父と袂をわかち徳川家康につく。大坂の陣後、上田藩から松代藩へと転封になり、藩政の礎を築いた。

川中島の戦い（制作＝成瀬京司）

上杉謙信は、武田方が守る海津城を眼下におさめる妻女山に布陣。謙信は、海津城内の煙をみて、武田軍の出撃を予測したという。

城合戦

川中島の戦い（第4次）

▶ 1561（永禄4）年

分 武田信玄軍（約2万人）
VS
分 上杉謙信軍（約1万8000人）

❶ 8月29日　川中島に入った上杉謙信は、海津城の南西2kmほどの位置にある妻女山（さいじょさん）に布陣した。これを受け、武田信玄は茶臼山に本陣をおいたという。

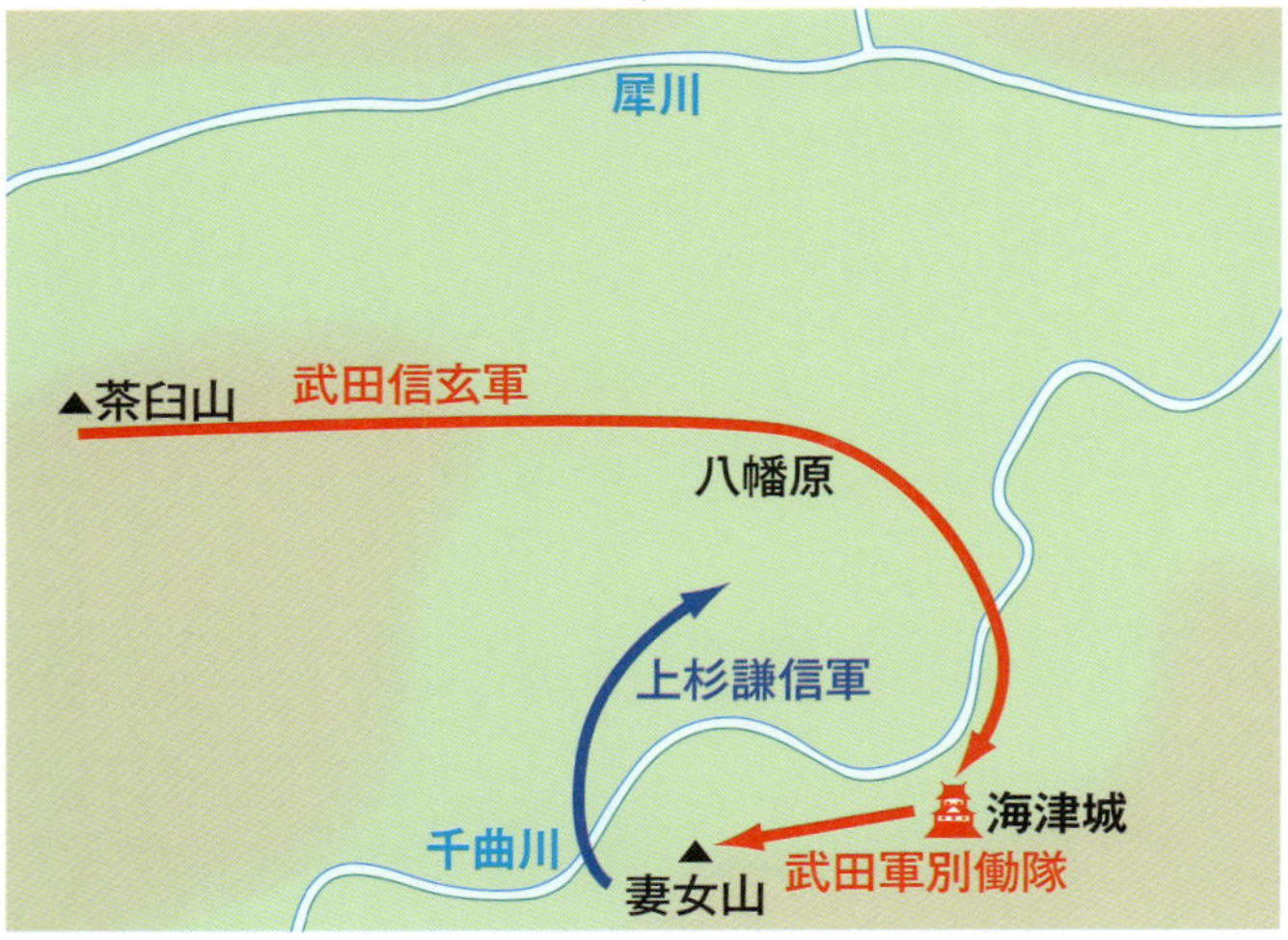

❷ 9月9日　武田信玄は8月29日、海津城に全軍を集結させる。武田軍は、別働隊に妻女山の上杉本陣へ夜襲をかけさせたが、上杉軍は妻女山を下っていた。

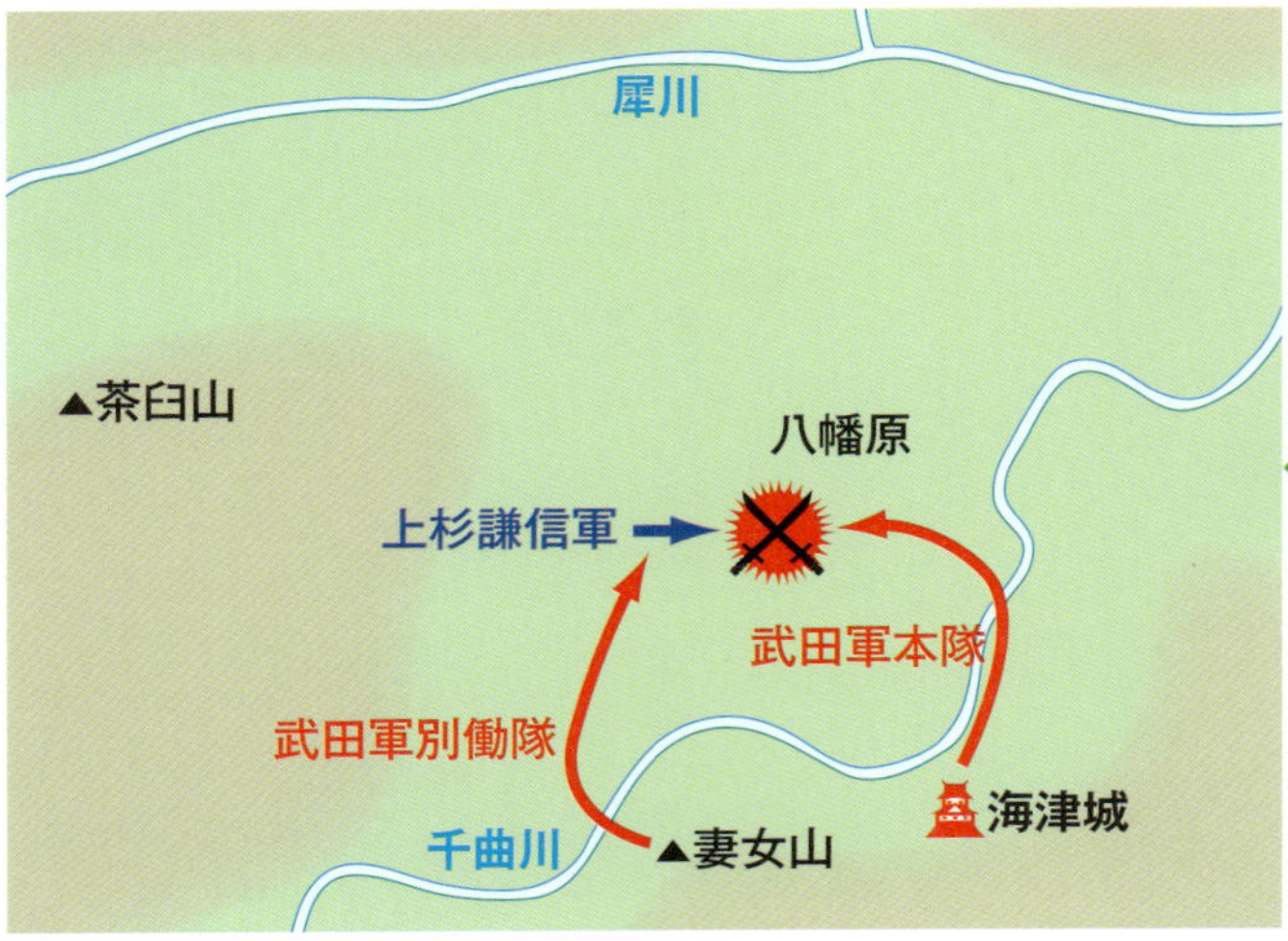

❸ 9月10日　八幡原（はちまんぱら）に布陣した上杉軍は、武田方の本陣を攻撃する。武田軍は苦戦をするが、別働隊が合流し、上杉軍の攻撃をしのいだ。

合戦プラスワン　啄木鳥戦法

妻女山への奇襲を献策したのは、武田信玄の軍師山本勘助という。この作戦を啄木鳥（きつつき）戦法というが、江戸時代の軍記物語などを典拠としているため、事実であったかはわからない。

東京都 36

八王子城

北条氏の支城中、最大級の山城

城地種類	山城
築城年代	1584～87（天正12～15）年
築城主	北条氏照
所在地	八王子市元八王子町
アクセス	JR中央本線・京王線「八王子」駅からバス

秀吉軍の猛攻で凄惨な落城

1590年、**豊臣秀吉**の**小田原攻め**でのこと。秀吉が率いる本隊は**小田原城**を包囲する一方で、**前田利家**、**上杉景勝**らによる別働隊が、関東各地の北条氏の支城を攻撃した。**八王子城**も、その一つであった。

そもそも八王子城は、来るべき秀吉との戦を想定して、聡明で猛将の誉れ高い**北条氏照**が築城したものであった。城地は北の滝沢川と南の城山川に挟まれた、標高約450mの深沢山山上の要害部と、そして麓には御主殿（居館）と城下町からなる関東屈指の巨大な山城であった。

ところが、前田隊の攻撃を受けたとき、城主の氏照はおもな兵を伴い小田原城に籠城していたため八王子城にはわずかな兵と女性と子ども、農民ら約3000名が残るのみであったという。そこへ約3万5000の部隊が攻め込んだため、さすがの堅城もなすすべはなかった。小田原勢への見せしめのため、その戦いは凄惨を極めるものだったと伝わる。

戦後、関東を支配した**徳川家康**により廃城となった八王子城であるが、山麓の居館は遺構も良好に保全され、現在は、城山川の谷にかかる曳き橋や御主殿入り口の石敷き通路なども復元されている。

御主殿跡入り口の石段。

長野県 37

高遠城

▼兜山城

武田信玄の伊那支配の拠点

城地種類	山城
築城年代	1547（天文16）年
築城主	武田信玄
所在地	伊那市高遠町
アクセス	JR飯田線「伊那市」駅からバス

仁科盛信が見せた武田武士の意地

甲斐から信濃へと侵攻、版図拡大を進める**武田信玄**が、伊那地方の支配拠点として、さらには木曽、遠江侵攻への足がかりとして、軍師・**山本勘助**らに命じて築城した**高遠城**。城地は、藤沢川が三峰川に合流する地点に拓かれ、南北西の三方が河川に囲まれ、東には尾根が延びる。

信玄亡き後、**長篠・設楽原の戦い**（1575年）の大敗で弱体化した武田氏の討滅を企図する**織田信長**は、1582年、四方から軍勢を甲斐へ侵攻させた。先鋒として伊那谷を攻め上る信長の嫡男・**信忠**に対し、武田方の城主は逃亡、降伏するばかりであったが、ひとり武田武士の意地を見せたのが、**勝頼**の異母弟で高遠城城主の**仁科盛信**であった。結果は激闘数時間の末の玉砕であったが、盛信の武勇は今も語り伝えられるところである。

以来江戸時代に入ってからも、高遠は上伊那地方の中心として栄えるが、明治維新後、城は廃城となり建物はすべて払い下げられて城址は荒廃。その状況を見かねた旧藩士らが植樹したコヒガンザクラは、本曲輪と二の曲輪の間の空堀にかかる桜雲橋や、城下から移築された問屋門とともに、現在高遠城址公園のシンボルとなっている。

コヒガンザクラと巽櫓史料館。

人物プラスワン **北条氏照**（1540～1590）
小田原北条氏3代当主・北条氏康の三男として生まれる。豊臣秀吉攻撃に対し、徹底抗戦を主張。小田原城開城後に、戦の責任者として兄の氏政とともに切腹。

新潟県

38

新発田城

▼菖蒲城

日本唯一、三匹の鯱を戴く御三階櫓平城

城地種類	平城
築城年代	不明
築城主	新発田氏
所在地	新発田市大手町
アクセス	JR羽越本線「新発田」駅から徒歩

溝口氏によって近世城郭に再建

上杉謙信の跡目を巡って争われた**御館の乱**（1578年）で、**景勝**側について、その勝利に貢献した**新発田氏**の居城であった**新発田城**。しかし新発田氏は、乱の後の論功行賞で恩賞が得られなかったことを不満として景勝に反目し、上杉氏に滅ぼされる。その後、**豊臣秀吉**配下の**溝口秀勝**が新発田城に入城し、近世城郭への再建が進められた。なお溝口氏は、**関ヶ原の戦い**の折は越後にあって、上杉景勝に先導された一揆勢を鎮め、以来幕末まで新発田藩主としてこの地に君臨した。

この城の名を全国に知らしめている、ほかに例を見ない独特の形をした、層塔型御三階櫓は、1679年の完成。初重からほぼ正方形の矩形を積み上げた清楚なシルエットながら、最上階の屋根が「T」字型をなしており、その三隅に三匹の鯱を戴いている。

明治時代に入ると、新発田城は本丸の一部を除いて破却され、跡地には陸軍歩兵第十六連隊が創設。現在も陸上自衛隊駐屯地が城地の大半を占めるが、現存する本丸表門や旧二の丸隅櫓に加え、御三階櫓と辰巳櫓も復元され、往時の景観を取り戻しつつある。

復元された三階櫓。

新潟県

39

春日山城

▼鉢ヶ峰城

全山を要塞化した上杉謙信の居城

城地種類	山城
築城年代	14世紀?
築城主	上杉氏?
所在地	上越市大字中屋敷
アクセス	JR北陸本線「直江津」駅からバス

長尾から上杉4代の山城

北に越後府中と日本海、南に高田平野を見晴らす、標高約182ｍの**春日山**（**鉢ヶ峰**）。その山頂に本丸に相当する**御実城**を構え、曲輪や家臣の屋敷を山全体に配置し、土塁と空堀を巡らせ鉄壁の守りを誇る春日山城。その始まりは南北朝時代、越後の守護・上杉氏が、**越後府中**の本城をこの地に築いたことにさかのぼると伝えられる。

その後、戦国時代に入ると、守護代から戦国大名へと躍進した長尾為景（謙信の父）が春日山城に入城。家督は**晴景**（謙信の兄）を経て、**景虎**（のちの**上杉謙信**）に引き継がれた。その間に春日山城は逐次改修が進められ、御実城（本丸部分）を中心とする**全山要塞化**の完成を見たのは景虎の時代と考えられている。

やがて景虎は、関東管領上杉氏を継ぎ**上杉謙信**と名乗る。続いて上杉家当主となった**景勝**も春日山城に居城するが、**豊臣秀吉**によって会津へ移封され、代わって**堀秀治**が入城した。**関ヶ原の戦い**の後は、政庁としてより利便性の高い居城が求められたため、秀治はより海に近い場所に福島城を築き始め、その子・**忠俊**の時代に完成。戦国の要塞・春日山城は、その役目を終えた。

春日山麓の惣構の堀と土塁。

合戦プラスワン　**御館の乱**

1578年、上杉謙信の急死後に勃発した、謙信の二人の養子・景勝と景虎による後継争い。直江信綱ら謙信側近・旗本の過半数と新発田氏ら下越地方の大豪族がついた景勝が勝利。

1

太田道灌

戦国時代初期、恒常的な戦の拠点となる城郭立地と縄張を確立した

人物紹介

1432年、太田道真の子として生まれる。1455年より、関東管領上杉氏の一族である扇谷上杉家の家宰を務める。関東管領、古河公方、小田原北条氏らの間で戦乱が続く関東各地を転戦し、勝利を収めた。やがて主である扇谷上杉定正をもしのぐ勢いをもち、1486年主の恨みを買い暗殺される。

日枝神社

明暦の大火（1657年）後に現在地に遷座しているが、元は江戸城鎮守として道灌が城内に河越日枝神社を勧請したと伝わる。

天才軍師の築城

江戸城を築いたことで知られる**太田道灌**は、その同時期に**河越城**と**岩槻城**も築城している。これは、主家の扇谷上杉氏が古河公方に対抗するため、関東平野に**巨大な三角形の要塞地帯**を形成したことを意味する。

兵学、易教にも長じ**天才軍師**とよばれた道灌の画期的な点は、それまでの時代は臨時的な戦の道具であった城郭を、その実戦経験と博識により守るにも攻めるにも有利な**恒常的な軍事施設**としたことにある。そして、そのポイントは**城地の選定**と自然な地形を活かした**曲輪の構成**にあった。江戸は河越と鎌倉の中間で、上総・下総への水上交通の要衝にあった。大河が注ぐ河口付近に張り出した台地西端の崖上に、三つの曲輪を連ね、その廻りに土塁を巡らせたのが江戸城であった。当時としては先進的だったこの縄張は、「**道灌がかり**」とよばれている。

2

蒲生氏郷

戦国時代末期、城郭を中心に経済振興を図る機能的都市を創出

人物紹介

1556年、近江日野に蒲生賢秀の三男として生まれる。少年時代、氏郷は織田信長の人質として過ごし、その下で元服、女婿となる。姉川の戦いや長篠・設楽原の戦い等で、信長配下の武将として参陣。信長亡き後は豊臣秀吉に臣従、日野から松坂、会津に加増移封となる。1595年、伏見の蒲生屋敷にて病死。

松坂城

主要部を固める石垣の遺構は、規模こそ異なるが、氏郷も築城に従事した安土城を彷彿させるところが随所にある。

稀代の経世家

勇猛な武将として知られる**蒲生氏郷**であるが、その築城からは、近世を先取りした経世家にして**機能的な都市**を創出したプランナーぶりがうかがえる。

1586年に、近江日野から伊勢松ヶ島へ移封された際、幹線道路からも海からも離れた松ヶ島に代わって、四五百森という丘陵に新たな城とともに日野から商人を移住させ自由な商業活動ができるように城下を整備。その後、移封された会津では、それまでの黒川城を全面的に改修し、七重天守のそびえる本丸を中心に主郭部分を構築、さらに外郭として東西約2.1km、南北約1.4kmの楕円状に高さ約5mの土塁を巡らせた**総構**を形成。内側に上級武家の屋敷、外側に下級武士の屋敷や町屋を計画的に配置した。会津でも町人地に市の日を定め、物資交易の便を図るなど**商業振興策**を採っている。

第4章

名城探訪

北陸・東海地方

43 七尾城
42 富山城
金沢城 41
丸岡城 46
45 福井城
北庄城 44
48 一乗谷城
59 郡上八幡城
57 岐阜城
58 小牧山城
清須城 56
40 名古屋城
山中城 49
47 駿府城
岡崎城 55
長篠城 52
53 二俣城
60 伊賀上野城
51 掛川城
浜松城 54
50 高天神城
松坂城 61

愛知県 40 名古屋城 ▼金鯱城

徳川家康が対豊臣最終決戦を睨んで天下普請で造営した戦略拠点

御深井丸西北隅櫓
清須城小天守を移築した、名古屋城では大小天守に次ぐ規模を誇る現存の三重櫓。堀の側にせり出した出窓型の石落は、徳川の城ならではである。

本丸の清正石
天下普請でめざましい働きをしたことで知られる石垣名人の加藤清正が運んだとされる、本丸東門枡形に残る名古屋城一の巨石。ただし、実際にこの場所の造営に当たったのは黒田長政だった。

約2.5m
約6m

名古屋城鳥瞰復元CG (復元＝三浦正幸、制作＝株式会社エス)

- 御深井丸西北隅櫓
- 御深井丸
- 西の丸
- 天守
- 本丸西南隅櫓
- 小天守
- 本丸
- 本丸表二の門
- 本丸御殿
- 本丸の清正石
- 本丸東南隅櫓
- 搦手馬出
- 二の丸御殿
- 二の丸庭園

① 弓矢櫓
② 塩蔵構
③ 東北隅櫓
④ 本丸東門枡形
⑤ 二の丸東北隅櫓
⑥ 東鉄門枡形
⑦ 本丸表門枡形
⑧ 西の丸月見櫓
⑨ 西の丸西南隅櫓
⑩ 榎多門
⑪ 大手馬出
⑫ 二の丸西南隅櫓
⑬ 二の丸太鼓櫓
⑭ 二の丸東南隅櫓

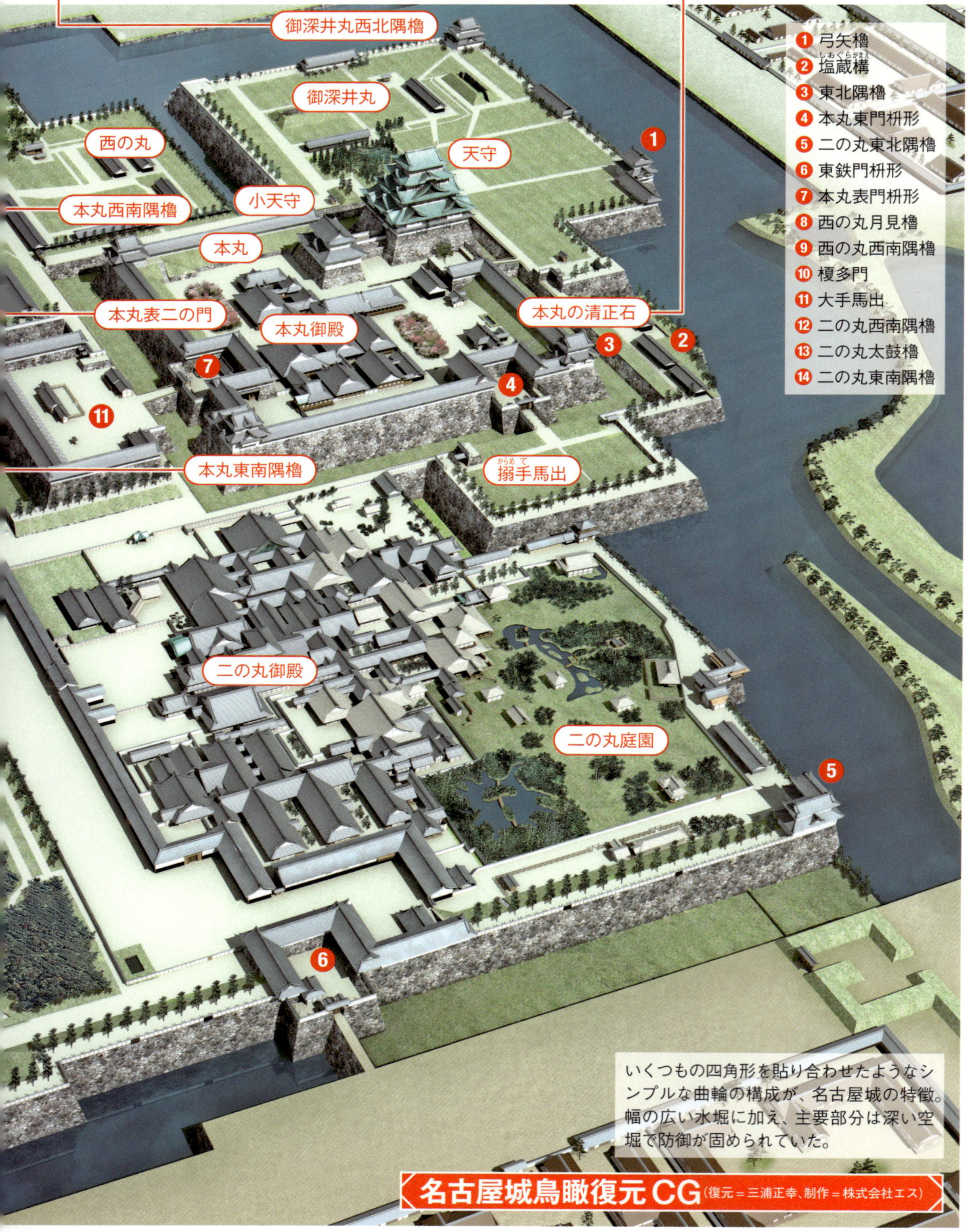

いくつもの四角形を貼り合わせたようなシンプルな曲輪の構成が、名古屋城の特徴。幅の広い水堀に加え、主要部分は深い空堀で防御が固められていた。

城地種類
平城
築城年代
1610（慶長15）年
築城主
徳川家康
所在地
名古屋市中区
アクセス
名古屋市営地下鉄名城線「市役所」駅から徒歩

MAP

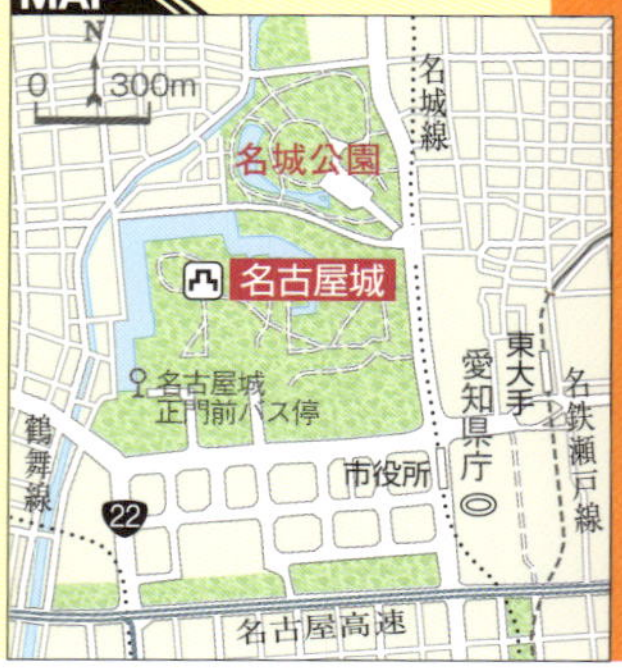

歴史プラスワン 清須越し
1612年から1616年にかけ、清須城下の武家屋敷、町屋、橋などの都市建造物、さらに寺社、果ては民家の庭木に至るまで、ありとあらゆるものを名古屋に移した。もちろん住民も半強制的に移住させられた。

本丸西南隅櫓

南面の入母屋破風の下に軒唐破風を配する、ユニークな意匠が目を引く。外観二重内部三階の現存櫓。

本丸表二の門

大手馬出側から本丸に入る門。往時は、この奥に巨大な櫓門があり、堅固な枡形が形成されていたが、現存するのはこの門のみとなっている。

本丸東南隅櫓

外観二重内部三階の現存櫓。二階壁南面は切妻破風、東面は入母屋破風、上重は軒唐破風で装飾されている。

西鉄門

二の丸大手に現存する二の門。この両側にあって大手枡形を形成していた土塀、櫓門、多門櫓は、明治時代初期に取り壊れている。

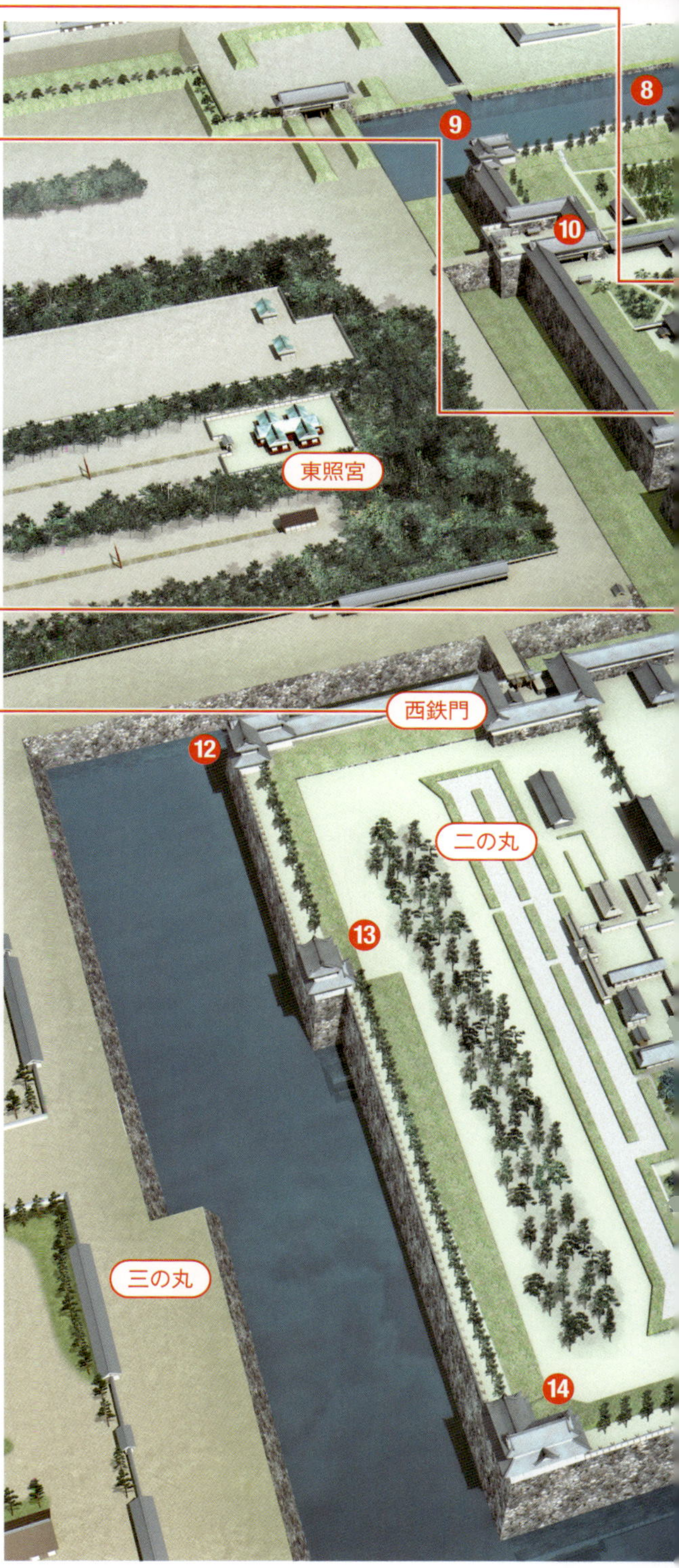

清須から名古屋へ 尾張国の首都機能を移転

「尾張名古屋は城でもつ」というが、戦国時代まで尾張の中心は、その北西に隣接する清須であった。一方今の名古屋城の城地はといえば、**那古屋城**が廃城になってからは、荒廃にまかせ荒れ野となっていた。そこにかくも巨大な城郭を築いたのは、**徳川家康**。清須が地形的に水害に弱いことや、大坂の**豊臣氏**を押さえる防衛拠点とすることを意図してのことである。そして家康は築城と同時に、「**清須越し**」とよばれる、清須から名古屋への都市機能の移転をも行ったのだった。

城郭プラスワン **那古野城**

一説には、織田信長誕生の城とも伝えられ、信長が初めて自身の居城としたことでも知られる。信長時代の遺構は全く残っていないが、現在の名古屋城二の丸庭園内に那古野城跡の石碑が立つ。

高さ2.579m、重量1,215kg、使用された金の量43.39kg。

高さ2.621m、重量1,272kg、使用された金の量44.39kg。

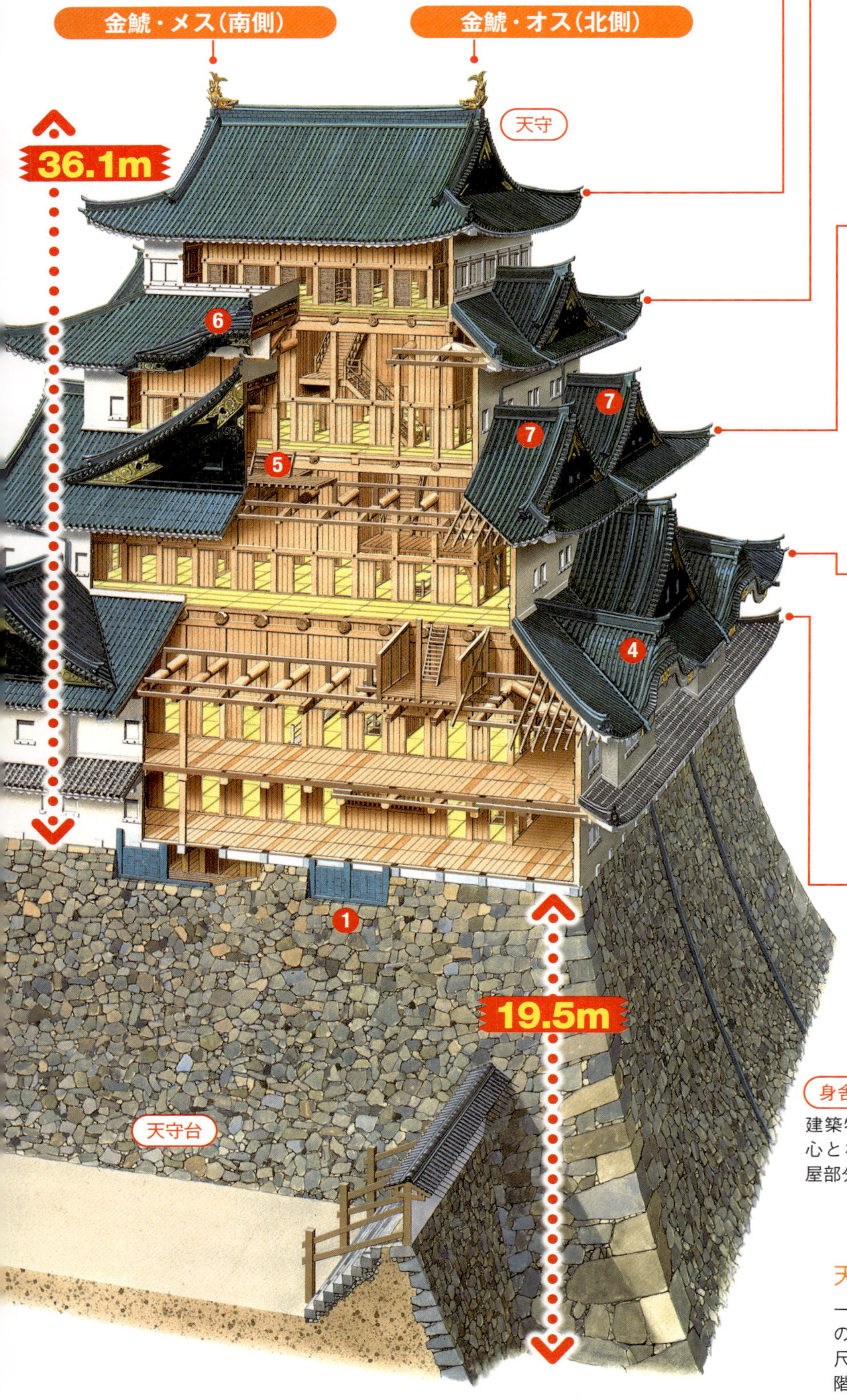

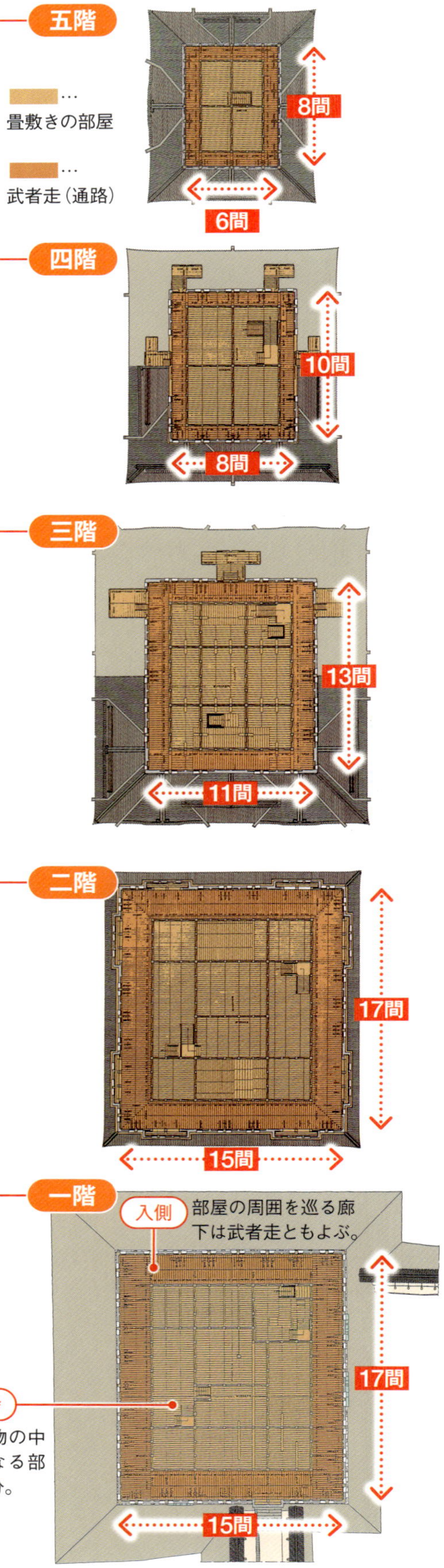

天守各階平面図（原図＝名古屋城総合事務所蔵「昭和実測図」）

一般の天守の1間（柱間寸法）が、6尺5寸（約1.97m）であるのに対し、名古屋城、江戸城など天下人の城では、1間が7尺（約2.12m）となっている。そのため名古屋城天守は、一階だけを見ても、他の天守の倍以上の床面積を有していた。

城郭プラスワン **名古屋城本丸御殿**

当初は初代藩主の徳川義直が居所としたが、将軍上洛のたびに宿舎となったため、義直は二の丸に御殿を新築し転居。なお、家光以降幕末まで将軍上洛は途絶えたので、本丸御殿は200年以上使用されなかった。

近世城郭の最高傑作

近世城郭の築城術の粋を結集して築かれた名古屋城は、縄張、石垣、天守、御殿のいずれもが当時の**最高傑作**といわれる。

豊臣氏との**最終決戦**を想定した城郭だけに、その防御力の高さは超弩級である。北西は低湿地が広がり、本丸の全周を石垣造りの御深井丸、西の丸、二の丸などの曲輪群で囲み、さらにその外側を広大な三の丸によって包み込んだ曲輪の配置。そして各曲輪は狭い土橋で連結し、各虎口には櫓門と多門櫓で鉄壁の枡形を形成。縄張一つとっても、当時の兵器と攻城法では、到底落とすことは不可能で、敵に戦意を喪失させるに十分な威圧力である。

しかし、この城の最高傑作たるゆえんはそれに留まらず、美麗にして高い品格を放つ建築物の意匠も忘れてはならない。天守を装飾する千鳥破風、唐破風は全22で**日本最多**。建築様式も当時の**書院造り**の**最高格式**だった。また、将軍の宿泊所として使われた**本丸御殿**は、玄関の一の間を飾る豪華絢爛な障壁画に代表されるように、豪奢を極めていた。

城郭大解剖

大天守・小天守

江戸城や徳川大坂城をも凌ぐ延床面積日本一の天守

本丸御殿玄関一之間（復元）

最高格式を誇る本丸御殿は、御三家の城にふさわしい華麗な装飾が施されていた。写真中央がその代表ともいえる「竹林豹虎図」の障壁画。空襲当時、この障壁画は御殿から外されていたため、焼失を免れている。

本丸側から眺める天守

米軍の空襲により、1945年5月14日に焼失した名古屋城天守は、1959年に鉄筋コンクリート構造で外観復興された。現在、天守内部は資料館として公開されている。

名古屋城天守・小天守復元図（復元＝三浦正幸、作画＝野上隼夫）

1. 地階明かり採り窓
2. 二階の出窓（石落）
3. 銅板張りの千鳥破風
4. 軒唐破風
5. 四階の千鳥破風の間
6. 唐破風
7. 比翼千鳥破風
8. 橋台
9. 小天守口御門
10. 小天守一階
11. 小天守二階

人物プラスワン
徳川義直（1601～1650）　徳川家康の九男として生まれ、甲斐甲府藩主、尾張清洲藩主を経て初代尾張藩主・尾張徳川家の始祖となる。学問を好み、蓬左文庫を創設したことでも知られる。

特集

門と櫓

天守と御殿以外では、門と櫓が城を構成する主要な建築物となる。城の出入り口に設けられた門は、二階建ての**櫓門**と平屋建ての**薬医門**・**高麗門**・**棟門**・**埋門**・**冠木門**・**塀重門**・**長屋門**の合計8形式がある。城の正面に構えられた大手門・表門は櫓門とされた。櫓門は一階が門で二階に櫓を載せた厳重な構えをしており、天守の次に格式のある建物であった。

櫓は元来、周囲を見渡す**物見**として、また矢などの武器の収納庫として造られたという。規模・構造ともに天守に匹敵する三重櫓、防御拠点として建てられた**二重櫓**、外郭の櫓や天守付属の**平櫓**があった。そのほかに城壁上に巡らされた**多門櫓**（多聞櫓）があり、曲輪の外周を多門櫓で囲んだ縄張は、究極の防衛ラインといえた。

いろいろな門

薬医門

宇和島城上り立ち門

鏡柱から冠木、内冠木、控え柱までをまとめて、全体に一つの大きな屋根を載せた門。櫓門に準じた格式をもっていたが、門直下に対しての視界が悪いという欠点をもっていた。右が門正面、下が背面。

高麗門

名古屋城本丸表二の門

視界の悪さを改良した門で、鏡柱の後方に控え柱を立てて、冠木と2本の控え柱それぞれに屋根を架ける。城門の中で最も多く建てられた。上が門正面、左が背面。

各種の門

右上は埋門（二条城二の丸西門）で、石垣の間や石垣に設けた穴に、上に土塀を渡して門としたもの。右下は棟門（姫路城水の一門）で、控え柱を省略して冠木の上に切妻造の屋根を架けただけの簡略な形式の門。左上は長屋門（二条城桃山門）で、御殿や米蔵の周囲の長屋の間に造られた門である。

江戸城田安門

櫓門は二階建ての門。上階を櫓、下階を門とした。鏡柱、冠木、控え柱などからなっている点は、薬医門や高麗門と同じである。城の大手や曲輪の表口などの重要な位置に建つ門は櫓門とされた。

さまざまな櫓

層塔型の三重櫓

熊本城宇土櫓

三重櫓は天守とほぼ同じ規模の櫓で、格式も高かった。宇土櫓は三重五階、地下一階。入母屋造をした一重目の上に二重の望楼（物見）を載せる形式で、一階は9間×8間の大きさがあり、五重五階の天守と同等である。

名古屋城清須櫓

三重三階で、各重の屋根を四方に均等に葺き下ろす層塔型の三重櫓。宇土櫓に勝るとも劣らず巨大。一階は8間×7間で、宇和島城天守や高知城天守より巨大である。

望楼型の三重櫓

平櫓

熊本城監物櫓

平櫓は一重建ての最も簡略な造りの櫓。物見櫓の性能は低かったので、隅櫓として用いられることは少なく、天守や他の櫓に接続して建てられるケースが多く、付櫓・続櫓などと称された。

二重三階櫓

名古屋城東南隅櫓

二重櫓ではあるが、一階の平面面積は他城の三重天守クラスの規模である。切妻破風や入母屋破風で外観を飾る。

二重櫓

二条城東南隅櫓

二重櫓は城内の防御の拠点として、最も数多く造られた櫓である。三重櫓よりも格式は低かったので、平面が菱形やL字形などをした二重櫓も建てられた。

三重櫓と天守
天守の代わりになった櫓

江戸時代、幕府は諸大名が新規に天守を築くことを禁じた。しかし象徴となる建物＝三重「天守」を建てていた城は数多くあった。それらは法令的にも、また建前上も「天守」とはよばれず、「御三階櫓」「三階」「大櫓」などとよばれたのである。弘前城では1627年に三重天守が焼失し、1810年に三重櫓として再建されたものが、現在の弘前城天守（現存）である。江戸時代を通じて、「天守」と称されることはなかった。

弘前城天守

多門櫓

彦根城佐和口多聞櫓

城壁の上に長く連ねて建てられた櫓で、防禦性能は非常に高い。一重二階や二重二階の多門櫓もあった。平時は物資の貯蔵庫や御殿女中たちの長局として用いられた。

石川県

41

金沢城

前田利家が築き、子の利長が改修した加賀百万石の名城

▼尾山城

二の丸櫓群
これらの建築物は、江戸時代末期に火災で焼失したが、2001年に復元された。
五十間長屋
菱櫓と橋爪門続櫓をつなぐ、長大な二重二階の多門櫓。防御機能の高さを誇る。
菱櫓
縄張の都合で歪んだ石垣の角に合わせて建てられた、平面が菱形の三重三階・望楼型の櫓。

河北門の建築群　写真左から、櫓門、表門、ニラミ櫓台と続き、内側は土塀によって枡形となっている。ここが金沢城の実質的な大手（表口）となっていた。

橋爪門　三の丸から二の丸へ侵入する敵を防ぐ要となる門。後方に見える橋爪門続櫓とで枡形を形成する。

河北門櫓門の内部　頭上に広い空間を確保できるよう、中央に渡された太い梁から斜めに左右の梁が掛けられている。

東の丸北面の石垣　前田利家が金沢城を築いた当時の姿を残す石垣。自然石を積み上げた野面積で、金沢城内で最も古い石積みの技法による。

城地種類	平山城
築城年代	1580（天正8）年
築城主	佐久間盛政
所在地	金沢市丸の内
アクセス	JR北陸本線「金沢」駅からバス

MAP

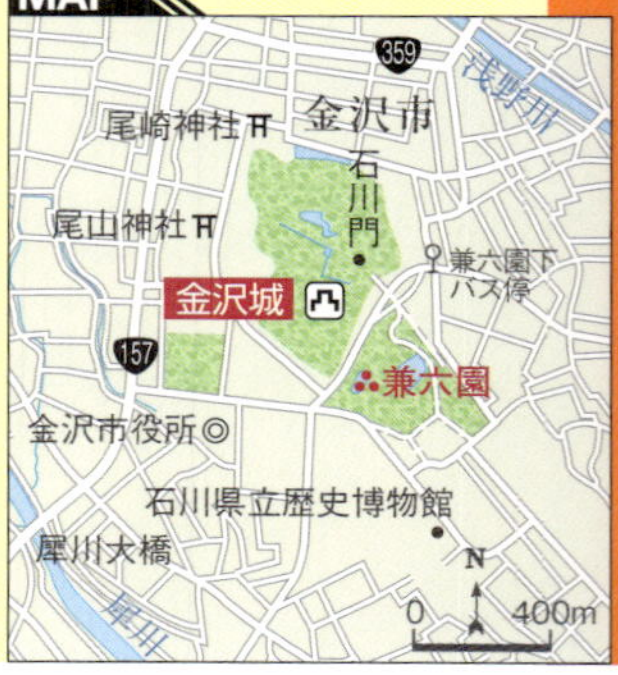

歴史プラスワン　**兼六園**　四季折々の美しい景観と加賀文化を堪能できる、江戸時代を代表する大名庭園。兼六園という命名は、白川藩主で老中首座として寛政の改革を断行した松平定信による。

前田利家が高山右近に命じた大改修

金沢平野のほぼ中央、犀川と浅野川の間にある小立野台地。戦国時代の末期、この地には加賀一向一揆の本拠である尾山御坊とよばれる浄土真宗寺院があった。その総本山である**石山本願寺**と敵対していた**織田信長**は、1580年、家臣の**柴田勝家**に命じ、一揆勢を制圧し尾山御坊を陥落させた。そして勝家の甥の**佐久間盛政**が、御坊の跡に築いた居城が**金沢城**の始まりである。その後、**豊臣秀吉**と勝家が信長の後継を争った**賤ヶ岳の戦い**で、勝家に従って戦った盛政は敗北し、斬首に処せられている。そこで金沢城に入ったのが**前田利家**であった。

利家は、禁教令によって隠棲を余儀なくされていた**高山右近**を招き、城の大改修に取りかかった。改修は、利家の子の**利長**の代まで続けられ、**加賀百万石**を領有する大名に相応しい規模と格式の城郭となったのであった。

なお、日本三大名園に数えられる**兼六園**は、5代藩主・**綱紀**が造った蓮池庭をもとに、13代藩主・**斉泰**の時代に原型が造られた。

橋爪門続櫓

橋爪門の枡形内を見張る二重の物見櫓。下部に石落や鉄砲狭間を備えた唐破風が特徴。

石川門

写真左から、櫓門、一の門、櫓門と続き、河北門同様に内部は堅固な枡形をなし敵の侵入を阻んだ。現存遺構で、こちらは搦手（裏口）に相当する。

鶴丸倉庫

壁面下部の石張りに特徴が見られる、総二階建ての武器土蔵で、1848年に建造されたままの姿を留める。

金沢城城内図

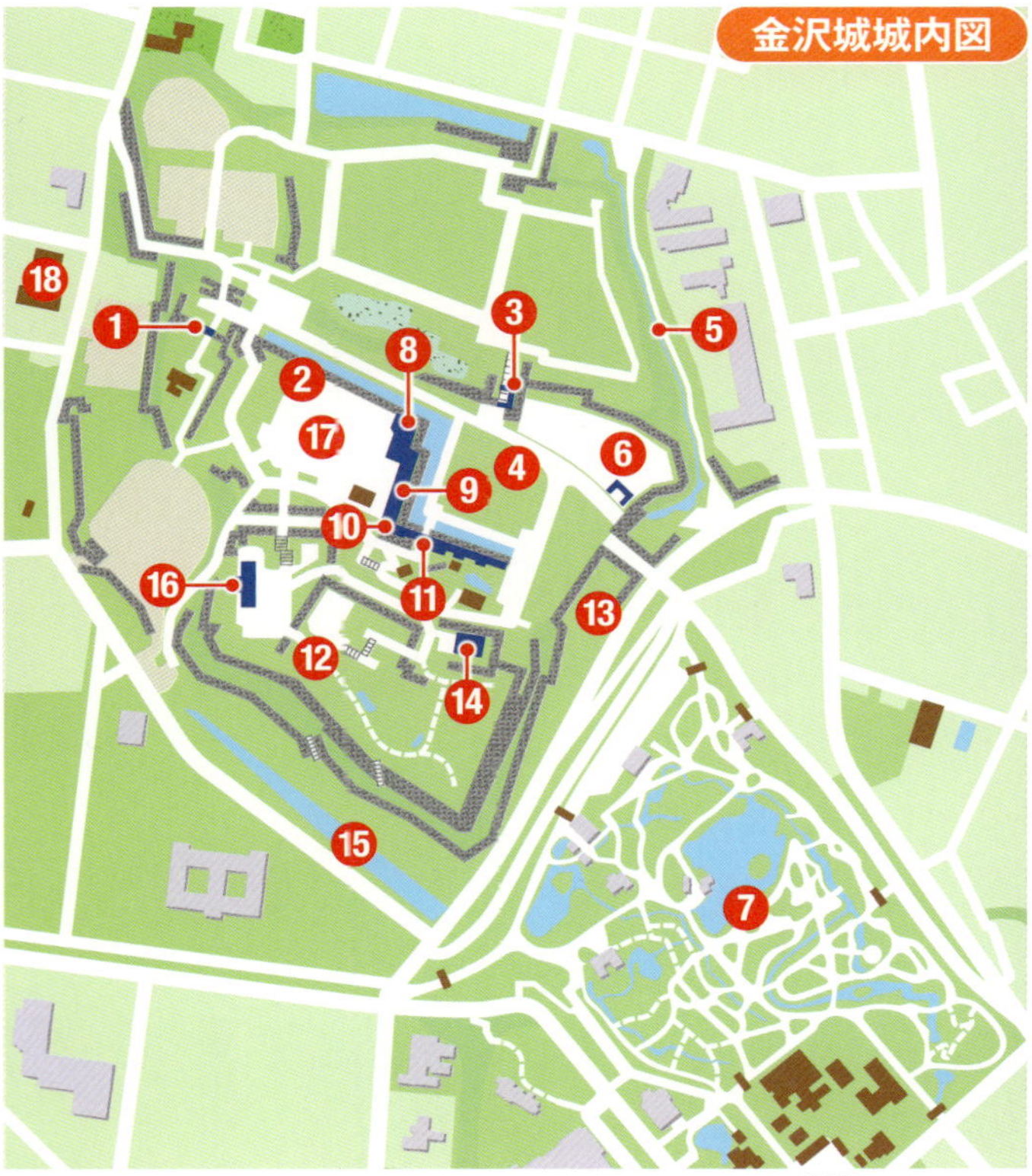

1. 切手門
2. 楽屋長屋跡
3. 河北門
4. 三の丸
5. 白鳥堀跡
6. 石川門
7. 兼六園
8. 菱櫓
9. 五十間長屋
10. 橋爪門続櫓
11. 橋爪門
12. 本丸
13. 百間堀跡
14. 鶴丸倉庫
15. いもり堀
16. 三十間長屋
17. 二の丸
18. 尾山神社

人物プラスワン　前田利家（1539〜1599）

若くして織田信長に小姓として仕え、青年時代には槍の名手「槍の又左衛門」として名を馳せ、信長軍の精鋭として活躍、やがては能登一国を領有する大名となる。また、豊臣政権では五大老を務めている。

富山県

42 富山城

▼安住城

越中国の中央に建つ要衝の城

越中の平定を目論んだ神保長職の戦略拠点

越中のほぼ中央に建つ**富山城**は、北を流れる神通川を天然の水堀とする**平城**で、江戸時代の遺構としては、城に隣接した千歳御殿の正門・千歳御門が城内に移築されて保存される。もとは越中の西半分に勢力を有した**神保長職**が、越中東部に進出するための軍事拠点として築いたものであるが、その後、一向一揆、上杉氏と持ち主を変え、さらに**織田信長**が北陸地方に版図を広げると、その家臣・**佐々成政**が置かれて越中平定の拠点とされた。

1582年、京都の**本能寺**で信長が横死。1584年、**織田信雄**（信長の次男）が**秀吉**打倒の兵を起こし**徳川家康**も信雄方について**小牧・長久手の戦い**が起こると成政はこれに呼応。**加賀**に侵攻して秀吉方の**前田利家**と戦ったが、翌1585年、秀吉自ら率いる10万の大軍によって富山城を包囲されて降伏。城は秀吉によって破却された。

その後の富山城は、前田家に引き継がれ、利家の子で、加賀藩初代藩主・**利長**の隠居城として改修された。また1639年に加賀藩から分知されて**富山藩**が立藩すると、初代藩主となった**前田利次**によって1661年に藩庁として改めて整備され、城はこれ以後、富山前田氏13代の居城となった。

本丸に建設された模擬三重天守。

城地種類	平城
築城年代	1543（天文12）年
築城主	神保長職
所在地	富山市本丸
アクセス	JR高山本線「富山」駅から徒歩

金沢県

43 七尾城

▼松尾城

能登畠山氏累代の居城となった山城

上杉謙信による包囲戦を1年にわたり防いだ堅城

七尾城は急峻な尾根に広がる城である。枝分かれする尾根にいくつもの曲輪が築かれた巨大な**山城**で、低い石垣を5段に積み重ねた本丸石垣のほか、各曲輪の石垣が多く現存する貴重な史跡である。

能登畠山氏の累代の居城となった城であるが、築城時期についてははっきりとしない。1408年に能登守護に任ぜられた能登畠山氏初代・**満慶**が築城したともいうが、その頃の七尾城は、砦のようなものだったと考えられている。

七尾城に守護館としての機能が移されて、戦国の山城らしい体裁が整うのは16世紀前半頃だとされる。5代・**慶致**から畠山氏の全盛を築き上げた7代・**義総**に至る時代のことだが、義総の没後は家臣の離反が相次いで戦乱が続いたために城は強化され、9代・**義綱**の頃に城域が最大となったようだ。

1573年、甲斐の**武田信玄**が没すると、**上杉謙信**はそれまで関東・甲信方面に割いていた軍勢を北陸方面の攻略に集中。1577年、七尾城は謙信の軍勢によって包囲された。城は、その堅固ぶりを発揮して1年にわたってもちこたえたが、最後は重臣の**裏切り**に遭って**陥落**。169年にわたって続いた畠山氏による能登支配は幕を閉じた。

調度丸と桜馬場の石垣。

城地種類	山城
築城年代	1408（応永15）年？
築城主	能登畠山氏
所在地	七尾市古城町
アクセス	JR七尾線「七尾」駅からバス

歴史プラスワン　佐々成政のさらさら越え

小牧・長久手の戦いで反秀吉の神輿となるはずの織田信雄が秀吉と和睦、家康が停戦すると、成政は厳冬の北アルプスを踏破。浜松に赴いて家康に継戦を訴えたが聞き入れられなかった。成政の「さらさら越え」である。

福井県

44

北庄城

▼北ノ庄城

織田氏による北陸攻略の拠点城

福井城に埋もれてしまった猛将柴田勝家の巨大城郭

1573年8月、越前を支配した戦国大名・**朝倉義景**が**織田信長**によって滅亡した。そののち越前は**一向一揆**によって支配されるが、これを平定したのが信長の重臣で猛将と知られる**柴田勝家**である。1575年、信長から越前八郡49万石が与えられた勝家は、**一乗谷城**に代わる越前支配の拠点として、水運・陸運に便利な**北庄城**の築城を開始。以後、勝家が在城する9年間にわたって整備拡張が進められた。しかし本能寺の変を経た1583年、信長の後継者争いとなる**賤ヶ岳の戦い**で**豊臣秀吉**に敗北。続いて北庄城を秀吉の大軍に包囲された勝家は自害し、城は焼失した。

勝家の北庄城がどのようなものであったか不明な点ばかりである。それでも当時の資料に当たれば、宣教師**ルイス・フロイス**の報告書には「城は非常に立派で、屋根は石で葺かれて」いたとあり、また、秀吉の書状には「城中に矢蔵高く築き、天主を九重に上せ」ていたことが特記される。九重の天主といえば、五重七階と伝わる信長の安土城天守をも凌ぐものである。いずれの記録からも、当時最大級の規模を誇ったであろう壮麗な城郭建築を見たフロイスの驚く様子が推察される。

北の庄城址公園に建つ柴田勝家像。

城地種類	平城
築城年代	1575（天正3）年
築城主	柴田勝家
所在地	福井市中央
アクセス	JR北陸本線「福井」駅から徒歩

福井県

45

福井城

▼北庄城

加賀前田氏を押さえるための城

徳川家康が次男を配し諸大名を動員して築城

1600年の**関ヶ原の戦い**の後、**徳川家康**の次男・**結城秀康**は越前北庄藩68万石に加増され、初代北庄藩主となった。秀康は北庄を居城と定め、翌1601年から城の整備を開始するが、これが今日残る**福井城**である。「北庄」の地名が「福井（福居）」と改められるのは3代藩主・**松平忠昌**の時代、1624年のことだ。

工事は、幕府が全国の諸大名を動員、およそ6年もの歳月をかけた大規模なものである。南を流れる足羽川を天然の外堀とし、そこに注ぐ吉野川の流路を変更して東外堀および百間堀とした輪郭式の壮大な**平城**で、完成した城域はおよそ2km四方に及ぶ。五重の**水堀**に囲まれた本丸には四重五階の天守が建てられたといい、また本丸・二の丸は家康が自ら縄張したとも伝わる。

この地に、家康の血縁で武勇抜群とも評された秀康が置かれ、その居城が幕府肝入りの一大事業として整備されたのは、北に隣接して大領を誇った外様大名である**加賀前田氏**を押さえるためのことである。しかし、江戸時代を通じて前田氏累代の当主は徳川家と姻戚関係も結び、幕府に対し徹底した恭順を貫き、福井城は合戦の舞台となることなく明治維新を迎えている。

福井城内堀跡に残る石垣。

城地種類	平城
築城年代	1601（慶長6）年
築城主	結城秀康
所在地	福井市大手
アクセス	JR北陸本線「福井」駅から徒歩

城郭プラスワン　**輪郭式城郭**

「輪郭式」とは、本丸を取り囲むように二の丸が配置され、さらに二の丸の周りを別の曲輪が囲むように配置する縄張のこと。平地に建てられる城に多く、福井城のほか、大坂城、二条城、秋田城などがその代表。

福井県
46

丸岡城（まるおかじょう）

▼霞ヶ城（かすみがじょう）

古式を伝える二重三階の望楼型は北陸地方唯一の現存天守

丸岡城天守

入母屋造の櫓の上に、慎ましやかな望楼を戴く二重天守。初重の大きな入母屋破風と下部の下見板張、二重の廻縁がゆかしき格調を醸す。

屋根を覆う石瓦

寒さでひび割れることを防止するため、屋根は地元で産する笏谷石を加工した石瓦で吹かれている。

出格子窓（外側）

大きな石落であり、左右に横矢も掛けられた、天守防御の重要設備であった。

出格子窓（内側）

平時は明かり採りとして機能、ひとたび敵から攻められたとなれば、ここから応戦した。

城地種類	平山城
築城年代	1576（天正4）年
築城主	柴田勝豊
所在地	坂井市丸岡町
アクセス	JR北陸本線「福井」駅からバス

MAP

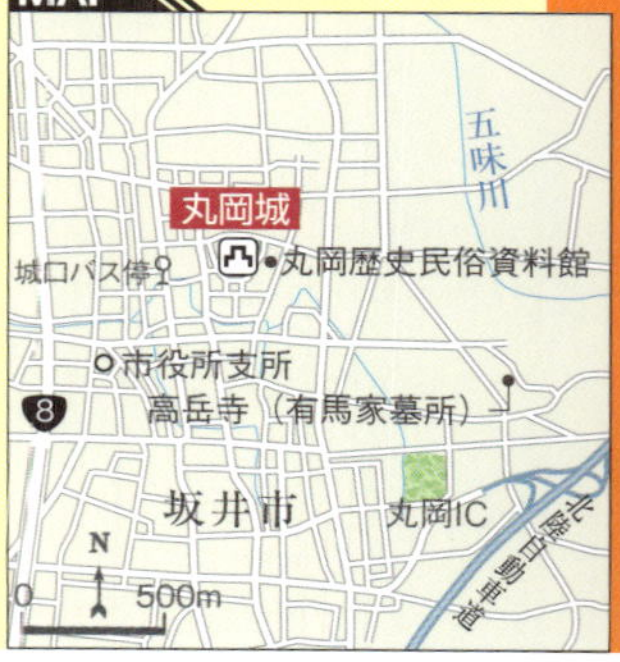

人物プラスワン

本多成重（ほんだなりしげ）
(1572〜1647)

「一筆啓上 火の用心 お仙泣かすな 馬肥やせ」という陣中から妻に宛てた有名な手紙に登場するお仙が、後の成重。松平忠直が不行跡で改易された後、初代越前丸岡藩主に取り立てられ、陪臣から大名に出世した。

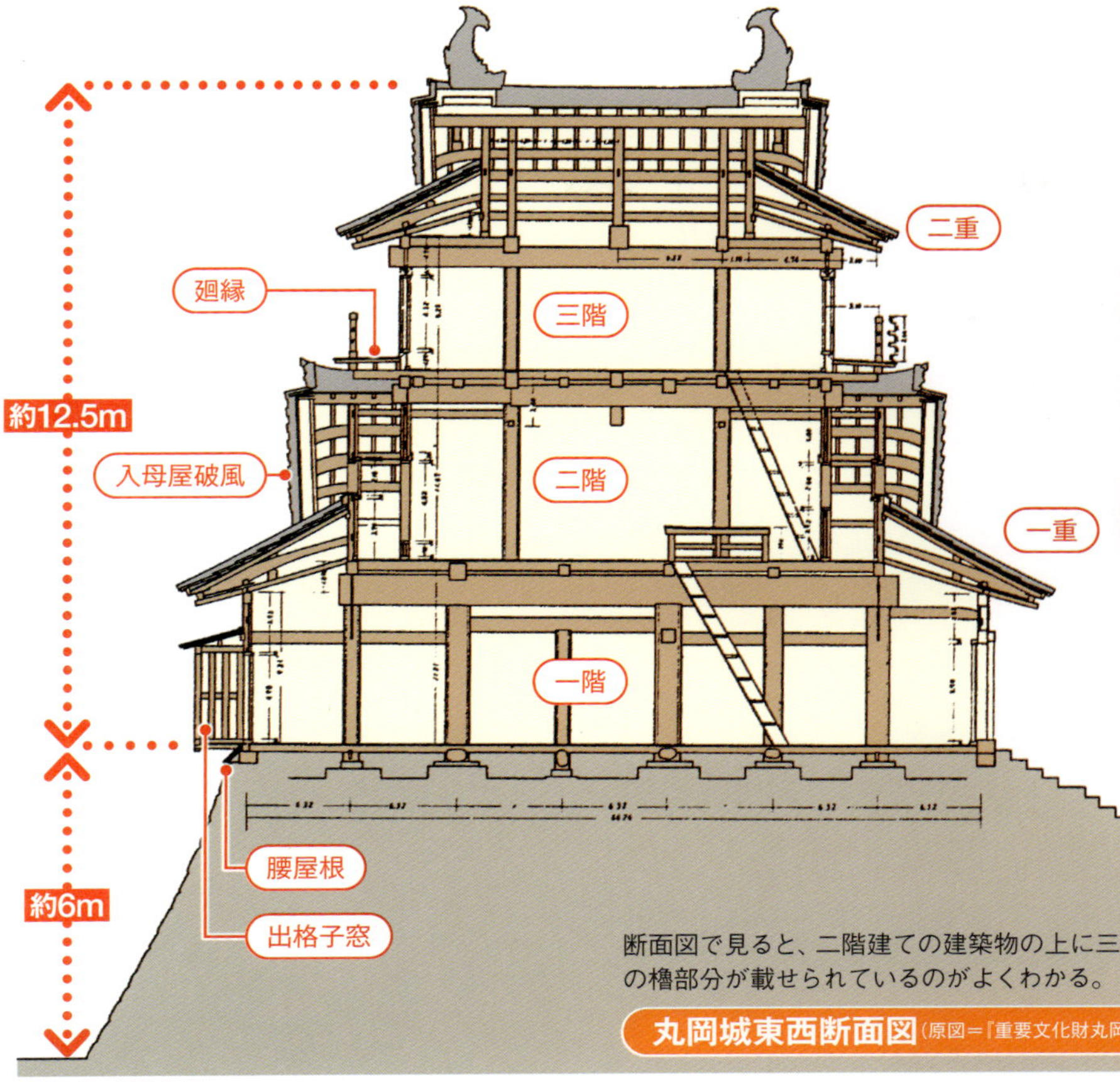

断面図で見ると、二階建ての建築物の上に三階の櫓部分が載せられているのがよくわかる。

丸岡城東西断面図（原図＝『重要文化財丸岡城天守修理工事報告書』）

廻縁

最上階の窓の外に張り巡らされた縁は、高欄が低く歩くには危険なので、装飾的な意味合いが強いと考えられている。

二階内部

入母屋造の大屋根の屋根裏にあたるが、破風に付けられた窓からの光で、かなり明るくなっている。

腰屋根

天守台石垣の上端部と天守初重の間から、雨水の侵入を防ぐために設けられている。これも丸岡城の特徴のひとつである。

小さいながらも風格をたたえる天守

1575年、越前の一向一揆を平定し、**織田信長**から越前一国を拝領した**柴田勝家**に従って越前に入った、勝家の養子の**勝豊**が、勝家の居城・**北庄城**の**支城**として築き、居城とした**丸岡城**。

その北陸地方で唯一の**現存天守**は、このときに建設されたといわれているが、その遺構には慶長時代の特徴も見られることから、**関ヶ原の戦い**の後に越前に入った**結城秀康**（**徳川家康**の次男）の嫡男・**松平忠直**が福井藩主となり、その付家老を務めた**本多成重**が城代として入城した折に改修されたか、あるいは成重によって築かれた可能性も専門家によって指摘されている。

天守は二重三階、高さ約12・5mといささか小振りではあるが、大きな入母屋屋根の建物に一重二階の望楼を戴くその姿は柱や長押を城壁に塗りこめるのではなく、軒が白木のままになっている二重目と相まって、**古式風格**を漂わせている。また屋根を葺く、寒冷地であるこの地方特有の笏谷石製の石瓦もこの天守の見どころである。

城郭プラスワン　**笏谷石**

福井市に産する凝灰岩の一種。重量はかさむが加工は比較的容易で、この石で作られた瓦は凍害に強く、北庄城でも用いられていた。おもに墓石や建材として使用されていたが、現在は採掘されていない。

静岡県 47

駿府城

築城技術の粋を結集し造営された、大御所・徳川家康の隠居城

▼府中城

城地種類	平城
築城年代	1585（天正13）年
築城主	徳川家康
所在地	静岡市葵区
アクセス	JR東海道本線「静岡」駅から徒歩

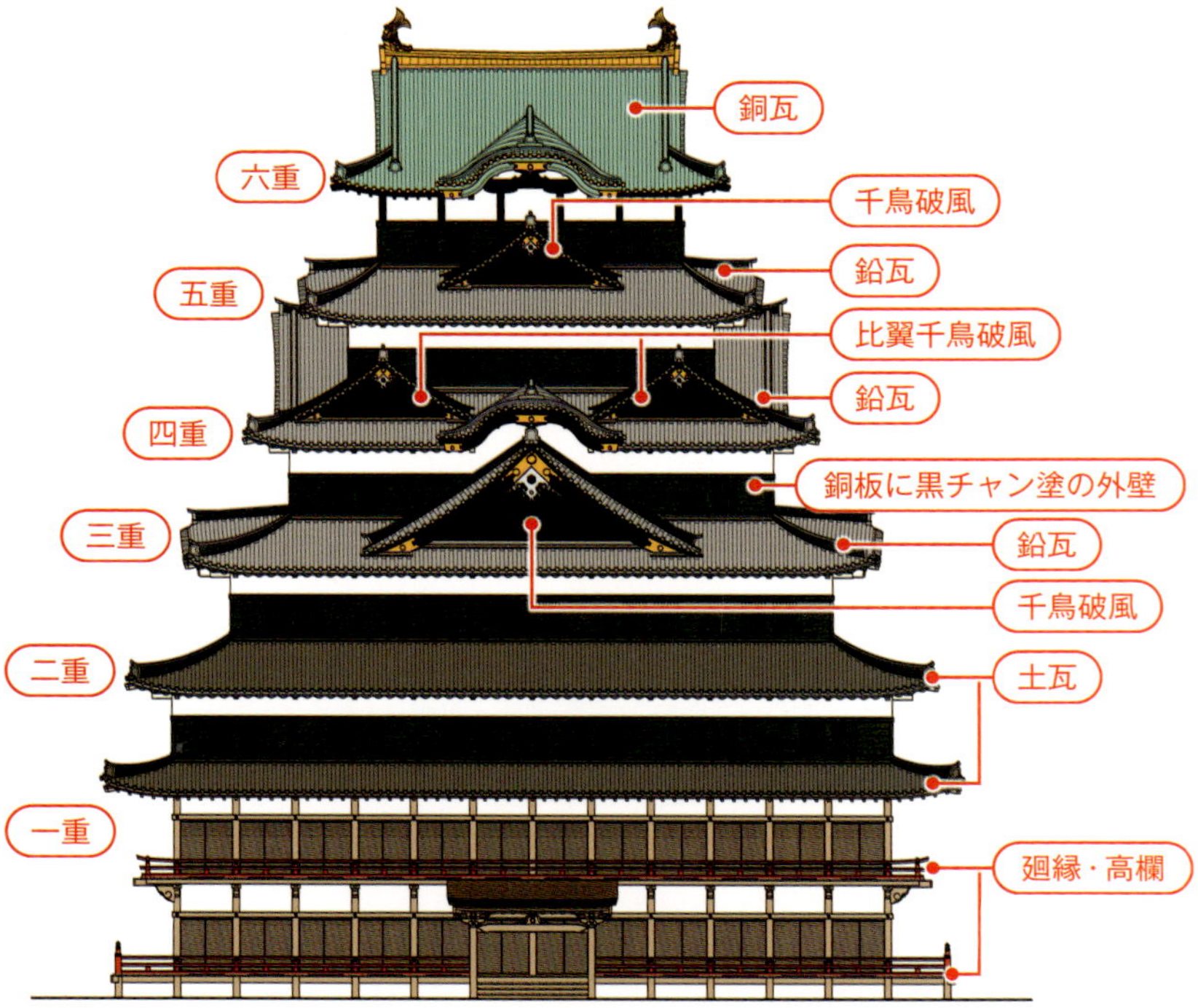

駿府城天守復元立面図（復元＝三浦正幸、作画＝松島 悠）

1607年に建設途中の火災で焼失後、その翌年に再建された天守は、「日光東照社縁起」をはじめとする諸史料から、六重七階という日本城郭史上最多重であったと考えられている。

大手門跡　現在は静岡県庁の入り口に位置するが、ここがかつての駿府城三の丸の正面入り口で、虎口の形状がしっかりと残されている。

坤櫓　二の丸南西隅の守りの要となる櫓。幕末に地震で倒壊したが、2014年に復元。内部は資料館として公開されている。

MAP

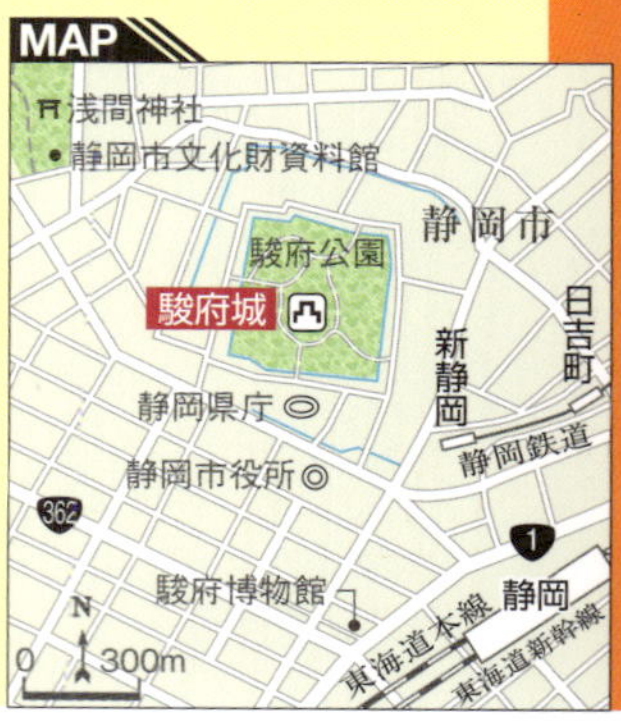

終の棲家にして大御所政治の政庁

復元された巽櫓と二の丸東御門を見るだけでも、**徳川家康**が終の棲家とした**駿府城**のスケールと堅固さは十分に堪能できる。**隠居城**とはいわれるが、この地を選んだことには、家康らしいしたたかな計算があったことは想像にかたくない。

家康が最初に駿府に城を築いたのは5か国領有の戦国大名時代で、現在に残るのは、1607年に天下普請で大改修したもの。西に流れる安倍川を天然の堀とする駿府城は、仮に**豊臣氏**をはじめとする西国大名が江戸に攻め込むことになった場合、最重要の**防衛拠点**となることは明白である。家康はこの地に居所を定め、政治的実権は保ちながら、**大御所**として外交や徳川家の支配を普遍化するため幕府の制度作りに勤しんだ。駿府城は、大御所政治の政庁だった。

城郭プラスワン　**駿府城天守**　天守史上最多重といわれる六重七階の天守は、1635年に大火で焼失し、その後再建されることはなかった。往時、西から駿府城下に入った旅人は、富士山を背景にそびえる天守を目の当たりにした。

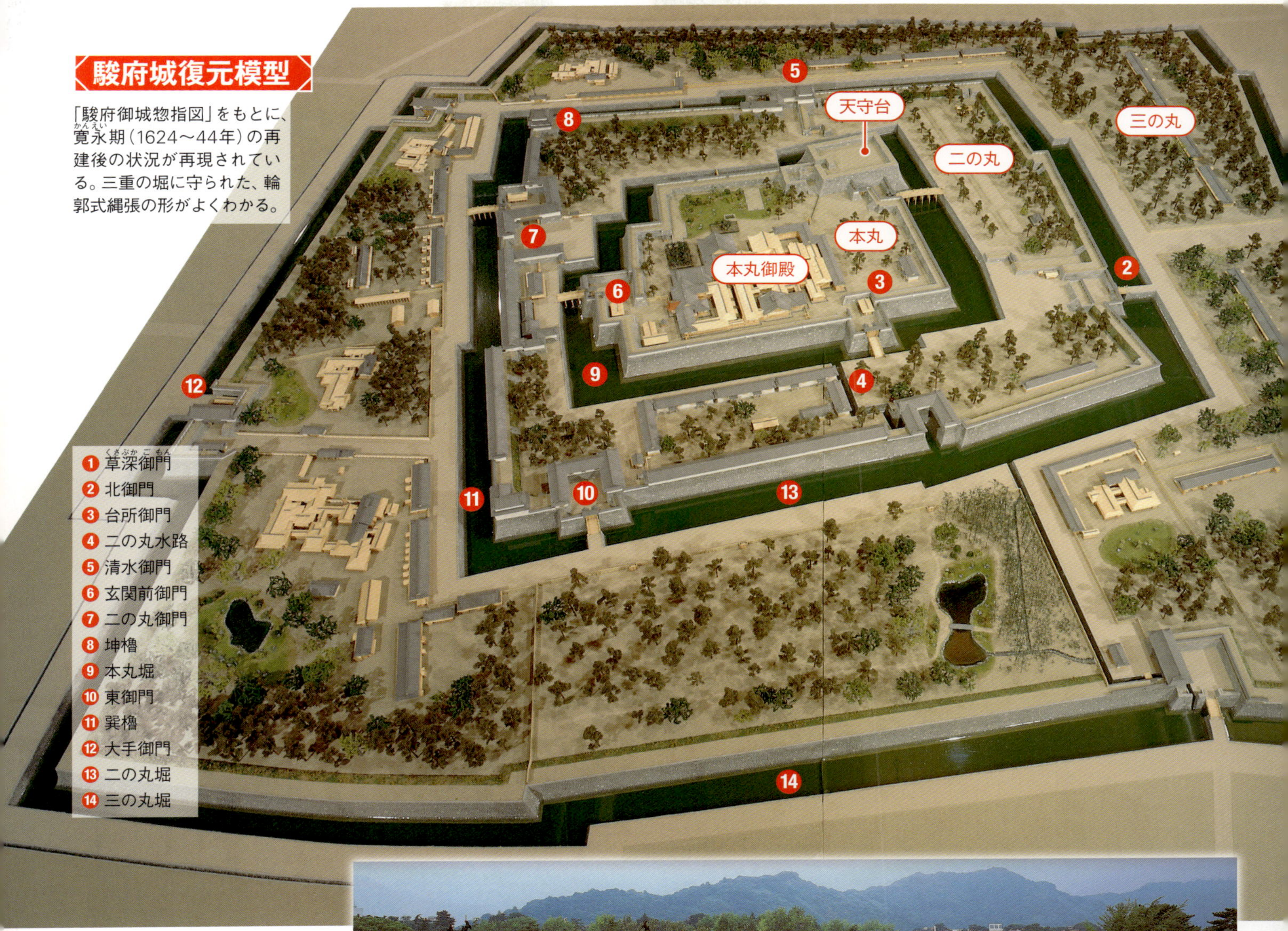

駿府城復元模型

「駿府御城惣指図」をもとに、寛永期（1624～44年）の再建後の状況が再現されている。三重の堀に守られた、輪郭式縄張の形がよくわかる。

巽櫓と東御門

二の丸南東部を守護する。写真左の巽櫓は1989年の復元、右の東御門は1996年の復元。東御門は高麗門と櫓門、それに続く多門櫓によって強固な枡形が形成されていた。

東御門櫓門

二の丸堀を渡り高麗門を潜ると、侵入者はこの櫓門で行く手を阻まれ、櫓上から銃弾や矢を見舞われることとなる。

本丸堀

駿府城公園として整備されている本丸・二の丸跡の南東隅で発掘された遺構。現在は矩形のプールのようであるが、往時はこの幅の堀が本丸に巡らされていた。

歴史プラスワン　幕府の制度

武家諸法度、一国一城令など発布・発令は2代将軍の徳川秀忠であったが、実質的に立案は家康によって行われている。こうした法令によって、265年間にも及ぶ徳川氏の長期安定政権は維持された。

福井県

48 一乗谷城

自然地形を活かして整備された要害

山間から出土した越前朝倉氏100年の栄華

「一乗谷朝倉氏遺跡」は、福井市の中心部から足羽川をおよそ10kmほど南東にさかのぼった山間に位置する。三方を山で囲まれ、また天然の外堀となる足羽川が流れて四方を囲む要害である。跡地からは朝倉氏の居館跡のほか、**武家屋敷**や**寺院**、商人の**町屋**や道路など、整然と区画された**街並**がほぼ完全な姿で発掘されて、朝倉氏の繁栄を今に伝える貴重な遺跡となっている。

越前朝倉氏の祖となる**朝倉広景**は、南北朝時代に北朝方で戦った斯波氏（尾張足利氏）の当主・高経に仕えた武将で、主君に従って越前に入り、近隣の南朝方諸勢力をうち破って勢力を伸長させた。その後7代・孝景の時代に**応仁の乱**（1467年）が起こると、主家の後継者争いに介入。孝景は一乗谷に本拠を移して一乗谷城を築き、敵対勢力を追放すると、これより朝倉氏は越前の支配者として君臨した。

一乗谷城の最後の主となる11代・**義景**が家督を相続したのは、1548年。義景は尾張から台頭する**織田信長**と敵対し、信長包囲網の一角も担ったが、1573年、**刀根坂の戦い**で壊滅的な敗亡を喫した。わずかな手勢のみとなった義景は、一乗谷城を放棄して逃亡した挙句、身内から襲撃されて自刃した。

朝倉義景居館跡に江戸時代に建てられた山門。

城地種類	山城・館・城下町
築城年代	永享年間（1429～41年）
築城主	朝倉教景・孝景
所在地	福井市城戸ノ内町
アクセス	JR越美北線「一乗谷」駅から徒歩

静岡県

49 山中城

小田原の西を守った後北条氏の支城

西から来る敵に備え、東海道を扼する山城

小田原北条氏の本拠・**小田原城**の西を守る支城として**山中城**が築城されたのは、永禄年間（1558～70年）、3代当主**氏康**の時代と考えられている。遺構で知れる城の姿は、東は外輪山が高くそびえ、ほか三方は急崖が敵を阻む要害の地に建つ。

特徴的なのは、東海道を北の本丸・二の丸ほかと南にある出丸とで挟んで縄張に取り込んでいる点だ。西から小田原城へと向かう敵は、ここで街道の両側の曲輪から攻撃にさらされるのである。

北条氏が、その版図を最大とするのは、5代**氏直**の時代のことである。1582年頃の総石高240万を数えたというが、一方、同じ頃中央では、**信長**の後継者として**豊臣秀吉**が台頭、1585年の**四国征伐**で**長宗我部氏**を、翌1586年の**九州征伐**で**島津氏**をそれぞれ降して、西日本の平定を成し遂げている。この情勢下、氏直は秀吉との決戦を想定して山中城ほか諸城の改修に努めたものの、1590年、秀吉は**小田原征伐**を開始。3月、山中城は**豊臣秀次**率いる7万の軍勢に攻められてわずか半日で玉砕し、西の防御を失った小田原城も同年7月に開城することとなる。

西の丸に再現された障子堀。

城地種類	山城
築城年代	永禄年間（1558～70年）
築城主	北条氏康
所在地	三島市山中新田
アクセス	JR・伊豆箱根鉄道「三島」駅からバス

人物プラスワン **北条氏直**（1562～1591）

5代氏直は父氏政の隠居を受けて家督を継ぐが、実権は父が握り続けた。秀吉への徹底抗戦を主張した氏政と叔父の氏照は小田原開城ののちに切腹が言い渡されるが、一方、家康の娘婿でもあった氏直は赦免を得ている。

静岡県

50

高天神城

鶴舞城

遠江防衛の鍵を握った国境の城

城地種類	山城
築城年代	室町時代中期
築城主	今川氏
所在地	掛川市上土方・下土方
アクセス	JR東海道本線「掛川」駅からバス

三度も繰り返された武田・徳川による争奪戦

高天神城は駿河と遠江の国境近くに建つ山城である。もとは今川氏によって築かれたものだが、1569年に今川氏が滅亡してのちは**徳川家康**の勢力下に置かれた。城は、本丸・三の丸を構える東の峰と西の丸・二の丸が置かれた西の峰からなり、二つの峰をつなぐ鞍部に井戸曲輪が配置される。周囲を急斜面に囲まれた堅固な中世城郭で、1571年にはわずか2000弱の徳川方が**武田信玄**の軍勢2万余りをよく防いで撤退させている。

信玄没後の1574年、その子・**勝頼**は2万余りを率いて遠江に侵攻すると、一か月の攻囲戦の末に高天神城を攻略。信玄をしても落とせなかった高天神城を陥落させたことで、勝頼は武名を大いに上げた。

しかし勝頼は翌1575年、**長篠**で**織田信長**・**家康連合軍**と戦って大敗。すると家康は**諏訪原城**（静岡県島田市）を奪って高天神城への補給路を断ち、1581年、**兵糧攻め**に追い詰められた城将・**岡部元信**が打って出たところを殲滅、再び家康はこの城を掌握した。一方、援軍を送ることもなく元信を見殺しにした勝頼の名声は著しく低下し、以後、家中の動揺を招いて武田氏は滅亡に向かうことになった。

高天神城堂の尾曲輪の横堀。

静岡県

51

掛川城

雲霧城　松尾城

東遠江地方を支配する政治的要地

城地種類	平山城
築城年代	1512（永正9）年頃
築城主	朝比奈泰能
所在地	掛川市掛川
アクセス	JR東海道本線「掛川」駅から徒歩

一豊の掛川入城と豊臣秀吉の目論見

東遠江の中心にあって東海道を押さえる**掛川城**は、**今川氏**の重臣・**朝比奈泰能**が築城したとされる。小高い丘陵の南西端にあり、城の南を流れる逆川は両岸に切り立った崖を形成、「掛川（欠けた岸の川）」とよばれて地名の由来にもなっている。

1590年、**徳川家康**が関東へと移封された。これは、西日本を地盤とする**秀吉**が家康を遠方に追いやるとともに、家康の旧領に自らの息のかかった諸将を配置して東海道筋の守りにしようと意図したものである。掛川城には、**豊臣秀次**の宿老の一人である**山内一豊**が入城することになり、すぐに改修工事が施されて、城は近世城郭へと生まれ変わることになる。

だが、掛川城も一豊も、秀吉の思惑どおりの役割を演じなかった。秀吉没後の1600年、一豊は家康に従って会津の**上杉景勝**の討伐に参加するが、その途上、大坂で**石田三成**らが家康打倒の兵を挙げたとの知らせが入る。家康は下野国小山で軍議を開くが（**小山評定**）、諸将が去就に迷う中で一豊は真っ先に家康に味方することを表明。掛川城を献上するとともに諸将が家康に与するよう働きかけて、**関ヶ原の戦い**における東軍の勝利に大きく貢献した。

天守曲輪に建てられた木造復興三重天守。

歴史プラスワン　**今川氏滅亡の舞台**

1568年、武田信玄と徳川家康に挟撃された今川氏真は駿府を捨てて掛川城に逃亡、籠城の末に家康に降伏した。掛川城主朝比奈泰朝は、家臣の多くが寝返る中で最後まで氏真に従った忠臣として知られる。

愛知県
52

長篠城（ながしのじょう）

長篠・設楽原の戦いにおける争奪戦の舞台

城合戦
長篠・設楽原の戦い

▶ 1575（天正3）年

勝 織田信長・徳川家康軍（約3万8000人）
VS
負 武田勝頼軍（約1万5000人）

織田信長と徳川家康は、5月18日、設楽原に着陣する。5月20日の夜、徳川家康の家臣・酒井忠次が武田方の付城である鳶ヶ巣山砦などを落とした。

5月21日の早朝、武田軍は設楽原に移動した。そして、織田・徳川方の陣を攻撃するが、落とすことができず、退却するところを追撃された。

本曲輪

長篠城の中枢で、土塁と堀に囲まれた平坦地。武田軍に攻められたときには、500ほどの徳川軍が守備していたところ。戦国時代の遺物も出土している。

本丸から望む鳶ヶ巣山砦（とびがすやま）

長篠城を包囲した武田軍は、長篠城の周囲に鳶ヶ巣山砦などの付城を築いた。設楽原の戦いの直前、徳川方の酒井忠次が攻め落としている。

城地種類	平城
築城年代	1508（永正5）年
築城主	菅沼元成
所在地	新城市長篠
アクセス	JR東海飯田線「長篠城」駅から徒歩

MAP

人物プラスワン

奥平信昌（おくだいらのぶまさ）（1555〜1615）

正室が徳川家康の長女亀姫で、下野宇都宮藩主となった長男家昌、加納藩を継いだ三男・忠政、幕府宿老となった四男・忠明らの子に恵まれる。家康から重用され、関ヶ原の戦いの戦功により、美濃国加納10万石を拝領。

もともとは武田方の城で、武田勝頼が奪還に乗り出す

長篠城は、もとは駿河の戦国大名・今川氏に従う菅沼氏の居城であった。菅沼氏は、1571年、**武田信玄**に攻められて降伏し、以来、武田方として行動している。

1573年、三河の**徳川家康**が長篠城を攻略すると、武田方から寝返った**奥平貞能**の子・**信昌**に長篠城を守らせる。貞能は、武田氏に出していた人質を殺されており、忠誠を尽くすと考えたのである。

1575年4月、長篠城は奪還を図る**武田勝頼**率いる大軍に包囲されてしまう。これが**長篠・設楽原の戦い**の緒戦となった。武田軍に包囲された長篠城では、奥平氏の家臣・**鳥居強右衛門**が城外に脱出し、**岡崎城**にいる徳川家康に救援を請う。こうして、**織田信長**の援軍とともに長篠に向かった家康は、5月18日、長篠城の西方の**設楽原**に布陣した。

5月20日夜、家康は家臣の**酒井忠次**に命じて長篠城を包囲する武田方の付城である鳶ヶ巣山砦などを落とす。これにより、長篠城の包囲を解いて設楽原に進出してきた武田軍を、織田・徳川連合軍が設楽原で破っている。

一般に「長篠の戦い」ともよばれるが、決戦地となったのは長篠城西方に位置する設楽原だったため、「長篠・設楽原の戦い」ともよばれる。

長篠城遠望
左側の寒狭川（豊川）と右側の宇連川との合流地点から望む長篠城。寒狭川を渡っている鉄橋は飯田線で、城内を通っている。

「諸国古城之図　三河長篠」
江戸時代に描かれた長篠城の絵図。長篠城はすでに廃城になっていたが、縄張をよくとらえている。

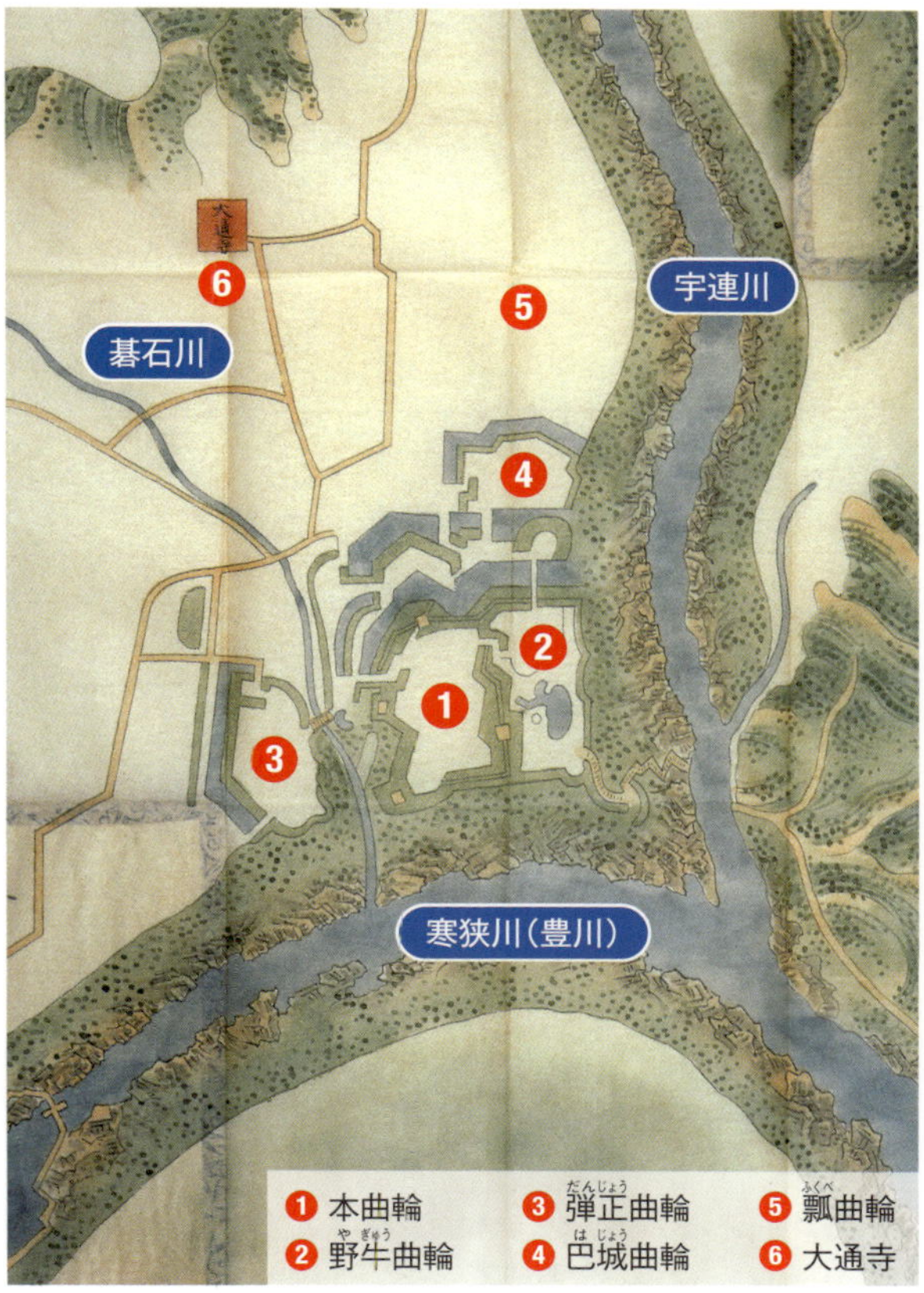

城の攻め方・守り方　戦の明暗を分けた馬防柵

馬防柵というのは、文字どおり、騎馬による突撃を防ぐための柵をいう。武田軍は騎馬で攻撃していないとの見解もあり、実際に武田軍が騎馬により攻撃をしたのかはわからない。ただし、織田信長の一代記を記した『信長公記』には「馬防の為、柵を付けさせられ」とあり、騎馬による攻撃を防ごうとして柵を築いたのは確かである。

馬防柵は、進軍を食い止めるため、山城や野戦での陣に築かれた。馬防柵の背後は、織田・徳川軍の陣であり、武田軍も、この馬防柵を突破できれば勝利していた可能性が高い。単純に、無謀な攻撃を繰り返して敗退したとはいえない一面もある。

当時の馬防柵は残っていない。「長篠合戦図屏風」などの絵画資料をもとにして、一部の馬防柵が復元されている。

合戦プラスワン　**人質**　服属の証しとして出す人質は、裏切ったときには殺される運命にある。奥平貞能が武田氏を離れて徳川氏についたことで、人質であった貞能の子・千代丸は処刑されてしまった。

静岡県

53

二俣城

▼蜷原城

遠州平野への出入口に建てられた堅城

武田勝頼が講じた二俣城攻略の奇策

二俣城は、浜松市の北方およそ20kmに存在した城である。かつては城の眼下を東から南へと二俣川が流れ、西を天竜川の急流によって守られた天然の要害で、唯一の攻め口となる北側の台地には空堀が切られて防御を増していた。遠州平野の扇状地は二俣の地を起点として南に広がるが、**信濃**から見れば山間部を抜けて遠江に至る出入口に当たり、また天竜川の水運を支配するための重要拠点である。

　１５７２年、**武田信玄**が大軍を率いて**西上作戦**を開始。子の**勝頼**を大将として二俣城を攻撃させたが、堅固な城はなかなか落ちない。このとき勝頼は、天竜川河畔に櫓があって、そこから水を汲み上げていることを見逃さなかった。上流から大量のいかだを流してぶつけ、**櫓の破壊**に成功する。水源を失った城兵は戦意を喪失して開城したという。

　遠江に出た武田軍は、続く**三方ヶ原の戦い**で**徳川家康**に快勝したが、折り悪く信玄が発病。西上作戦は急遽中止となり、帰国の途上で信玄は没した。その後、信玄を継いだ勝頼は１５７５年５月、**長篠・設楽原の戦い**で大敗。家康の反転攻勢をよんで、同年12月、再び二俣城は徳川氏の支配下に置かれた。

本丸に残る天守台石垣。

城地種類	平山城
築城年代	文亀年間（1501〜04年）
築城主	二俣昌長?
所在地	浜松市天竜区二俣町
アクセス	天竜浜名湖鉄道天竜浜名湖線「二俣本町」駅から徒歩

静岡県

54

浜松城

▼曳馬城 引間城

三方原台地に建つ家康ゆかりの近世城郭

信玄による西上作戦で家康が迎えた存亡の危機

三方原台地の東南端に建つ**浜松城**は、城域の最高所となる天守曲輪から東に本丸・二の丸・三の丸がほぼ一直線に並ぶ、**梯郭式**の**近世城郭**である。城の北側には台地に刻まれた谷が走って険しい崖を形成し、また南に城下が広がって敵の侵入を阻む堅城である。

　甲斐の**武田信玄**は、１５６８年12月、駿河に侵攻した。すると時を同じくして**徳川家康**も軍を東に向け、**曳馬城**を奪うと、翌１５６９年、**掛川城**に**今川氏真**を囲んで降伏させる。これにより駿河は信玄が、遠江は家康が領有することになるが、一方で家康は、信玄とその勢力圏を直に接することにもなった。すぐに家康は**岡崎城**から浜松城に本拠を移すが、これは、信玄の侵攻を受けた場合、すぐに対処できるように考えてのことである。

　信玄の**西上作戦**が開始されるのは１５７３年。**二俣城**を落とした武田の大軍は、籠城・長期戦を決め込む浜松城を挑発するように三方原台地を通過して見せた。家康は、まんまとおびき出され、武田軍の背後を襲うが、惨敗を喫した（**三方ヶ原の戦い**）。命からがら家康は浜松城に逃げ帰った。

野面積の天守台の上に建てられた模擬三重天守。

城地種類	平山城
築城年代	不詳
築城主	巨海新左衛門尉?
所在地	浜松市中区元城町
アクセス	JR東海道本線「浜松」駅からバス

城郭プラスワン

「曳馬城」から「浜松城」へ

家康は、それまでの曳馬城を浜松城と改称して新城の建設を進めたが、これは「曳馬」の名が馬を引くこと、つまり敗北につながって縁起が悪いとされたからだ。「浜松」の名は、同地の古い荘園名にちなんだものである。

愛知県

55

岡崎城

▼龍城　龍燈山城

天下を統一した徳川家康の生誕城

突然の斬殺劇で訪れた松平氏の苦渋の時代

岡崎城は、乙川および矢作川の合流地点、龍頭山とよばれる丘陵に建つ。**徳川家康**が**生誕**した城として知られ、家康の産湯の井戸が残されるほか、石垣や水堀などに往時の姿をよく残す史跡である。もとは三河守護代・西郷氏が室町中期に築いたもので、のちの豊臣政権下、岡崎城主とされた**田中吉政**によって近世の平城へと改修された。

西三河を地盤とした**松平清康**（家康の祖父）が、岡崎城を奪うのは1524年のことである。以後、岡崎城を拠点とした清康は勢力を拡大、1529年に三河を平定した。

勢いに乗る清康は1535年、1万余りの大軍を率いて尾張に侵攻、**守山城**を攻撃した。ところがその陣中でのこと、清康は家臣・**阿部正豊**に斬り殺されてしまった。享年25。清康に不満をもつ叔父・松平信定の策略だともいう。

事件の後、わずか9歳で父を失った**広忠**は、大叔父・信定によって岡崎城を追われ、伊勢に避難・流浪する憂き目に遭った。また、広忠の子として家康が生まれるのは1543年のことだが、6歳の頃には今川氏に人質となることが決められて、家康は、少年時代を父母から離されて成長していくことになった。

家康が誕生した城として重視された岡崎城。

城地種類	平城
築城年代	享徳・康正年間（1452~1457年）
築城主	西郷稠頼
所在地	岡崎市康生町
アクセス	名鉄名古屋本線「東岡崎」駅から徒歩

愛知県

56

清須城

▼清洲城

織田信長による尾張平定の舞台となった城

200年にわたって続いた清須城の繁栄

清須城は、東西交通の要地に立地して、その創建からおよそ200年にわたって尾張の政治・経済の中心となった城である。城が築かれたのは15世紀初頭、尾張守護を務めた管領・**斯波義重**によるものとされるが、斯波氏は**応仁の乱**で一族が分裂して闘争したのをきっかけとして弱体化の一途を辿り、代わりに守護代の**織田氏**が権力を占めるようになると、その一族が尾張各地に散らばってそれぞれ勢力を養っていった。

織田信長が父・**信秀**から与えられた**那古屋城**から清須城へと居城を移すのは、1555年のことである。以後、およそ8年を信長はこの城で過ごすが、その間、信長は尾張統一を果たし、1560年の**桶狭間の戦い**ではここから出陣し**今川義元**を討っている。また、1562年には**徳川家康**を城に招いて**清須同盟**を結んだ。信長没後は、清須城を相続した次男・**信雄**によって、三重の堀を持つ巨大城郭へと整備されている。

徳川幕府の成立を経た1610年、新しい政治の中心として**名古屋城築城**の**天下普請**が開始されると、清須の住民や建物、財物のほとんどが名古屋へと移されてしまい、清須城は打ち捨てられて、城下もさびれた。

清須城の模擬天守。

城地種類	平城
築城年代	1405（応永12）年頃
築城主	斯波義重
所在地	清須市一場
アクセス	名鉄名古屋本線「新清洲」駅から徒歩

歴史プラスワン

後継候補から外れた織田信雄

織田氏の後継者を決める清須会議で、秀吉は信忠の子三法師（秀信）を推し、対抗する柴田勝家は信孝を推した。信雄が候補から外されたのは、伊勢北畠氏の家督を継いでいたことが不利に働くと見なされたからである。

岐阜県 57

岐阜城

美濃を平定した織田信長が新しく拠点にした城

▼稲葉山城　金華山城

城地種類	山城
築城年代	1567（永禄10）年
築城主	織田信長
所在地	岐阜市天主閣
アクセス	JR東海道本線「岐阜」駅、名鉄名古屋本線「名鉄岐阜」駅からバス

MAP

稲葉山城の戦い（制作＝成瀬京司）

信長は、稲葉山城を完全に包囲した。抵抗の不利を悟った龍興はついに降伏。船で長良川をくだり、伊勢長島へと落ち延びていった。

城合戦 稲葉山城の戦い

▶ 1567（永禄10）年

勝 織田信長軍（不明）

VS

負 斎藤龍興軍（不明）

稲葉山城包囲網

小牧山城を居城とした信長は、長良川下流の墨俣城を拠点に、安藤守就、稲葉一鉄、氏家卜全ら西美濃三人衆を味方につけたうえで、稲葉山城を包囲した。

金華山遠望

長良川の対岸から遠望した岐阜城。山頂に建てられているのは復興天守である。

人物プラスワン　**斎藤龍興**（1548〜1573）　斎藤義龍の子で、斎藤道三の孫にあたる。居城の稲葉山城を織田信長に攻められたため、伊勢長島に落ちのびる。のち越前の朝倉義景を頼り、朝倉氏と運命をともにした。

岐阜城天守

1956年に鉄筋コンクリートで建てられた天守。岐阜城の天守を移築したと伝わる加納城御三階櫓を模しており、内部は資料館になっている。

巨石列　信長居館には、巨石が用いられていた。防御のためというよりは、見せるための石垣であったと思われる。

冠木門　岐阜城の山麓にあった信長居館の門として復興された。

石垣　信長居館の石垣。さらに下の地層からは、斎藤氏時代のものとみられる石垣も見つかっている。

稲葉山城から岐阜城へ

岐阜城は、もとの名は**稲葉山城**といった。金華山に築かれていたことから、**金華山城**ともいう。戦国時代には、美濃の戦国大名・斎藤氏三代の居城であった。

美濃の攻略をめざす尾張の**織田信長**が、1567年、四方に柵をめぐらして稲葉山城を**包囲**する。斎藤氏の家臣が離反するなか、**斎藤龍興**は長良川をくだって伊勢長島に落ちのび、稲葉山城に入城した信長は、岐阜城と改めて居城とした。

信長によって**山頂**には**天守**が建てられ、**山麓**には**居館**が構えられたという。その後、城主は信長の嫡男・**信忠**、信長の三男・**信孝**と変わり、**池田輝政**を経て信忠の子・**秀信**が入った。しかし1600年の**関ケ原の戦い**では、秀信が西軍・**石田三成**についたため、東軍に攻撃され、わずか1日で落城してしまう。

戦後、岐阜に封じられた**奥平信昌**が**加納城**に居城を移したことで、岐阜城は廃城となった。現在は1956年に復興された天守が建ち、山麓の居館跡は**千畳敷**とよばれ、公園となっている。

合戦プラスワン　鹿垣

鹿などの害獣を防ぐため、竹や枝つきの木で粗く編んだ垣を鹿垣という。戦国時代に城を包囲する際、周囲を鹿垣で取り囲み、兵糧や弾薬が運び込まれないようにした。

愛知県

58

小牧山城

▼小牧城

平野を一望する要害に建つ山城

信長・家康が拠点とした濃尾平野の戦略的要地

濃尾平野の中央に位置する小牧山の標高は約85m。平野を一望に見下ろす要地である。**織田信長**がここに城を築いて**清須城**から移るのは1563年。美濃の**斎藤龍興**を攻略しようと、本拠地を北へ前進させたのである。築城の甲斐あって1567年に龍興を滅ぼすと、信長は**岐阜城**に居城を移して**小牧山城**は廃城とされた。

小牧山山頂に建つ天守風資料館。

信長がの没後、天下統一の事業は**豊臣秀吉**が継承することになった。信長の次男・**信雄**は秀吉に与して**柴田勝家**および信長の三男・**信孝**を滅ぼすが、やがて秀吉との仲は冷え、危機感を抱いた信雄は1584年、**徳川家康**とともに秀吉打倒を訴えて挙兵した（**小牧・長久手の戦い**）。秀吉はすぐに10万の大軍を率いて信雄の本拠地・尾張へと侵入した。兵力2～3万と劣勢の**信雄・家康連合軍**だが、家康がいち早く要衝**小牧山**を占拠したことで戦いは膠着し、長期戦の様相を見せた。

しかし26歳と若い信雄は政治的にも未熟であった。老獪な秀吉に懐柔されて信雄が家康に無断で単独講和を結ぶと、織田家の後継者争いという大義名分を失った家康は停戦・撤退を余儀なくされるのである。

現在では、山全体に堀や土塁が良好に残る史跡公園として親しまれている。

城地種類	山城
築城年代	1563（永禄6）年
築城主	織田信長
所在地	小牧市堀の内
アクセス	名鉄小牧線「小牧」駅からバス

岐阜県

59

郡上八幡城

▼積翠城　郡城　虞城

奥美濃を支配した遠藤氏の居城

織田信孝への臣従が招いた郡上八幡城からの追放

深い渓谷の合流点に建ち、石垣と**模擬天守**の美しい**郡上八幡城**は、1559年、郡上一円の支配権を得た**遠藤盛胤**によって築かれたものである。築城から4年後に盛胤は没し、長男・**慶隆**がその跡を継いだ。

慶隆は父と同じく**斎藤龍興**の家臣となり、龍興が滅んでからは**織田信長**に出仕、さらに信長によって嫡男**信忠**が美濃国主とされるとこれに属するといったように、ほぼ一貫して美濃を支配下に置く大勢力に従属することで領地を保ち続けた。**本能寺の変**ののちも美濃国主となった**織田信孝**に従ったが、**柴田勝家**と通じて**秀吉**に抵抗した信孝が、秀吉と兄・**信雄**に岐阜城を攻められて降伏、自害させられると、1588年、慶隆は信孝に与したことを咎められて郡上八幡城を取り上げられてしまう。郡上八幡城は、秀吉配下の**稲葉貞通**に与えられ、貞通によって近世城郭として整備された。

本丸に建てられた模擬天守と隅櫓。

ところが、慶隆が城を奪回する機会は、秀吉の死後の1600年に訪れた。**関ヶ原の戦い**において稲葉貞通が西軍に属すると、慶隆は**徳川家康**の援助を得て郡上八幡城を攻撃。戦後、その功績から城の回復が許されて、慶隆は郡上藩2万7000石の初代藩主となるのである。

城地種類	平山城
築城年代	1559（永禄2）年
築城主	遠藤盛数
所在地	郡上市八幡町
アクセス	長良川鉄道越美南線「郡上八幡」駅からバス

人物プラスワン

稲葉貞通（1546～1603）

関ヶ原の戦いで稲葉貞通は、はじめ西軍に属したが、すぐに東軍に寝返った。そのため東軍の遠藤慶隆と郡上八幡城をめぐって戦いながらも、慶隆とともに加増され、豊後臼杵藩（大分県臼杵市）の初代藩主となっている。

三重県

60

伊賀上野城

▼白鳳城　上野城

伊賀盆地の中央に建つ高石垣の城

城地種類	平山城
築城年代	1585（天正13）年
築城主	筒井定次
所在地	伊賀市上野
アクセス	伊賀鉄道伊賀線「上野市」駅から徒歩

大坂城を守るための築城と大坂城を攻めるための改修

伊賀上野城は京に近く、また大和方面から東海道へと抜ける**交通の要地**に建つ。1585年、**豊臣秀吉**から**伊賀**を与えられた**筒井定次**によって、山頂を本丸として西に二の丸、北側麓に三の丸が築かれた近世城郭であるが、これは東海道筋を拠点とする**徳川家康**を牽制し、畿内に入る敵があればこれを迎撃することを期待されての築城である。

しかし秀吉が没し、徳川幕府が成立すると、1608年、定次は領地を没収されてしまった。いまだ諸大名への影響力を保つ秀吉の子・**秀頼**との関係が幕府から警戒されたのである。

定次の後、伊賀上野城に入るのは、築城の名手として知られ、家康からの信頼も厚い**藤堂高虎**である。高虎は1611年から城の大規模改修に着手し、本城を西側に拡張して天守を西に移し、城の西に深い溝を掘り、さらに高石垣を築いて曲輪を囲んだ。西側の防衛強化に主眼が置かれたのは、もちろん秀頼との戦いを想定してのことである。

しかし1615年、戦禍が当地に及ぶことなく、**大坂夏の陣**に家康が勝利し、豊臣家は滅亡。ほどなく高虎は陸海運に利便な**津城**に本城を移し、軍事的必要の薄れた伊賀上野城はその**支城**とされた。

天守台に木造で建てられた模擬の天守と小天守。

三重県

61

松坂城

▼松阪城

商業都市松坂を生んだ蒲生氏郷の城

城地種類	平山城
築城年代	1588（天正16）年
築城主	蒲生氏郷
所在地	松阪市殿町
アクセス	JR紀勢本線「松阪」駅から徒歩

文武両善の武将が築いた松坂城と城下の繁栄

蒲生氏郷は、**織田信長**から**豊臣秀吉**に至る、天下統一に向けた多くの合戦で武勲を挙げ続けた一方で、儒教や仏教、和歌や連歌に明るく、茶人・**千利休**の高弟とされるなど文化・教養にもすぐれた人物である（⬇P88）。その氏郷が近江日野6万石から伊勢松ヶ島12万3000石へと加増・転封となるのは1584年、**小牧・長久手の戦い**での戦功によるものであった。

松ヶ島城は、信長の次男・**信雄**によって整備されて伊勢統治の中心となった城である。伊勢湾を東に臨んで周囲を入江・堀で囲まれる要害であったが、氏郷は松ヶ島よりも大規模な城の建築が可能だとして**四五百森**の丘陵を城地に選ぶと、1588年、城下町全体を阪内川および水堀で囲む松坂城の建築を開始。城下町建設にあたっては、松ヶ島の住人を移住させるとともに旧領の近江日野から商人を誘致して**楽市楽座**の制を布き、港町に伊勢大湊の豪商・角屋氏を招聘して、今日に続く商業都市松阪の礎を築いた。

1590年、秀吉から奥州および関東の押さえと期待されて氏郷は会津若松へと移った。42万石への大栄転であったが、氏郷は「辺境ではどうやって武勲を挙げることができるのか」と悔し涙を流したと伝わる。

本丸に向かう中御門跡の石垣。

城郭プラスワン　**総構**

異民族の侵入が少なかった日本では、西洋や中国大陸のような城壁都市は発展しなかった。それでも戦国時代後半になって商業が復興・発展すると、その基盤となる城下町を堀や防塁で守る「総構」の城が主流となった（➡P61）。

3 加藤清正

猛将としての実戦経験に基づき、鉄壁防御の城を実現した

人物紹介

1562年、尾張に生まれる。幼少期から豊臣秀吉に仕え、数々の戦に参陣。賤ヶ岳の戦い(1582年)では「賤ヶ岳の七本槍」のひとりに数えられ、また、虎退治伝説で知られる文禄・慶長の役での活躍で知られる。関ヶ原の戦いの後には、徳川家康から肥後一国を拝領。1610年、熊本城で病没。

名古屋城(➡P90)天守台

石垣の名手・加藤清正は、名古屋城の天下普請では天守台建設を受けもった。

清正流高石垣と迷路

武闘派で知られる**加藤清正**が初めて築城に携わったのは、豊臣秀吉の**大坂城**であった。このときは**築城見廻り役**で、秀吉に普請現場の状況報告をする程度の役割であったが、1591年には**肥前名護屋城**築城の指揮を任されている。そして朝鮮出兵で海を渡った清正は、約7年間異国で苛烈な戦いを続けた。清正の築城法には、このとき日々敵城を攻め、そして自軍の城を構築して守った経験が、少なからず影響していると考えられる。

その真骨頂が、**熊本城**である。下部は緩やかで、上部になるに従って急激な上昇カーブを描くように反り返る、**清正流**とよばれる高石垣、そして枡形を多重に連続させ敵の侵入を妨げる複雑な縄張によるこの城の堅固さは、築城から250年以上も経過した西南戦争で実証されているとおりなのである。

4 藤堂高虎

豊富な実績から、合理主義的築城法を編み出した新進かつ

人物紹介

1556年、近江に生まれる。当初は近江の戦国大名・浅井長政に仕え、浅井家滅亡後はいくつかの士官先を経て、豊臣秀長に臣従。そして秀長没後は、豊臣秀吉、さらに秀吉没後は徳川家康に仕えた。なお、家康には外様大名でありながら譜代大名格として重用された。1630年江戸の藩邸で死去。

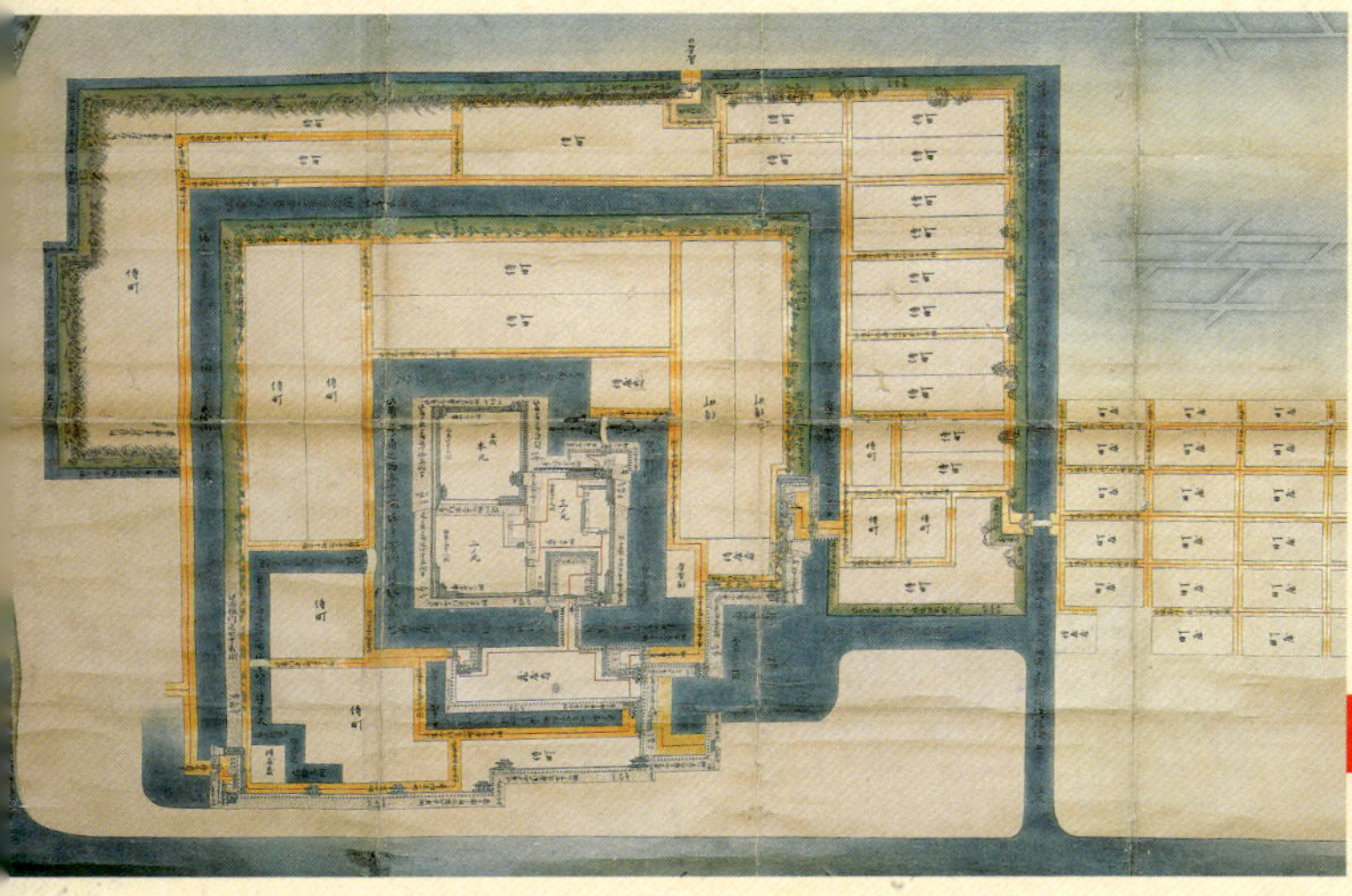

伊予今張(今治)城(➡P156)図

無駄を極力排し高い防御を実現した、高虎の縄張の代表作。(今治城所蔵)

日本初の層塔型天守

大洲、宇和島、今治、津、伊賀上野の自らの居城5城を築き、その他にも和歌山、名古屋、江戸など徳川将軍家の主要な城郭の縄張や築城の指揮を担当、実に生涯に20城ほどの築城に携わった**藤堂高虎**。この戦国時代を通じて最も多くの城を築いたといわれる高虎が終生追究したのが、**合理主義**に則った**機能美**であった。

その傑作といわれる今治城は、海と河川を天然の堀とし、さらに内側に広い水堀と**直線的な高石垣**で、**矩形の曲輪**を守り固めるシンプル構造の縄張。そして、下部から上部へと規則的に各階を積み重ねる構造の**層塔型天守**を構えた。この清楚なシルエットが美しい天守は、用材の規格化も可能で、建設工期を短縮も可能なうえ、移築にもしやすいということがあり、徳川政権の天守のスタンダードとなっている。

第 5 章

名城探訪

近畿地方

京都府

62

二条城(にじょうじょう)

江戸幕府の典礼・儀式の場にして、都人に将軍の権威を知らしめた

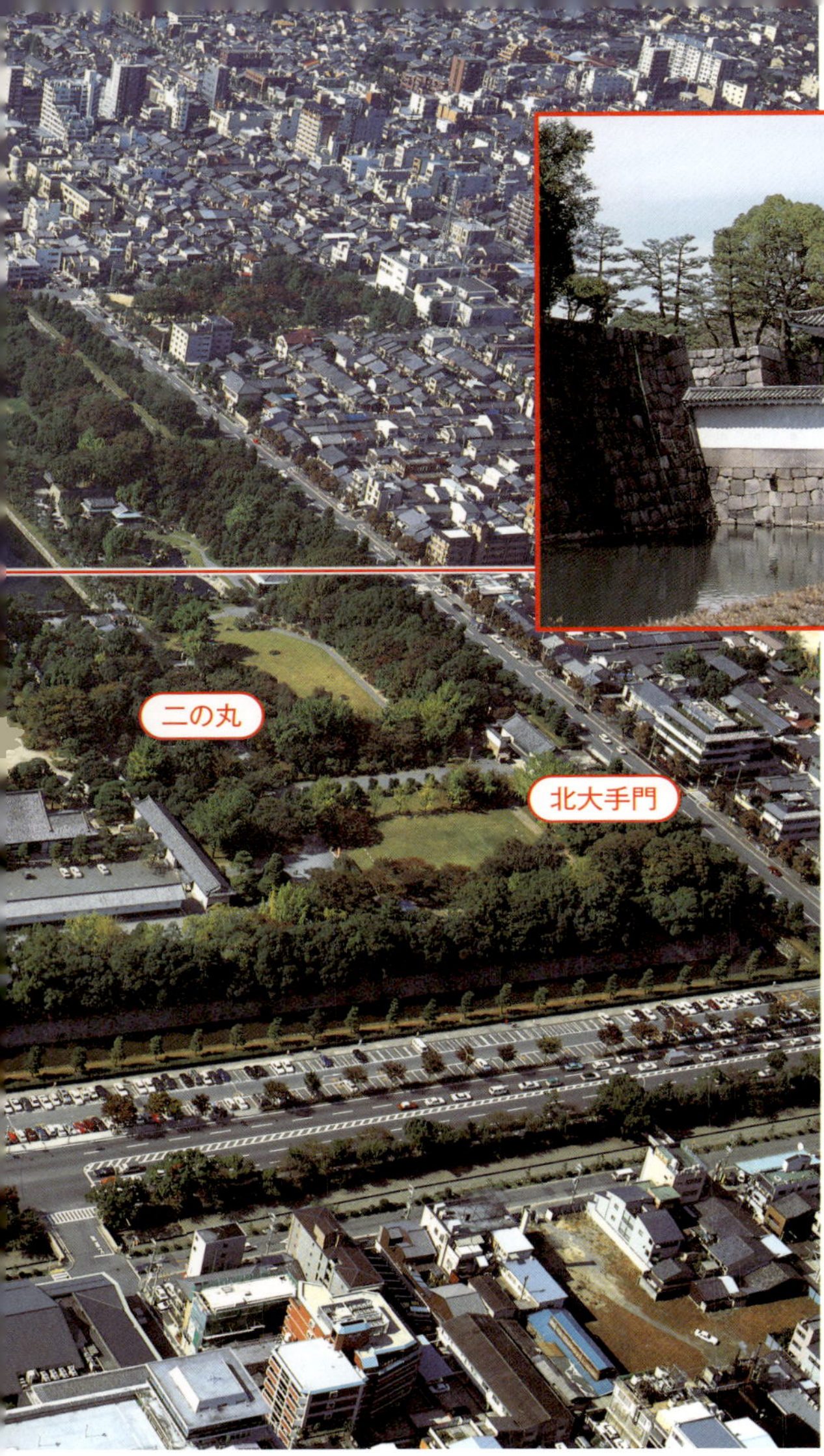

本丸東櫓門

二の丸と本丸をつなぐ門。往時は手前(写真右)の橋が、上階が廊下になった橋廊下(はしろうか)になっていて、この櫓門に接続されていた。

二の丸西南隅櫓(せいなんすみ)

外堀の西南隅に位置する現存の二重櫓。初重は4間(約7.2m)四方と東南隅櫓より一回り小さく、初重屋根には唐破風(からはふ)があしらわれている。

二条城跡空撮

二条城天守復元CG(復元＝三浦正幸、制作＝株式会社エス)

現存の天守台の上に、1750年に焼失した天守を再現。この天守は、1624年から始められた拡張工事で、伏見城天守を移築改造したもので、均整の取れた層塔型(そうとうがた)のフォルムに各重を装飾する破風など、将軍家の城の品格が漂う。

城地種類	平城
築城年代	1602(慶長6)年
築城主	徳川家康
所在地	京都市中京区
アクセス	京都市営地下鉄東西線「二条城前」駅から徒歩

MAP

城郭プラスワン　旧二条城

実は、家康以前に織田信長も二条城を築城している。場所は徳川二条城と異なり、現・京都府庁と京都御苑の間。天主と二重の堀と石垣を有する堅固な城で、室町幕府最後の将軍・足利義昭の居城としたのだった。

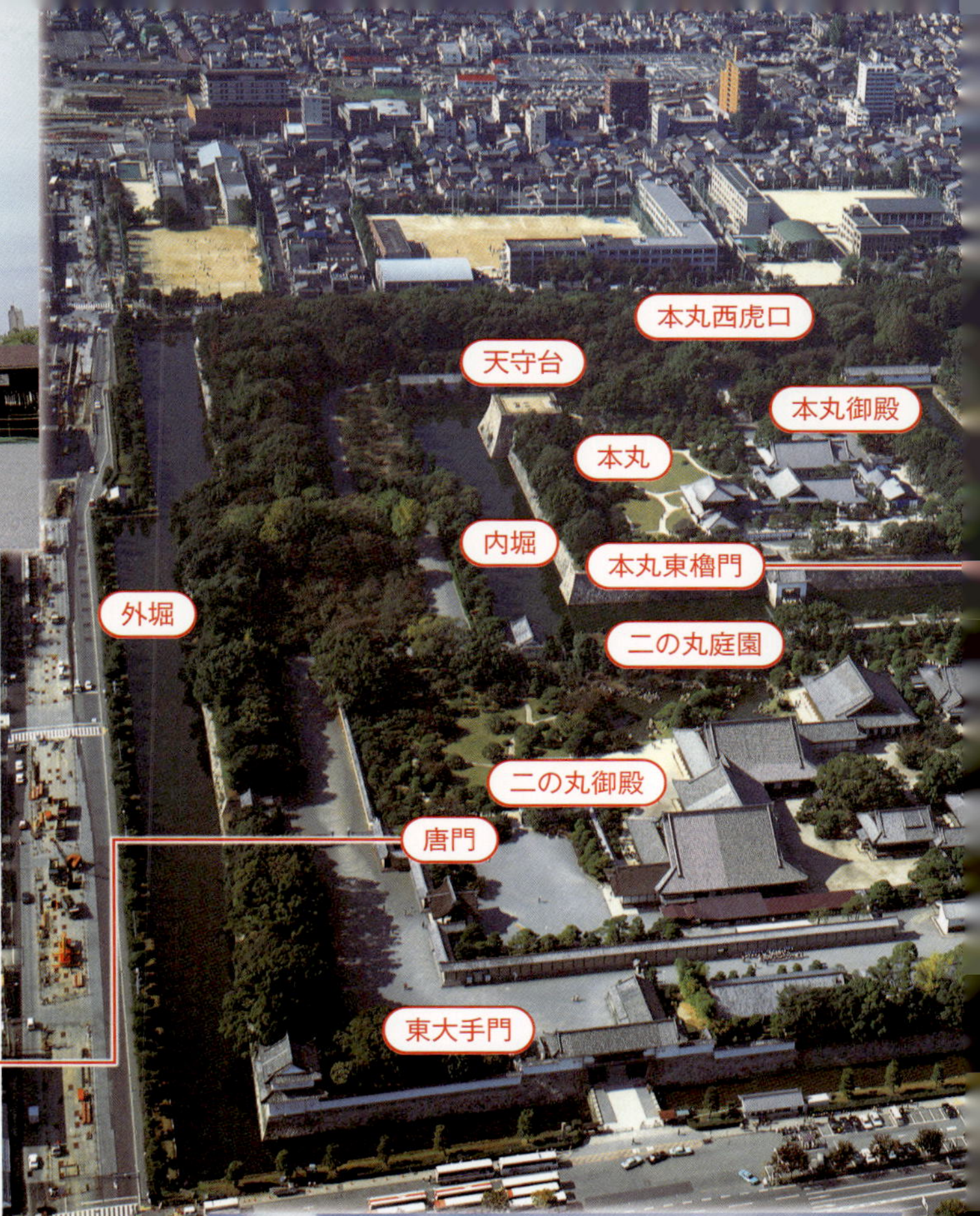

唐門

二の丸御殿の正門に当たり、正面、背面ともに設えられた唐破風、色鮮やかな彫物や豪華な飾り金具が、この門の格式と桃山文化を伝える。

遠侍と車寄

奥の巨大な入母屋屋根が遠侍で、二の丸御殿最大の建物。ここの主室は将軍が天皇の勅使と対面する勅使の間で、西側には大名らの控え室となる式台、その奥には大広間が連なる。写真手前の檜皮葺の屋根に極彩色の装飾が施された建物が、遠侍の玄関になる車寄。

二の丸御殿大広間(一の間・二の間)

将軍と大名が対面する場となる大広間の主室、15代将軍・徳川慶喜が大政奉還を告げた部屋として知られる。奥の一段高いところが一の間(上段の間)で48畳、手前が二の間(下段の間)で44畳。松に孔雀を配した雄大な障壁画で飾られる。

二の丸東南隅櫓

東大手門のすぐ南、外堀の東南隅に位置する現存の二重櫓。初重5間(約9m)四方の巨大な櫓で、初重屋根には千鳥破風があしらわれている。

日本の歴史が動いた大舞台

徳川家康が京での宿所として、1601年から二条城の造営を開始、2年後には天守を除いて完成。同年、**征夷大将軍**に補任された家康は、「**拝賀の礼**」のため、二条城から御所へ盛大な行列を組んだ。そして重臣や公家を迎えて、**将軍就任**の祝賀の儀を行ったのもこの城である。

以来、二条城は歴史転換の大舞台となっている。家康が豊臣秀頼と会見したのも、**大坂冬の陣**で本営としたのも二条城であった。

将軍就任の祝賀の儀も、3代**家光**まで行われており、二条城が現在残る形に整備されたのは、家光が**後水尾天皇の行幸**を仰ぐため行った大工事による。二条城は天守も構え、城地は御所にも比肩するほどの豪華な御殿や庭園で埋め尽くされ、都人に徳川将軍家の力を誇示した。家光の後は将軍の**上洛**は途絶えるが、幕末になって再度二条城は歴史の大舞台となる。孝明天皇の妹・和宮を正室に迎えた14代将軍**家茂**が、1863年に上洛。そして1867年、最後の将軍となった**慶喜**の**大政奉還**の舞台となった。

人物プラスワン

和宮
(1846〜1877)

仁孝天皇の第八皇女で孝明天皇の異母妹。外交政策を巡って食い違いが生じ始めた幕府と朝廷の関係修復のため、14代将軍・徳川家茂のもとに降嫁。家茂死後に落飾、静寛院宮と名乗った。

特集

石垣の見方

城を取り囲んで防御する「**塁線**」の一つが石垣である。同じようなスタイルで塁線を形成する土塁に比べてはるかに頑丈で高く、その上に天守や櫓などの建築物を建てることもできる。石垣を多く用いたのは、石垣の導入が早かった西日本の城であり、東日本の城の主体は土造りであった。これは西国の方が石垣の材料となる石材の入手が容易であったことにもよる。

石垣の石の加工程度によって**野面**、**打込ハギ**、**切込ハギ**があり、積み方によって**布積**と**乱積**に分けられたが、特に見上げるような高さの**高石垣**は見映えという点でもすぐれていた。より高く、より堅牢に築き上げるために、**反りと勾配**や**算木積**などの技術が磨かれた。高層建築である天守がそびえたのも、石垣技術の進展による。

石材の加工と積み方

打込ハギ布積

打込ハギ乱積

野面布積

野面乱積

大坂城

南関城

浜松城

大和郡山城

さまざまな石垣

(作成=三浦正幸)

野面積はほとんど加工しない自然石を積んだもの。打込ハギは石材を加工して石同士の隙間を減らしたもの。隙間には間詰石を詰める。切込ハギは完全に加工した石を積んで隙間をなくしたものである。それぞれに横目地が通らない乱積と、横目地が通る布積がある。

石垣のお化粧

手の込んだ江戸城の石垣

はつり仕上げ(上)とすだれ仕上げ(下)

技術的に発達した石垣は、城の防御施設としてだけでなく、見た目の美しさも兼備するように進化していった。石ノミで細かな点々を一面に打ちつけていく「はつり」、斜めや縦にすだれのような線を刻みつけていく「すだれ」などが、石垣の「お化粧」の代表的なものである。

小島陣屋

落積

横須賀城

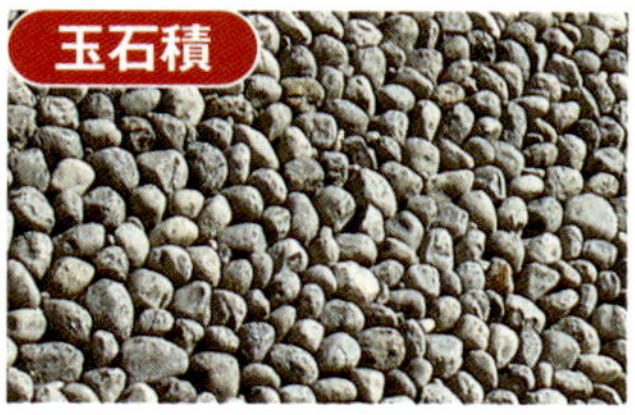
玉石積

小松城

亀甲積

切込ハギ布積

切込ハギ乱積

江戸城

金沢城

特殊な積み方

野面・打込ハギ・切込ハギのいずれにも該当しない積み方もある。落積は石材を斜めに落とし込んで積むもの。江戸時代末期以降によく用いられた積み方で、石材自体の重量によって石垣が安定するため、技術的には比較的容易だった。玉石積は丸い河原石を石材とした野面積。亀甲積は石材を六角形に加工したもので、石垣全体の中で部分的に採用されることもあった。

石垣の反りと勾配

伊賀上野城

上部の垂直にそそり立つ部分をもたない直線的な石垣。「宮勾配」ともよばれる。

丸亀城

この石垣では上部3分の1から反りがついて立ち上がる。寺院建築の屋根の曲線に似ていることから「寺勾配」ともよばれた。

石垣の反りと勾配

石垣の2分の1ぐらいまでは勾配のみで直線的である。そこから反りがついて急勾配になっていき、最後は、ほぼ垂直にそそり立つ。

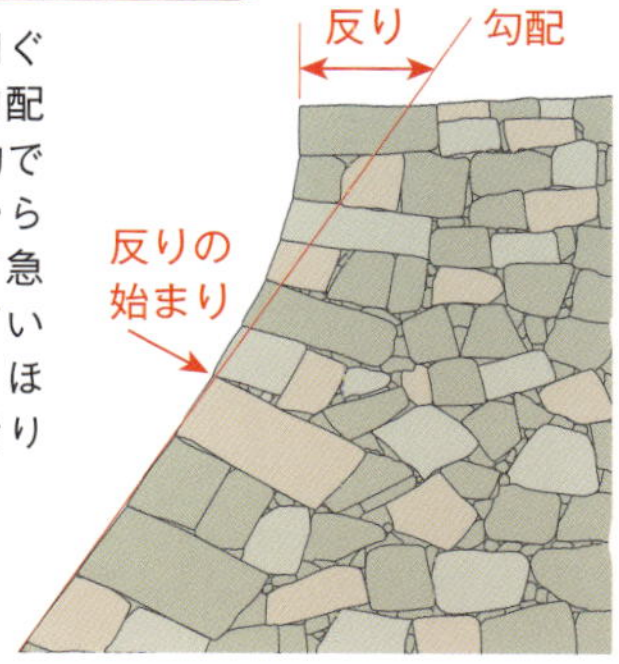

算木積

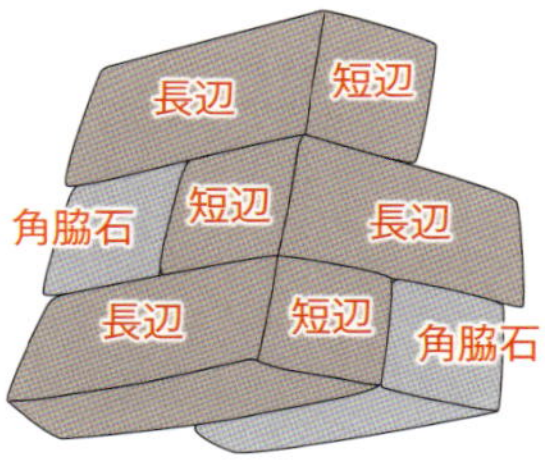

名古屋城天守台

完成期の算木積では、長辺が短辺の2〜3倍ある細長い石を長辺・短辺が互い違いになるように積み上げていく。形の整えられた角石の長辺で短辺を挟み込む形となって、隅角部の強度は格段に増した。

石垣の構造

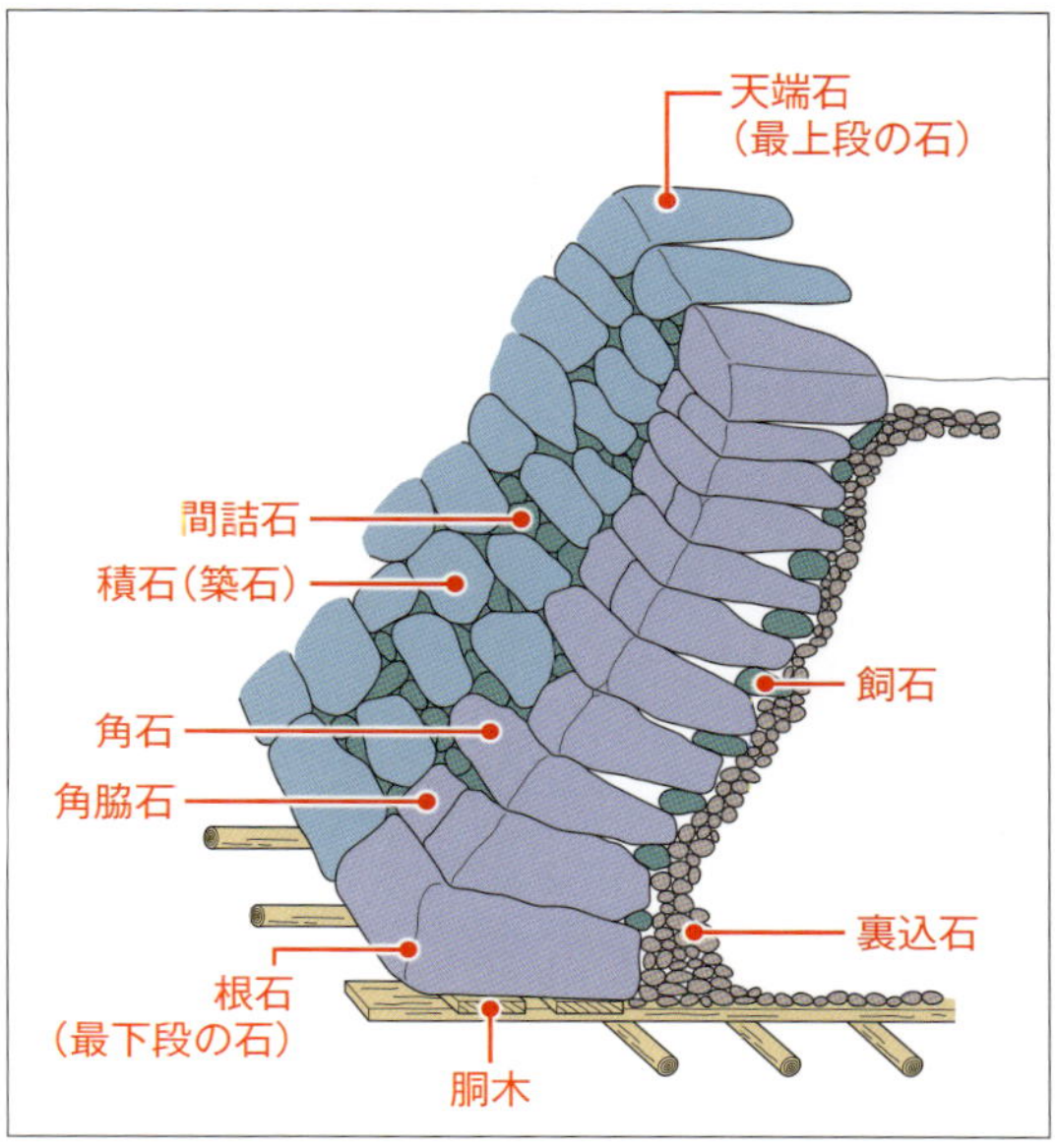

石垣の構造

角石と角脇石は石垣の隅部の石。隅部以外の石は積石とよばれる。石垣表面の隅間に詰められるものが間詰石で、後ろに詰められるものは飼石。石垣のさらに後方には排水・地盤固めのための裏込石が詰められた。

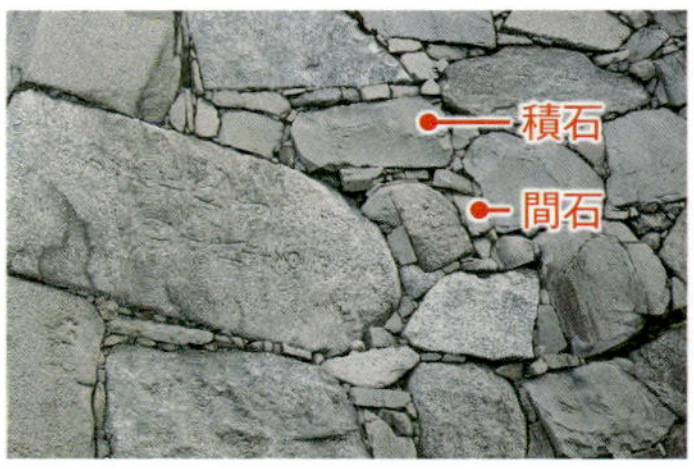

積石と間詰石
名古屋城

積石と積石の隙間をふさいだ石が間詰石で、間石ともよばれた。

算木積の発達

右上は観音寺城の石垣の隅角部。自然石の巨石をそのまま積み上げているだけで、算木積にはなっていない。左上は神戸城天守台の石垣。隅角部に細長い石が積み上げられているが、算木積は未完成である。下は徳川期大坂城の石垣で、切込ハギで形をきっちり揃えられた巨石が長辺・短辺交互に積まれ、角脇石も収まって補強している。

京都府 63

伏見城

関ヶ原の戦いの緒戦となった攻防戦の舞台

▼桃山城　伏見桃山城

城地種類	平山城
築城年代	1592（文禄元）年
築城主	豊臣秀吉
所在地	京都市伏見区
アクセス	JR奈良線「桃山」駅から徒歩

模擬天守

「洛中洛外図屏風」を参考に、遊園地「伏見桃山城キャッスルランド」内に建てられた模擬天守。遊園地は閉園となり、現在は立ち入ることができない。

「洛中洛外図屏風」中の伏見城

江戸時代前期の「洛中洛外図屏風」に描かれている伏見城。この伏見城は、豊臣秀吉の時代のものではなく、関ヶ原の戦い後に徳川家康が再建した伏見城であると考えられている。

関ヶ原の前哨戦で西軍に攻められ玉砕

伏見城は、厳密にいうと、三城が築かれている。最初に伏見城を築いたのは、**豊臣秀吉**であった。この伏見城は、**指月山**に築かれたことから指月城とよばれる。指月城は地震により建物が倒壊し、現在の城址の位置である**木幡山**に築き直された。この伏見城が木幡城である。

秀吉の死後、木幡城には**徳川家康**が入った。1600年、家康が謀反の咎で会津の上杉景勝を討つため東下したとき、家康の家臣・**鳥居元忠**が守る木幡城は、挙兵した**石田三成**の攻撃で落城してしまう。

戦後、大坂城の豊臣方に備えて再建された伏見城も、**大坂の陣**後は不要となり、廃城となる。建物は、近隣の寺社や大名に下賜された。

近代になって、城跡の大部分は明治天皇の**伏見桃山陵**となり、遊園地内に模擬天守も建てられた。

鳥居元忠像

鳥居元忠は、家康が今川義元の人質になっていた頃からの近臣。伏見城の戦いでは、最後まで西軍を食い止め、壮絶な討ち死にを遂げた。享年62歳。子孫は下野壬生藩主になっている。

MAP

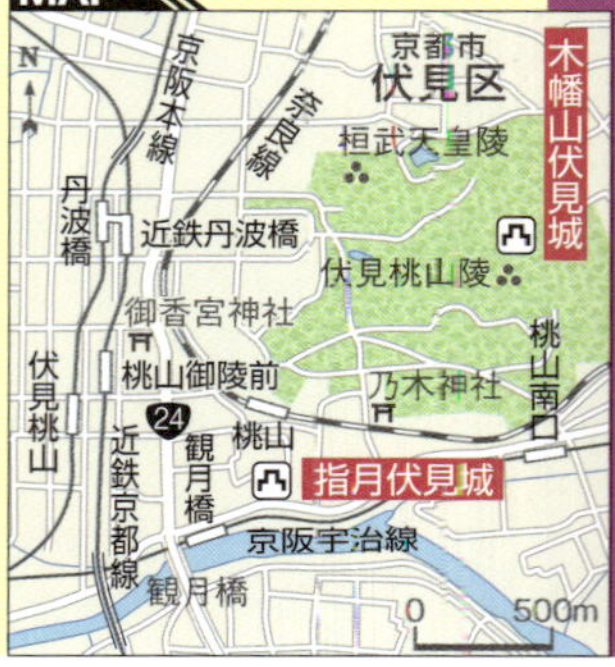

城郭プラスワン　巨椋池

伏見城は、宇治川が形成する巨大な巨椋池に面する水城だった。ただし、近代以降の埋め立てによって巨椋池は消滅し、今では水城であった頃の面影はまったくない。

桃山陵　伏見城の本丸跡は、明治天皇の伏見桃山陵となっている。鳥居のある場所が四の丸にあたる。

御香宮神社表門　神功皇后を主祭神とする古社。伏見城の大手門を移築したと伝わっている。幕末の鳥羽・伏見の戦いでは、新政府軍の本営にもなった。

土塁跡　伏見城の周囲には、惣構が設けられていた。この写真は、土塁の断面。市街化が進んだため、伏見城の遺構は多くない。

城合戦

伏見城の戦い

▶ 1600（慶長5）年

勝 石田三成軍（約4万人）

VS

負 鳥居元忠（約350人）

伏見城の戦い（制作＝成瀬京司）

石田三成率いる西軍は、7月19日から攻撃を開始。29日には、三成自身も出馬し、8月1日に落城した。城将鳥井元忠以下の城兵は玉砕している。

伏見城の戦い要図

伏見は、洛中と大坂を結ぶ中心に位置し、水上交通、陸上交通の要衝だった。7月19日、宇喜多秀家らが伏見城を攻撃、7月29日には、石田三成も自ら指揮をとっている。

合戦プラスワン　**血天井**

合戦後、戦死者を供養するため、自害した城の床板を寺院の天井に張り替えることがあったという。こうした天井は「血天井」とよばれ、伏見城の床板も京都の寺院に移されたと伝わっている。

滋賀県 64

長浜城

▼今浜城

豊臣秀吉が初めてもった城

琵琶湖の湖上交通を重視した城

1573年、それまで北近江地方を支配していた浅井長政が織田信長に滅ぼされ、その遺領は浅井攻めで功績のあった**豊臣秀吉**に与えられた。秀吉は翌年、浅井氏の居城であった小谷城の南西、琵琶湖の東岸に位置する**今浜**の地に新たな城を建設。後に戦国の覇者となる秀吉が、初めて城持ち大名となったのである。このとき、地名も長浜と改名、城の名も長浜城とされた。このため長浜城は、秀吉の築城や城下町経営をひもとく有力な手掛かりとして注目されるが、当時の記録は現存しておらず、どのような建築があったか定かでない。

江戸時代に描かれた絵図を頼りに推定されるのは、本丸の西側は琵琶湖の中まで高石垣が築かれていて、城内に三か所以上の港があり、**湖上交通**をかなり重視した造りになっていたことである。

また信長の死後、その後継を柴田勝家と争った**賤ヶ岳の戦い**で、秀吉が侵攻拠点としたのもこの城であった。以降、秀吉配下の**山内一豊**が城主を務めたことでも知られるが、1615年には、一国一城令により廃城となっている。現在、湖岸にそびえる模擬天守は、1983年に建築された。

城跡に建つ天守風歴史博物館。

城地種類	平城
築城年代	1574（天正2）年
築城主	豊臣秀吉
所在地	長浜市公園町
アクセス	JR琵琶湖線「長浜」駅から徒歩

滋賀県 65

観音寺城

▼佐々木城

石垣で築かれた最古期の山城

応仁の乱で三度敵を撃退した堅城

観音寺城は『太平記』にも記述のあることから、南北朝時代に近江の守護職にあった（**佐々木**）**六角氏頼**によって築城されたことが有力視されている。**応仁の乱**では三度戦場となるが、六角氏がいずれも敵を撃退したことで中世を代表する堅城の誉れも高い。

城地は琵琶湖の南東、標高約443mの繖山一帯に広がり、山頂部下から南西に延びる尾根筋に沿って本丸以下の曲輪が階段状に連なる。戦国時代を通じても最大規模の巨城であることももちろんだが、この城の特徴は、**石垣**が随所に採用されていることにある。戦国時代末期からは、石垣を多用した築城が全国的に一般的となるが、この観音寺城は織田信長の安土城にも先行する。ここの石垣は、当時としては先駆的であったと考えられる。今日でも大手口の石段や本丸搦手の**食違虎口**、六角屋敷跡や平井丸の虎口に残る**高石垣**など良好に保全されている。

そんな観音寺城も、1568年、足利義昭を奉じて京へ上る織田信長の猛攻の前に、城主**六角義賢**・**義治**の父子は城を捨て逃亡。その後、廃城となった。

本丸搦手口に残る石垣。

城地種類	山城
築城年代	1335（建武2）年？
築城主	六角氏頼
所在地	近江八幡市安土町ほか
アクセス	JR東海道本線「安土」駅から徒歩

合戦プラスワン **応仁・文明の乱**

室町幕府8代将軍・足利義政の将軍職移譲に端を発し、細川勝元や山名宗全をはじめとする有力守護大名の抗争が全国に飛び火。戦国時代に入るきっかけとなった内乱で1467（応仁元）年から1477（文明9）年まで続いた。

滋賀県

66

小谷城（おだにじょう）

北近江を支配した浅井3代の居城

城地種類	山城
築城年代	1525（大永5）年頃
築城主	浅井亮政
所在地	長浜市湖北町
アクセス	JR北陸本線「河毛」駅から徒歩

織田信長も苦戦した城攻め

標高約495mの**小谷山**山頂から南に延びる二筋の尾根に曲輪を連ねた小谷城。現在、建築物は残ってはいないが、尾根を大きく掘削した巨大な**堀切**や、**土塁**、曲輪の要所に残る**石垣**などから、かつてのこの堅固さをうかがい知ることができる。

本丸跡に残る石垣と土塁。

近江守護・京極氏の家督争いに乗じて、北近江地域を手中にした**浅井亮政**は、南近江の六角氏の侵攻を受けるが、北の浅井氏と同盟し、この城で六角軍を退けている。その後、**久政**、**長政**の3代にわたり小谷城は**浅井家**の居城となった。

長政は織田信長の妹・お市を正妻に迎え、当初は信長に恭順。ところが1570年、信長が、長政が祖父の代からの同盟者である**朝倉氏**を攻めると離反。**金ヶ崎の戦い**では、信長を窮地に陥れた。そして同年の**姉川の戦い**では朝倉氏と連合して信長と戦うが敗退。しかし信長も、続けて力任せに攻めてこの堅城を落とすことはできなかった。信長は長政の重臣を順次寝返らせ、さらに同盟の朝倉氏を滅ぼし、ようやく孤立した小谷城を落としたのであった。

それから小谷城へは、豊臣秀吉が入城するが、秀吉が長浜城を築いて移ると廃城となった。

京都府

67

福知山城（ふくちやまじょう）

▼横山城　臥龍城

交通の要衝に築かれた明智光秀の居城

城地種類	平山城
築城年代	1579（天正7）年
築城主	明智光秀
所在地	福知山市字内記
アクセス	JR福知山線「福知山」駅から徒歩

光秀の善政が伝わる丹波統治の拠点

但馬、丹後、山城を結ぶ交通の要衝、由良川と土師川の合流点の断崖、福知山盆地を見晴らす高台に建つ福知山城。1579年、平定した丹波一国を織田信長から拝領した**明智光秀**が、**領国経営**の拠点として築城したものである。

光秀が縄張した当時の絵図などはなく、築城当初の姿を伝える史料は乏しいが、堤防を設けて由良川の流路を変更し、**城下町**を形成して地域の**経済振興**を図ったことなどが、光秀が行った善政として伝えられている。また当初の天守は、御殿の上に物見櫓を載せたような形状で、安土城同様に近世の天守には見られない居住設備を備えたもので、天守建築草創期ならではの特徴をもっていたと推定されている。

やがて光秀は、**本能寺の変**を起こし、その直後に山崎の戦いで豊臣秀吉に敗れて死んだ。その後、この地には、関ヶ原の戦いで徳川方として戦った**有馬豊氏**が入り、城郭と城下町を完成させている。そして江戸時代初期には、城主が次々と代わるが、1669年に常陸の土浦から**朽木氏**が入城。以降明治維新を迎えるまで同氏によって福知山城は治められた。

本丸跡に復興された三重天守。

人物プラスワン　**浅井三姉妹**

浅井長政と織田信長の妹・お市の娘で、長女・茶々は豊臣秀吉の側室となり秀頼を生む。二女・お初は、京極家に嫁ぎ、三女・お江は徳川秀忠に嫁ぎ家光を生んでいる。この3人が育ったのが小谷城であった。

兵庫県 68

竹田城

▼虎臥城

「天空の城」と称される、総石垣で築かれた山城の傑作

竹田城遠望

「天空の城」「日本のマチュピチュ」とよばれる代表的な光景。日中との寒暖差が大きくなる、9月から11月の風が弱いよく晴れた日の朝方には雲海が発生することが多い。

大手口

登城路から鍵の字に曲がって北千畳に入る構造で、その先には左右の櫓台が残る。侵入者に対し側面攻撃のしやすい、厳重な虎口（出入口）である。

本丸天守台

標高約354mの虎臥山山頂付近に築かれた天守台の石垣は、高さが約10mで、城内で最高所となっている。

南千畳

本丸の南に続く南二の丸の先に設けられた南千畳の曲輪。本丸からは二段階ほど低くなる。山頂付近の地形を活用した巧みな縄張が見て取れる。

城地種類	山城
築城年代	1443（嘉吉3）年頃
築城主	山名宗全
所在地	朝来市和田山町
アクセス	JR播但線「竹田」駅 から徒歩

MAP

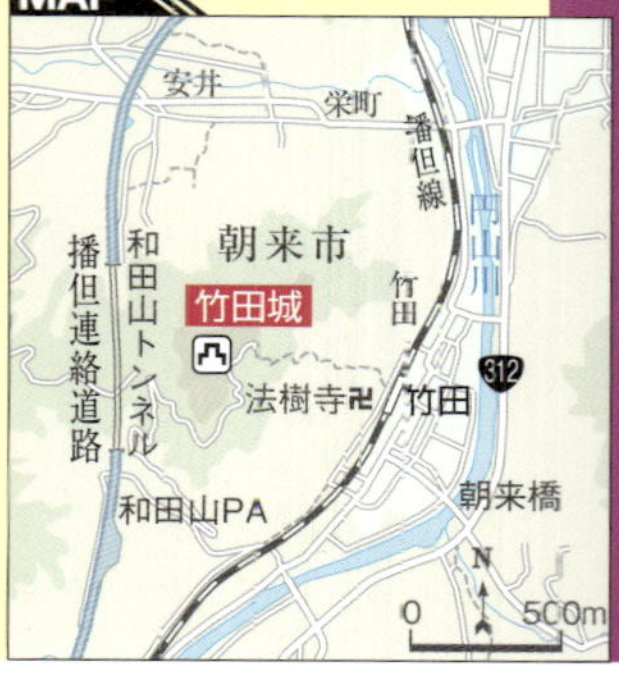

歴史プラスワン **生野銀山**

平安時代初期の開坑とも伝えられるが、本格的な採掘が始まったのは15世紀半ばと考えられている。兵庫県朝来市に所在、戦国時代から戦前まで豊富な産出を誇った日本有数の銀山である。1973年閉山。

生野銀山支配のために豊臣秀吉が改修

雲海に浮かぶ石垣群がなす神秘的な光景で著名な竹田城であるが、播磨・但馬の守護大名・**山名宗全**がこの地に初めて築いた城は、土塁で造られていたと推定されている。

山陰道と播磨から北上してきた播但街道を見下ろせる**交通の要衝**に位置する竹田城は、築城から1世紀以上を経て**毛利氏**と**織田氏**の争奪戦が展開された。織田軍本隊の豊臣秀吉は、播磨を平定するとそのまま西進し、但馬へは弟の秀長が侵攻。秀長は3日間の戦闘の末、竹田城を落としてそのまま城代として入城。その後たびたび城主が入れ替わるが、竹田城が今に残る壮麗な姿に改修されたのは、秀吉が天下を手中としてからのことであると考えられている。

秀吉は、交通の要衝であるばかりか、**生野銀山**を押さえるためにも重要拠点となる竹田城に、**竜野城**から**赤松広秀**を移し、当時最先端の石垣構築技術をもって近世山城に生まれ変わらせた。なお、秀吉没後も城主を務めた広秀であるが、関ヶ原の戦いで西軍に与したことから切腹、竹田城も廃城となった。

竹田城山門

虎臥山麓の駐車場から、大手口に向かう登城路の入り口に建つ山門。

虎臥山山頂の、三方に延びる尾根に曲輪群を配している。周囲には、随所に深い竪堀を穿ち、防御を固めている。

人物プラスワン **赤松広秀**（1562〜1600）

播磨国龍野城城主・赤松政秀の二男に生まれる。父と兄・広貞の死後に家督を相続。織田軍の中国攻めが始まると秀吉に降伏、後には秀吉配下として賤ヶ岳、小牧・長久手の戦いで活躍した。

奈良県

69

多聞城

▼多聞山城

乱世の梟雄・松永久秀の居城

元祖多聞櫓を備えた画期的な城郭

大手の場所と推定される若草中学の正面階段。

裏切りを重ね、時の将軍をも暗殺し、奈良東大寺の大仏殿を焼失させるなど、戦国乱世の梟雄のひとりとして名を馳せた**松永久秀**。16世紀の半ば、畿内地方で屈指の勢力を誇った三好長慶の家臣として活躍、次第に頭角を現すようになると、1559年には河内から大和に侵攻した。その久秀が、**大和支配**のために、奈良の町を一望できる東大寺北方丘陵に築いたのが多聞城であった。

織田信長が畿内に侵攻すると、久秀はいち早く恭順を示しながらも離反する。そのため多聞城は織田方に接収され、その後に破却されている。

当時の史料によると、この多聞城は時代の最先端を行く画期的な城であったことが想像できる。訪れたイエズス会宣教師は、主殿や庭園の豪壮さに驚きを示している。

また、堀の斜面の補強に石垣が施されており、天守にも相当する四階建ての**高層櫓**も構えられていたと考えられている。そして、防備のために石垣や土塁上に巡らせた長屋形式の櫓を**多聞櫓**とよぶのは、この城が同櫓の初見とされることによる。検分で訪れた信長が築城の参考にしたという説もある。

城地種類	平山城
築城年代	1560（永禄3）年
築城主	松永久秀
所在地	奈良市法蓮町
アクセス	近鉄奈良線「近鉄奈良」駅からバス

和歌山県

70

和歌山城

▼虎伏城

豪壮にして華麗な紀州徳川家の巨城

豊臣秀吉の縄張 藤堂高虎の普請

虎臥山頂上に復興された天守群。

1619年、徳川家康の十男・**頼宣**が入府して誕生した**紀州徳川家**の居城にして、江戸幕府の西国支配の拠点となった和歌山城。

初重屋根の比翼入母屋破風、二重目の唐破風と入母屋造の出窓、廻縁と高欄を巡らし、内部には畳敷きのスペースも設けた最上階という華麗な**三重三階天守**を核に、2基の櫓が小天守や多聞櫓で結ばれる。現在の復元された天守曲輪は往時の御三家の威光を今に伝えている。

しかし、その歴史は、1585年に、根来寺や雑賀衆を破り紀州を平定した**豊臣秀吉**が、自ら縄張をして弟の秀長にこの地に城を築かせたことに始まっている。ちなみに普請奉行は、のちに築城名人として名を馳せる藤堂高虎であった。

関ヶ原の戦いの後は、**浅野幸長**が城主となり、内堀や石垣を改修。この頃には天守も築かれていたと考えられている。そして幸長の広島移封に伴い頼宣が入城。城と城下町を大幅に拡大・整備しているが、その際に天守の建て替えが行われたかどうかは定かでない。今日の復元された天守は、太平洋戦争の和歌山空襲で焼失した、1850年再建の天守をもとにしている。

城地種類	平山城
築城年代	1585（天正13）年
築城主	豊臣秀長
所在地	和歌山市一番丁
アクセス	南海本線「和歌山市」駅からバス

城郭プラスワン　信貴山城

松永久秀が大和攻略のために最初に入ったのが、河内と大和の国境に建つ信貴山城だった。また、久秀が織田信長に離反し、籠城の末自刃（一説には、名物茶釜とともに爆死）したのも、この信貴山城であった。

兵庫県

71

有岡城

▼伊丹城

信長軍の猛攻に1年近く耐えた総構の城郭

城地種類	平城
築城年代	14世紀
築城主	伊丹氏
所在地	伊丹市伊丹
アクセス	JR福知山線「伊丹」駅から徒歩

荒木村重が黒田孝高を幽閉

原型は、南北朝時代に摂津の国人の**伊丹氏**が、猪名川によって形成された伊丹段丘の東部分に築いた伊丹城。1574年に織田信長麾下の部将・**荒木村重**が同城を落とし、信長の命で**堅固な城郭**に大改修して、その名も有岡城に改めた。

特筆すべきは、東西約800m、南北約1700mにも及ぶ広大な**総構**で、今日では戦国時代最古のものといわれている。主要な曲輪部分以外に、城下町部分も含めた一帯を石垣や土塁で囲む。南北西の端には砦を築き、さらに戦の拠点となる寺社が各所に配されていた。

この有岡城の守備力を身をもって知ったのが、皮肉にも信長であった。1578年、豊臣秀吉を中心とする三木城攻めに参陣していた荒木村重が**突如謀反**。信長側の説得にも応じず、**黒田孝高**（**官兵衛**）を城内に幽閉してしまう。そこで**織田軍の有岡城攻め**が始まる。しかし信長の思惑とは異なり、総構の守りは堅く小競り合いが続くばかりであった。戦の終盤、**村重**が城から**脱出**後、ようやく謀略により突破口を得た織田軍は城内に攻め込み、有岡城を落としたのだった。

有岡城址の碑。

兵庫県

72

三木城

▼別所城 釜山城

秀吉の「三木の干殺し」の舞台

城地種類	山城
築城年代	1492（明応元）年頃
築城主	別所則治
所在地	三木市上の丸町
アクセス	神戸電鉄「三木上の丸」駅から徒歩

20か月以上の籠城の末、落城

姫路と有馬を結ぶ湯ノ山街道の中間に位置する三木。15世紀末、この地の美嚢川南岸の台地に豪族**別所則治**が築いた三木城。東播磨の**交通の要衝**ゆえ幾たびも周囲からの侵攻を受けるが、**織田信長の毛利攻め**まで、別所氏が守り続けてきた。

1575年、城主・別所長治は、一度は信長に恭順。ところが毛利攻めが本格化する1578年、長治は寝返り三木城に**籠城**したのだった。すると、信長の命を受けて城を包囲した豊臣秀吉は、持久戦にもち込む。後世に「**三木の干殺し**」と伝えられる凄惨な**兵糧攻め**である。

当初は一気に力攻めすると考えられていたが、時を同じくして付近の上月城に毛利軍が攻め寄せ、さらに荒木村重の謀反も重なったことにより、この戦法が採られたのであろう。

秀吉は三木城の支城を一つひとつ落とし、周囲にはいくつもの付城を設け、毛利勢、荒木勢による兵糧搬入を遮断。よくもち堪えた長治ではあったが20か月以上を経過し、兵や領民の助命を条件に、長治以下の一族が自刃して戦は終結した。

その後何名かの城主が入れ替わり入るが、1616年、**一国一城令**により三木城は**廃城**となった。

現在は公園となっている天守台。

人物プラスワン

荒木村重（1535～1586）

利休十哲のひとりにもあげられる茶人としても知られる。有岡城落城後、残された家族らは斬殺されたが、村重は信長の追及をかいくぐって生き延び、のちには豊臣秀吉に仕えている。

兵庫県 73

赤穂城

▼加里屋城 大鷹城

近世軍学に則った鉄壁防御

城地種類	平城
築城年代	1648（慶安元）年
築城主	浅野長直
所在地	赤穂市加里屋
アクセス	JR赤穂線「播州赤穂」駅から徒歩

浅野長矩の祖父・長直の築城

1701年、藩主**浅野長矩**が江戸城松の廊下で起こした刃傷沙汰に端を発する赤穂事件。これを題材とした**『忠臣蔵』**で赤穂藩は知られる。

赤穂の地は、関ヶ原の戦いの後に姫路城に入り播磨一国を拝領した**池田輝政**が治め、その後には輝政の二男で岡山藩藩主の忠継の領有を経て、さらに五男の政綱へと引き継がれた。そして政綱によって赤穂藩が立藩されるが、1645年、次代の輝興の乱心により赤穂藩池田氏は断絶。赤穂城は、その直後に代わって入部した**浅野長直**によって築かれた近世城郭である。

長直は、家老で**甲州流の軍学者**でもあった**近藤正純**に縄張を命じた。加えて築城途中には、**山鹿流兵法**の祖となる**山鹿素行**の意見を取り入れ二の丸虎口の縄張を変更している。

そのため赤穂城は、石垣と堀によって全周を区画した星形に似た多角形の本丸、側面からの攻撃を活かすために長い直線部分をなくし屏風折を施した石垣の塁線や横矢枡形など、**近世の軍学**に則った鉄壁の守りが特徴となっている。

なお、長直の孫に当たる長矩の時代に赤穂事件により赤穂浅野氏は取りつぶしとなった。

復元された大手東北隅櫓。

兵庫県 74

篠山城

▼桐ヶ城

実戦を想定した藤堂高虎の縄張

城地種類	平山城
築城年代	1614（慶長14）年
築城主	徳川家康
所在地	篠山市北新町
アクセス	JR福知山線「篠山口」駅から徒歩

大坂城包囲のために徳川家康が築城

江戸に幕府を開いてからも**徳川家康**が懸念した、豊臣秀吉の遺子・秀頼の存在。その秀頼の大坂城を牽制するための**戦略拠点**として家康が築城したのが篠山城である。

梯郭式に並べられた本丸と二の丸の直線的な**高石垣**、その周りに巡らされた内堀、それらを囲い込むように広がる三の丸と外堀、そして北の大手と東、南の三方に設けられた**角馬出**など、この城が実戦を想定して設計されていたことは、今日の遺構からも十分に見てとれる。篠山盆地は、大坂と山陰地方、さらには京と山陰・山陽地方を結ぶ街道が行き交う交通の要衝で、秀頼の動きを封じるための最重要拠点の一つ。家康はそこに、縄張を**藤堂高虎**、普請奉行を**池田輝政**に命じ、20家もの大名を動員した**天下普請**によって約6か月で完成させたのだった。

しかし篠山城は、一度も戦火にまみえることなく、豊臣氏は滅亡。以降は、松平氏、青山氏ら譜代大名が城主を務め、幕末まで西国の外様大名ににらみをきかせた。明治時代に入ってから廃城となった後も残った大書院は、1944年に失火で焼失してしまうが、2000年に復元されている。

復元された本丸大書院。

歴史プラスワン　**赤穂事件**　江戸城内の刃傷事件に始まり、加害者として長矩が即日切腹、藩も取り潰しとなってから、大石内蔵助を中心とする47名の元赤穂藩士が、吉良邸に討ち入り主君の仇をとった末に、切腹するまでの一連の事件。

鳥取城 84
月山富田城 85
備中松山城 78
岡山城 79
吉田郡山城 81
77
備中高松城
福山城 80
萩城 83
広島城 76
丸亀城 86
岩国城 82
今治城 89
小倉城 90
伊予松山城 88
福岡城 91
肥前名護屋城 93
平戸城 96
高知城 75
佐賀城 95
宇和島城 87
臼杵城 92
岡城 94
熊本城 98
島原城 97
人吉城 100
飫肥城 99
首里城 101

第6章

名城探訪

中国・四国・九州地方

高知県 75

高知城

鷹城

関ヶ原の戦いの論功により土佐20万石を拝領した山内一豊が築いた城

天守

二重目に大型の千鳥破風を飾った四重六階の望楼型天守。1727年の大火で焼失し、現在の天守は1749年に再建された二代目。

南北朝の争乱により落城した大高坂山城

高知城の前身である**大高坂山城**（大高坂城ともいう）は、大高坂氏の創建とされているが、詳しいことははっきりしない。南北朝時代の城主・**大高坂松王丸**が南朝方につき、1338年に後醍醐天皇の第七子である**満良親王**を大高坂山城に迎えたという記録が残っている。しかし、1341年には、松王丸が北朝方の細川禅定、佐伯経定と戦って敗れ、大高坂山城も落城したという。

なお戦国時代には、**長宗我部元親**が大高坂山に城を築いている。

空から見た高知城

高知平野の中心に位置する高知城。標高42mの大高坂山に築かれ、本丸には四重六階の望楼型天守や本丸御殿、納戸蔵、東西の多聞櫓、黒鉄門や廊下門などの建物が現存する。

詰門

詰門は本丸と二ノ丸をつなぐ空堀に構築された櫓門。藩政時代には橋廊下とよばれていた。一階は塩蔵、二階は詰所として用いられ、入口と出口の扉の位置が筋違いになっている。

追手門

下見板張の重厚な外観をもつ追手門。両脇石垣の上に渡櫓を載せた櫓門である。1727年の大火では焼失を免れたが、その後、1801年に再建された。

城地種類	平山城
築城年代	1601（慶長6）年
築城主	山内一豊
所在地	高知市丸ノ内
アクセス	土佐電鉄市内線「高知城前」電停から徒歩

MAP

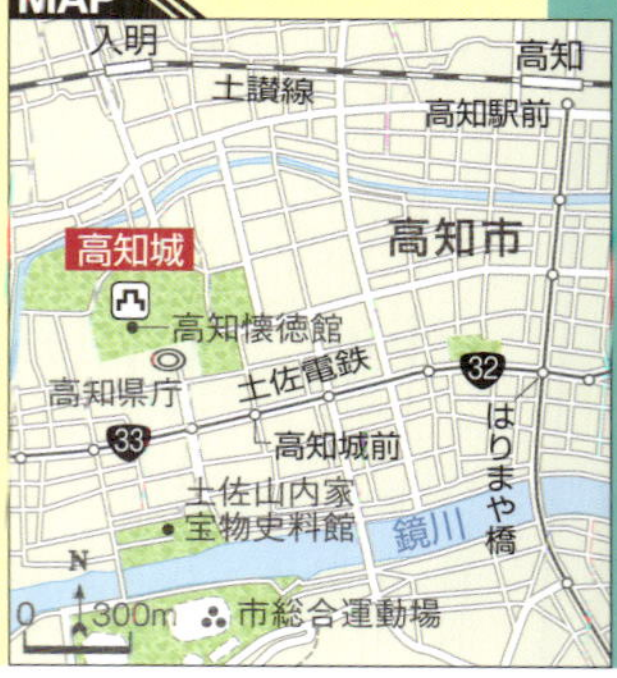

人物プラスワン

山内一豊（1545〜1605）

はじめ信長に仕え、姉川の戦いで初陣。次いで秀吉の直臣となり、小牧・長久手の戦いなどで活躍する。秀吉の死後、関ヶ原の戦いでは東軍に属し、家康に掛川城の提供を申し出る。戦後、論功行賞で土佐一国を与えられた。

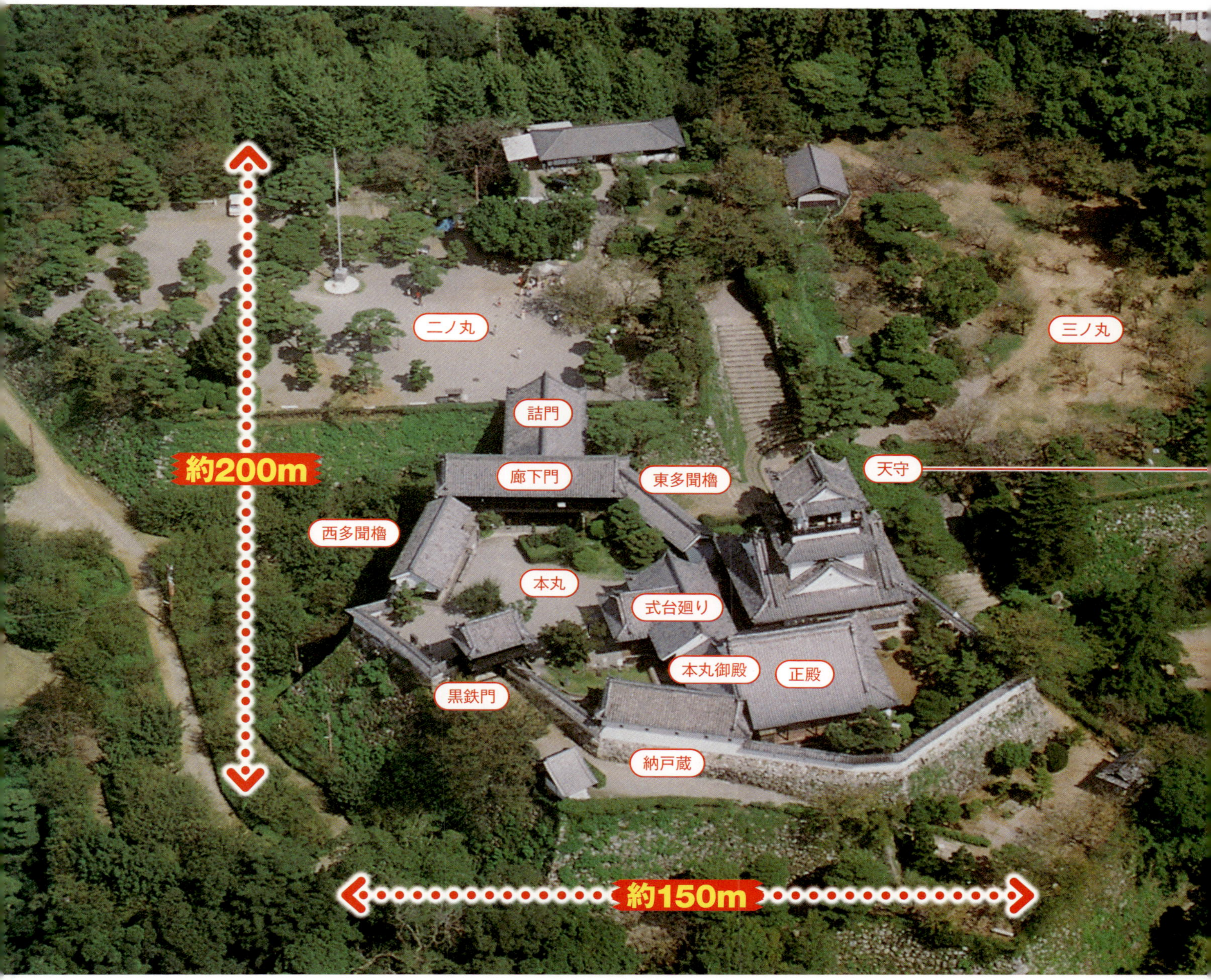

西多聞櫓下の石垣

西多聞櫓には、本丸警護の武士が詰めた番所が置かれていたと考えられている。1959年には西多聞櫓から黒鉄門西矢狭間塀下にかけて石垣の改修が行われている。

廊下門

本丸虎口部分に位置し、石垣の上に載せられた廊下門。詰門とはT字状に接続し、東多聞櫓とは棟続きになっている。北側（詰門側）には、東西に数か所の狭間が設けられていた。

城郭プラスワン

渡櫓

石垣上に建てられた長屋状の建物を多聞櫓と総称しているが、この多聞櫓の中でも、天守と櫓、櫓と櫓の間をつなぐように建てられたものを「渡櫓」とよぶことがある。また、櫓門から連続する多聞櫓は「続櫓」とよばれる。

懐徳館（本丸御殿）と天守

「懐徳館」の名称ができたのは高知県への移管後のことであり、本来は本丸御殿とのみ呼称する。全国でも唯一の現存本丸御殿であり、1749年の建設と伝えられる。

城郭大解剖

本丸と天守

優美な外観と実用性を兼ね備えた現存天守

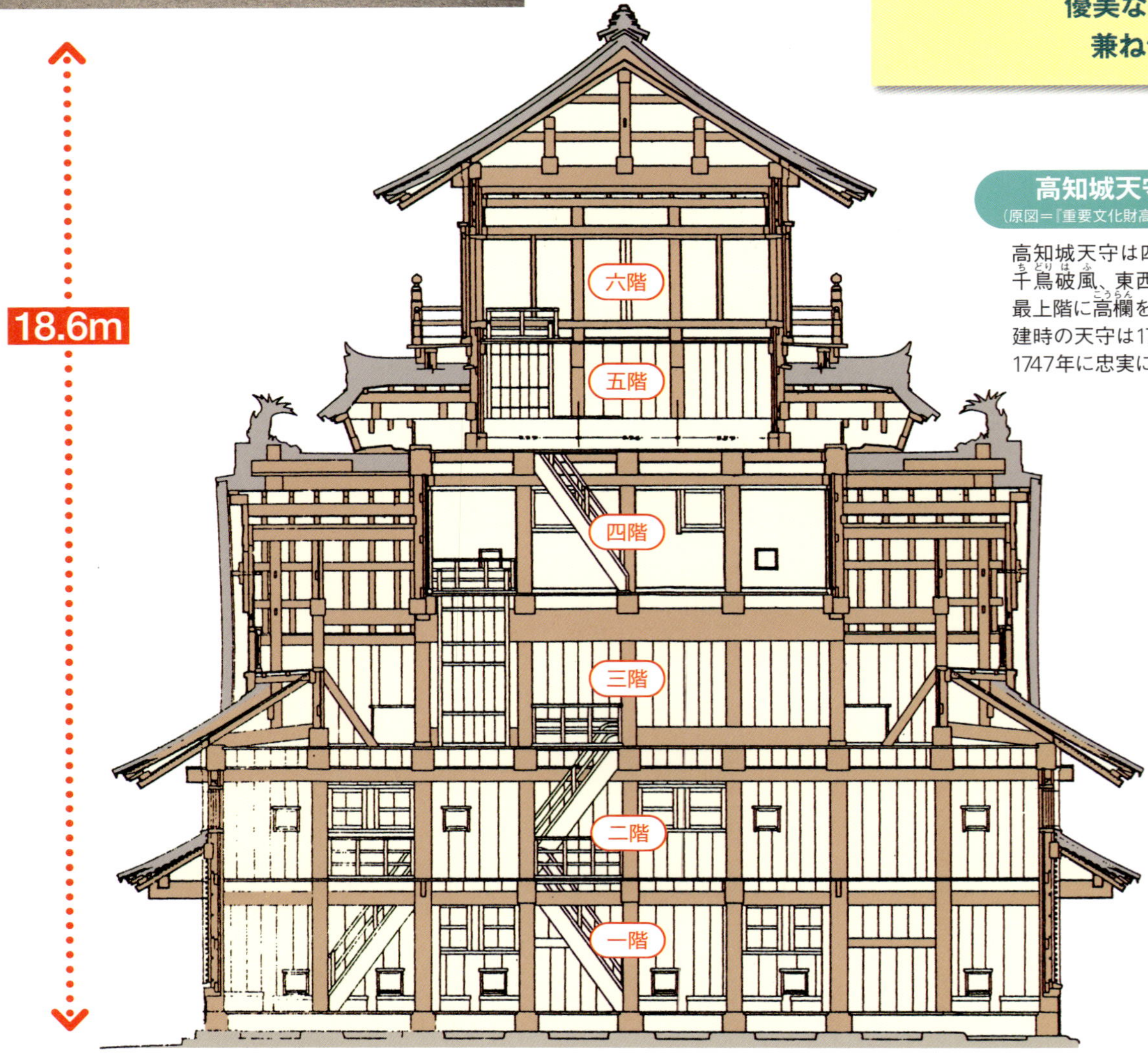

高知城天守東西断面図

（原図＝『重要文化財高知城天守修理工事報告書』）

高知城天守は四重六階で、南北に千鳥破風、東西には唐破風をつけ、最上階に高欄を設けている。一豊創建時の天守は1727年に焼失したが、1747年に忠実に再建された。

天守忍返

高知城天守を北側面の石垣下から見上げる。ここは唯一、天守が石垣上に建つ面であり、ここに忍返が配置されていた。鉄串を並べたもので、石落の外壁にまで設けられている。

本丸御殿内部

御殿内部の二ノ間から上段ノ間を見る。御殿は対面所としての機能に加え、雪隠や御茶所などを設置し、藩主の居室機能も備えていたが、あまり使用されることはなかったようだ。

城郭プラスワン　**忍返**

忍返とは、盗賊や敵が忍び込むのを防ぐための設備であり、塀などの上に、先端のとがった竹・木・鉄棒などを並べ立てたもの。鉄串の忍返は、名古屋城や熊本城などでも見られるが、現存しているのは高知城のみである。

天守内部の狭間と石落

狭間の土戸は片開きであり、窓と同じく外側のみ漆喰塗の壁となっていた。手前に見える石落は蓋を閉じた状態のもの。中央部の柱の根元には補強材として根巻金物が見えている。

天守入口

天守への入口は二重構造で厳重な入口となっているにもかかわらず、中に入ると正面すぐ横に二階への階段が見えている。平和な時代の建築で、内部の防備はきわめて低いといえる。

天守内部の開戸

天守の窓は観音開きの土戸になっており、外側のみ漆喰で塗り籠められている。その一方で、開戸の内側は板張りのままになっており、これは狭間の土戸についても同様であった。

高欄と廻縁

最上階を巡る高欄と廻縁は、単なる装飾用のデザインではなく、実際に外に出られるようになっている。江戸時代中期の再建にもかかわらず、形骸化せず実用的なものとなっている。

天守四階内部

四階には破風もなく単調なつくりで、採光量も少ない。これを補うためか、柱を見せるような真壁造で仕上げられており、明るく感じさせる。この階のみ突上窓が採用されている。

天守内部の石落

高知城内には、さまざまな形態をもった石落が混在している。写真にあるのは鉄格子をはめたものであり、石落の使用時には、下に見えている蓋が外された。

土佐藩祖山内一豊が百々綱家を招き築城

長宗我部元親は1591年、浦戸城を築いて移った。このとき、大高坂山城は廃城になったといわれているが、浦戸城移転後も大高坂山城の整備が続いていた形跡もあり、浦戸城は朝鮮出兵に備えた一時的な拠点であったという説もある。

1600年の**関ヶ原の戦い**では長宗我部氏は西軍に属し、所領を没収された。代わって、**遠州掛川城主**・**山内一豊**が土佐24万2000石を与えられ、浦戸城に入った。

浦戸は城下町を開くには狭いため、一豊は1601年、大高坂山に新城を築くことにした。この地は水害の多いデルタ地帯であり、築城には困難が予想された。そこで一豊は、築城技術にすぐれた近江穴太衆を配下とする**百々綱家**に目をつけた。綱家は関ヶ原で西軍方に属し、罪人とされていたが、一豊は**徳川家康**の許しを得て綱家を6000石で召し抱え、築城普請の総奉行とした。

1603年に本丸が完成。**河内山城**と命名されたが、水害を連想する「河」の字を嫌い**高智山城**と改称。のちに高知城となった。

合戦プラスワン **迅衝隊と胡蝶隊**

戊辰戦争において、土佐藩から官軍に加わった部隊。板垣退助、谷干城らが率いる「迅衝隊」は土佐藩で勤皇の志をもつ下士や郷士を中心とする軽格によって編成され、「胡蝶隊」は土佐藩の上士で構成された部隊であった。

特集

城の防御

城の守りとは、敵を城内に侵入させないことと、侵入された場合でも最前線でただちにせん滅することであった。攻防の最大のポイントとなる場所は**虎口**(出入り口)で、敵軍の直進を防ぐための小さな曲輪である**馬出**や、**枡形**とよばれる四角い広場が構えられた。また虎口の内外に障害物の**土塁**なども置かれた。また、城の周囲を固める石垣や土塁も一直線ではなく巧みに屈曲させて、二方向以上からの攻撃(**横矢**)を仕掛けられるように工夫してあった。

天守や櫓、門、土塀には**狭間**と**石落**が設けられていた。狭間は壁面に設けられた穴、石落は建物の床面の一部を突き出し、開口部を設けたものである。どちらも城内側の兵の姿は見せずに、敵を狙撃する仕掛けであった。

横矢掛り

軍学の城(作画＝板垣真誠)と各種の横矢

江戸時代に発達した「軍学」が説く城の防御のシステムの例をまとめてイラスト化したものである。不整形な形をした曲輪と、その塁線に施されたさまざまな横矢、虎口に設けられた枡形や馬出などをモデル的に表現してある。

屏風折は城壁に三角形の突起状の折れを作ったもので、塁線自体を折り曲げるものと、塁線に立つ土塀などを折り曲げるものがあった。

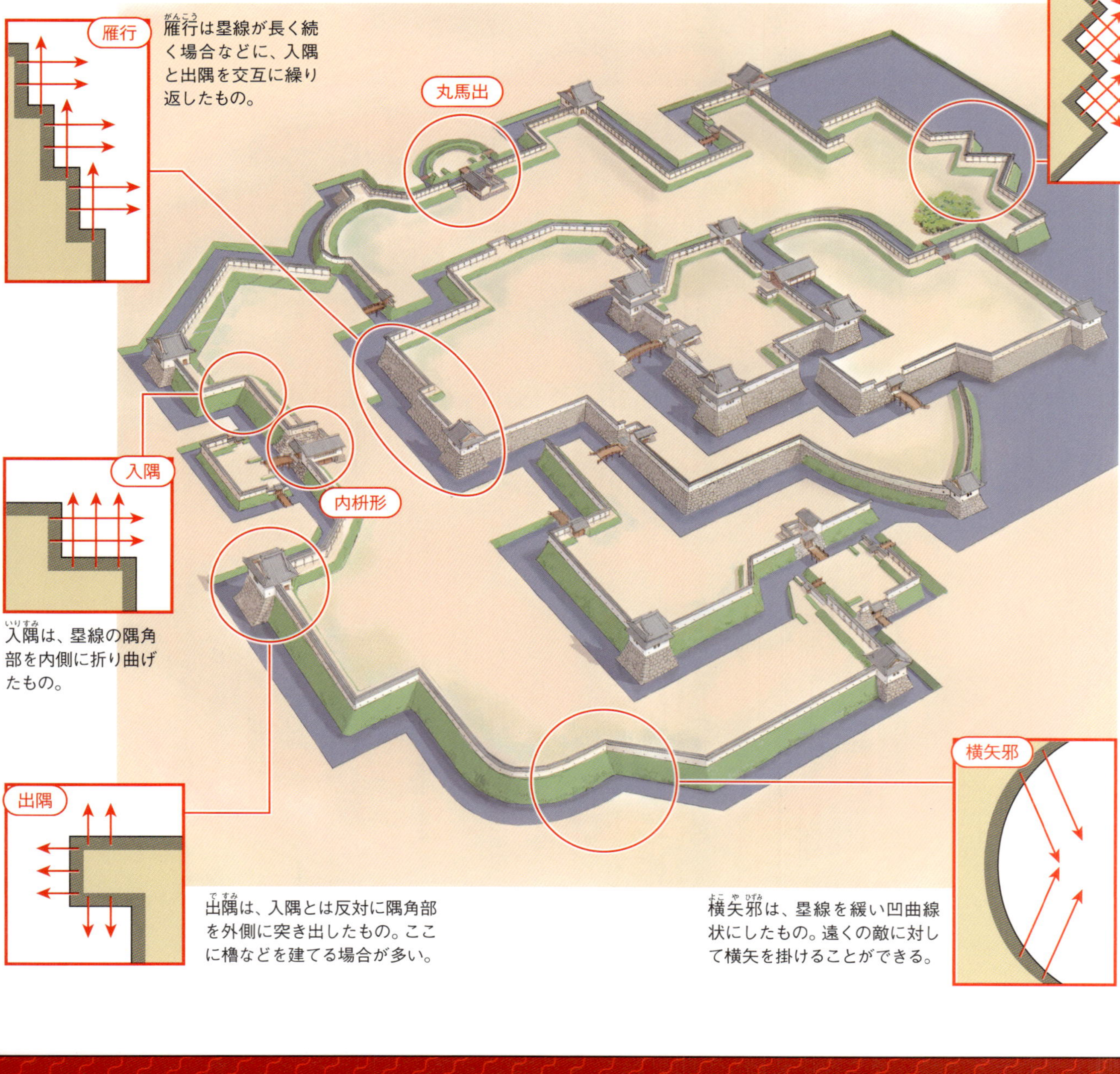

雁行は塁線が長く続く場合などに、入隅と出隅を交互に繰り返したもの。

入隅は、塁線の隅角部を内側に折り曲げたもの。

出隅は、入隅とは反対に隅角部を外側に突き出したもの。ここに櫓などを建てる場合が多い。

横矢邪は、塁線を緩い凹曲線状にしたもの。遠くの敵に対して横矢を掛けることができる。

虎口の防御

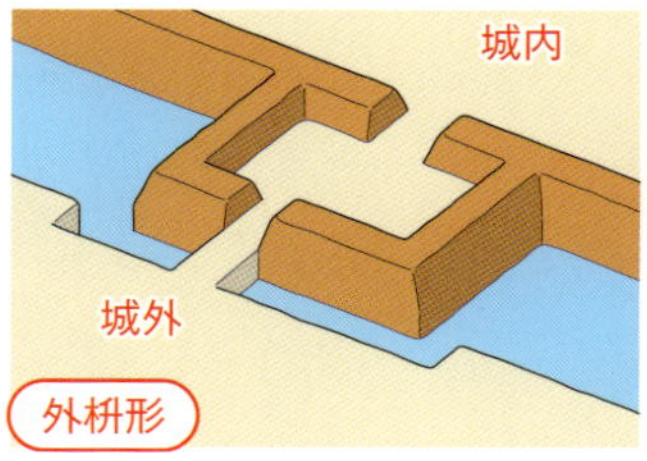

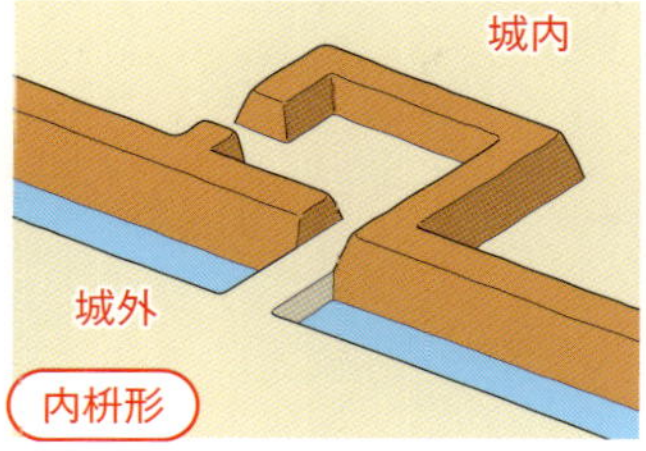

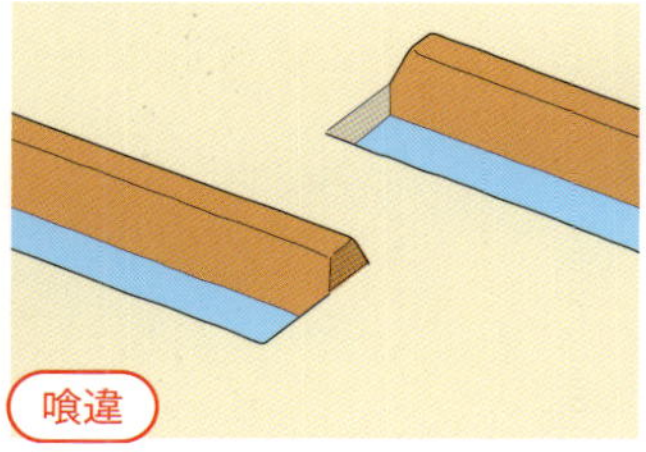

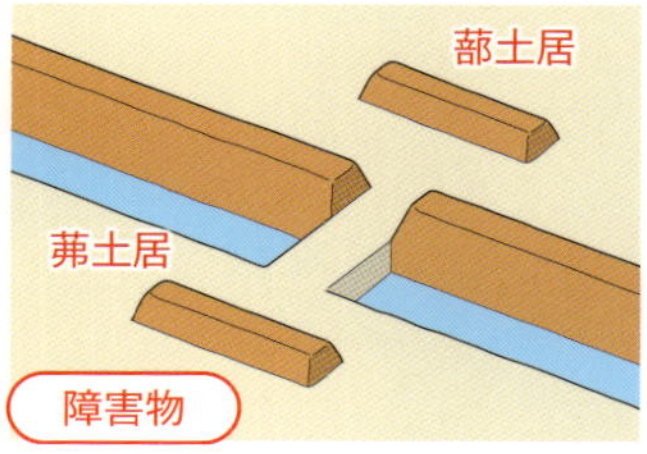

枡形

枡形は虎口部分に構えられた四角い小広場で、塁線の内側に作られたものを「内枡形」、塁線から突き出したものを「外枡形」とよんだ。

障害物と喰違

右は虎口の内外に土塁などを築いて侵入を妨げるもの。特に外に置く土塁を「茀土居」、内に置く土塁を「蔀土居」と称した。「喰違」は虎口を形作る石垣や土塁をずらして設けて、虎口内を敵に直進されないようにする。

大坂城大手門

塁線から突き出して造成された外枡形の門。外側に高麗門を、内側には向きを変えて櫓門を置いて敵の直進を防ぎつつ、枡形の二方、三方から攻撃を仕掛ける構えで、城の大手らしい極めて厳重な造りである。

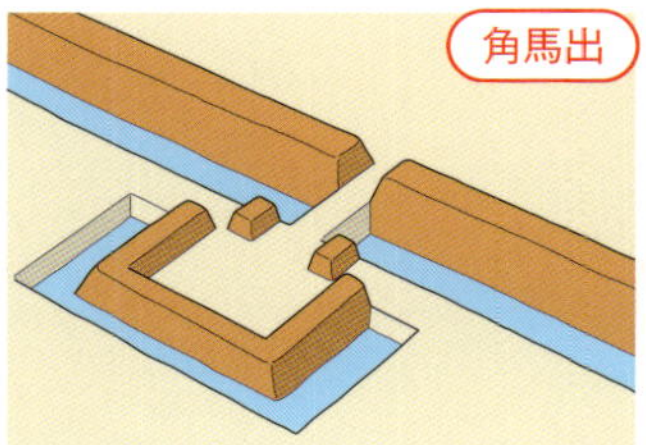

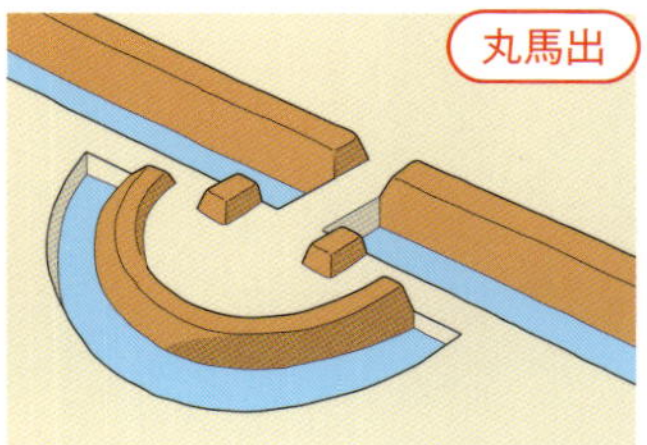

馬出

虎口の前面に置かれた小さな曲輪を馬出とよぶ。虎口の前衛の守備と、出撃の際の陣地を兼ねるものと考えられている。丸馬出は半円形をしたもので、東日本の城に多く見られ、基本的には土造りである。角馬出は方形をした馬出で、土造り・石造りのいずれもあった。

狭間

右は姫路城三国堀の土塀に開けられた長方形の矢狭間と円形の鉄砲狭間である。模式図のように、矢狭間は弓矢の動きに合わせてやや高めの位置に細長い形で開けられ、鉄砲狭間は火縄銃の銃口に合わせた円形で、矢狭間より低い位置に開けられた。

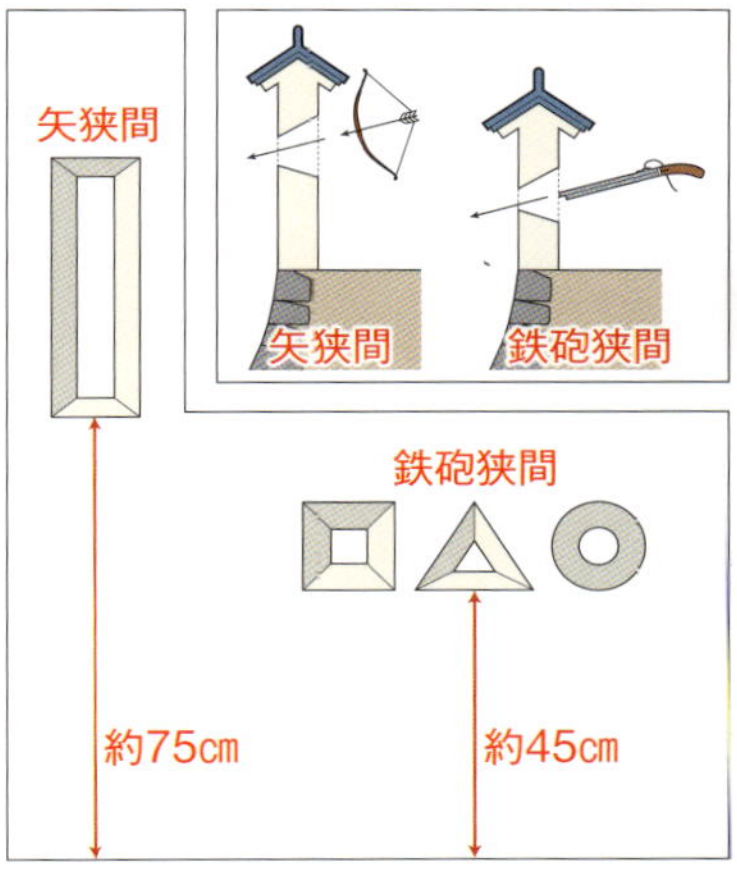

矢狭間と鉄砲狭間

狭間と石落

土塀の狭間（姫路城）

究極の横矢掛り

合横矢に死角なし

横矢掛は複数の方向から同時に敵を攻撃する仕組みであるが、その中でも向かい合った二方向からの攻撃を仕掛ける合横矢は、その渦中に身を置いてしまえば、まず助からない。いってみればここは攻めても無駄だから攻撃はするなという「抑止力」に近い意味をもっている。四角い空間の中に入ってしまえば逃れられない枡形門もこれに近い。

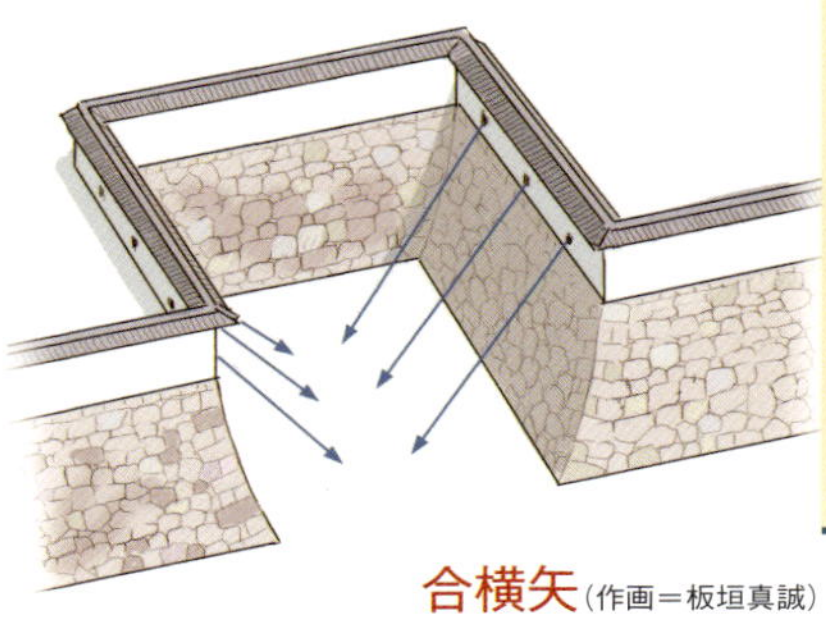

合横矢（作画＝板垣真誠）

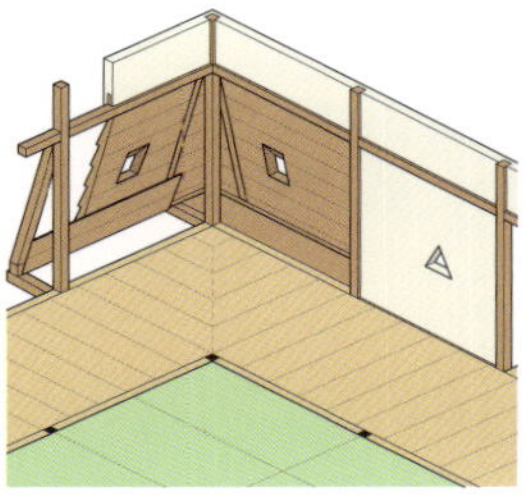

石落の内部（作画＝松岡利郎）

姫路城天守の石落

石落

石落の形態は袴腰型、戸袋型、出窓型に大別される。袴腰型と戸袋型は隅の部分に、出窓型は突き出した窓として壁面の中央に設けられた。右は姫路城の天守に作られた袴腰型の石落。どの型も内部はおおよそ左の模式図のようになっており、隙間から下に向けて敵を銃撃した。

広島県 76

広島城（ひろしまじょう）

関ヶ原の戦いの勝者・福島正則と敗者・毛利輝元の運命を翻弄した城

▼鯉城　在間城　当麻城

城地種類	平城
築城年代	1589（天正17）年
築城主	毛利輝元
所在地	広島市中区
アクセス	JR線「広島」駅から徒歩

「安芸国広島城所絵図」
正保城絵図の一つ。実測に基づく正確な絵図で、小天守の外観を正しく伝える唯一の資料となっている。外郭などの城門に枡形がないなど、大規模でありながら明快な縄張である。

太鼓櫓内部二階
太鼓櫓の二階には、時を報せるための太鼓が置かれていた。城門の開閉も、太鼓の合図によって行われていた。

平櫓　平櫓は石垣のみ残っていたが、1989～94年の修復で、外観だけでなく内部構造まで復元された。

二の丸太鼓櫓・多聞櫓・平櫓
二の丸にあった建物は、原爆で一瞬のうちにすべて失われてしまった。その後長らく雑草がはびこるまま放置されていたが、平成になってから古写真や実測図をもとに復元された。

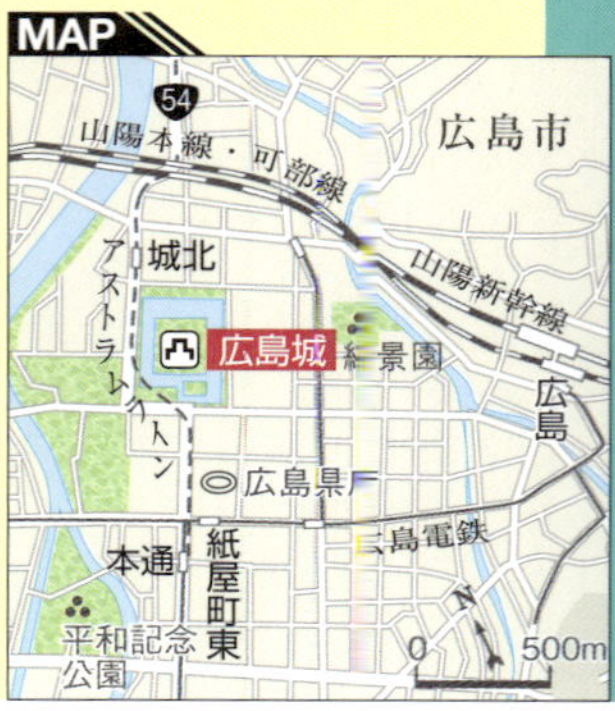

人物プラスワン　**毛利輝元**（1553～1625）
毛利元就の孫で、中国地方の覇者として織田信長には退治したが、天下人となった豊臣秀吉には臣従、四国攻め、九州征伐では武功を挙げ、豊臣政権では五大老を務めた。

二の丸表御門

二の丸の大手門に当たる表御門（復元）は、毛利氏の創建とされる。上部の櫓の柱や桁、長押は、白木を見せる古風な意匠が用いられている。

本丸南東面の石垣と水堀

広島城の石垣は、場所によりさまざまな時代の様式が混在している。本丸南東面の石垣は、毛利時代のものを福島正則が修復した痕跡が残り、正則改易の原因とも考えられている。

南西方向から見た天守

天守は旧国宝に指定されていたが、1945年8月6日の原爆投下で倒壊。1958年に鉄筋コンクリートで外観復元されたが、小天守や廊下は復元されていない。

無許可修復の陰謀で処罰された福島正則

広島城は、中国地方120万石の太守**毛利輝元**の居城として1589年に築城が開始され、1599年に完成する。大坂城にも匹敵する巨城であったが、中州を埋め立てて築いたその地盤には**水害**に弱いという欠陥があった。ところが広島城完成翌年の**関ヶ原の戦い**で、輝元は**西軍**の名目上の**総大将**とされ、戦後所領は周防・長門37万石に削られた。

代わって、広島城には**福島正則**が49万8000石で入り、さっそく改修にとりかかった。現在見られる広島城の縄張は、このときの正則の改修がベースになっている。

だが、1617年春、季節外れの長雨で太田川が氾濫し、広島城下を大洪水が襲った。広島城も損壊したため、正則は武家諸法度の規定に従って**城修復**の許可を願い出たが、一向に許可が下りず、やむなく無許可で修復に踏み切った。これは幕府の**本多正純**の陰謀であったともいわれ、正則は**無許可修復**で処罰、広島城は浅野氏に与えられた。

天守東面の古写真

戦前に撮影された広島城天守の写真の中の一枚。天守下方に見える巨大な屋根の建物は、原爆で焼失した東廊下。

歴史プラスワン　**福島正則改易事件**

正則は1609年、広島城改修の咎で一度謹慎処分となった。だが、1619年にも台風で破壊された広島城の石垣などを幕府の許可なく修理したため、武家諸法度違反として所領を大幅に削られた。

岡山県

77

備中高松城

織田と毛利で争奪戦を繰り広げた「備中境目七城」

城地種類
平城
築城年代
1570（元亀元）年？
築城主
石川久式
所在地
岡山市北区
アクセス
JR吉備線「備中高松」駅から徒歩

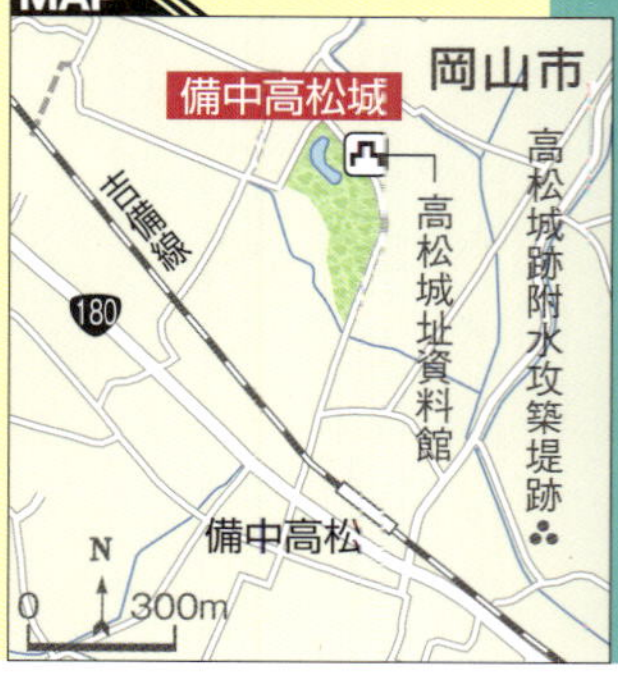

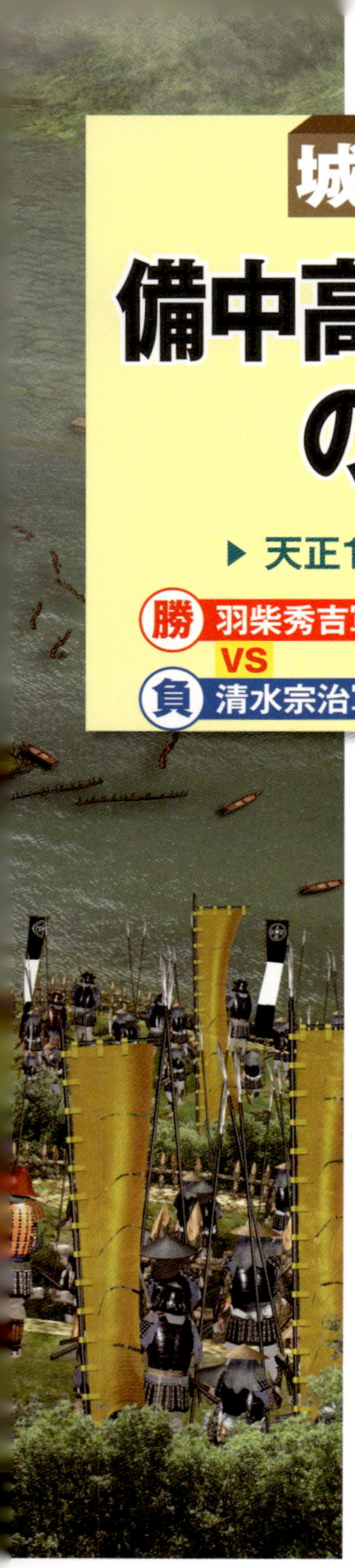

城合戦
備中高松城の戦い

▶ 天正10（1582）年

勝 羽柴秀吉軍（約3万人）

VS

負 清水宗治軍（約5000人）

備中高松城跡

備中高松城は、足守川東岸の低湿地に築かれた平城である。周囲が沼地のため、現在の様子からは想像できないほど、難攻不落と謳われていた。

備中高松城縄張図（原図＝岡山市教育委員会）

周囲の沼地は埋め立てられて水田となった。現在では遺構が残らないため、戦前の縄張図をもとに作成されている。

水攻めを耐え抜いた末の降伏開城

備中高松城は、1570～73年の初め頃、備中松山城を本拠とする三村氏の重臣・**石川久式**によって築かれたとされる。備前との国境に位置する要衝に位置し、近隣の宮路山城・冠山城・加茂城・日幡城・庭瀬城・松島城とともに「**備中境目七城**」とよばれている。

　三村氏が毛利氏に滅ぼされた後、城主に取り立てられたのが、石川氏の家臣・**清水宗治**であった。備前をおさえていた**宇喜多直家**を味方につけた織田信長の家臣・**豊臣秀吉**は、備中への侵入を図って宗治に降伏を勧告するが、宗治は応じない。

　そこで1582年5月、秀吉は宇喜多直家ら3万余りの大軍を率いて包囲するものの、湿地に囲まれた高松城を攻めあぐねてしまう。このた

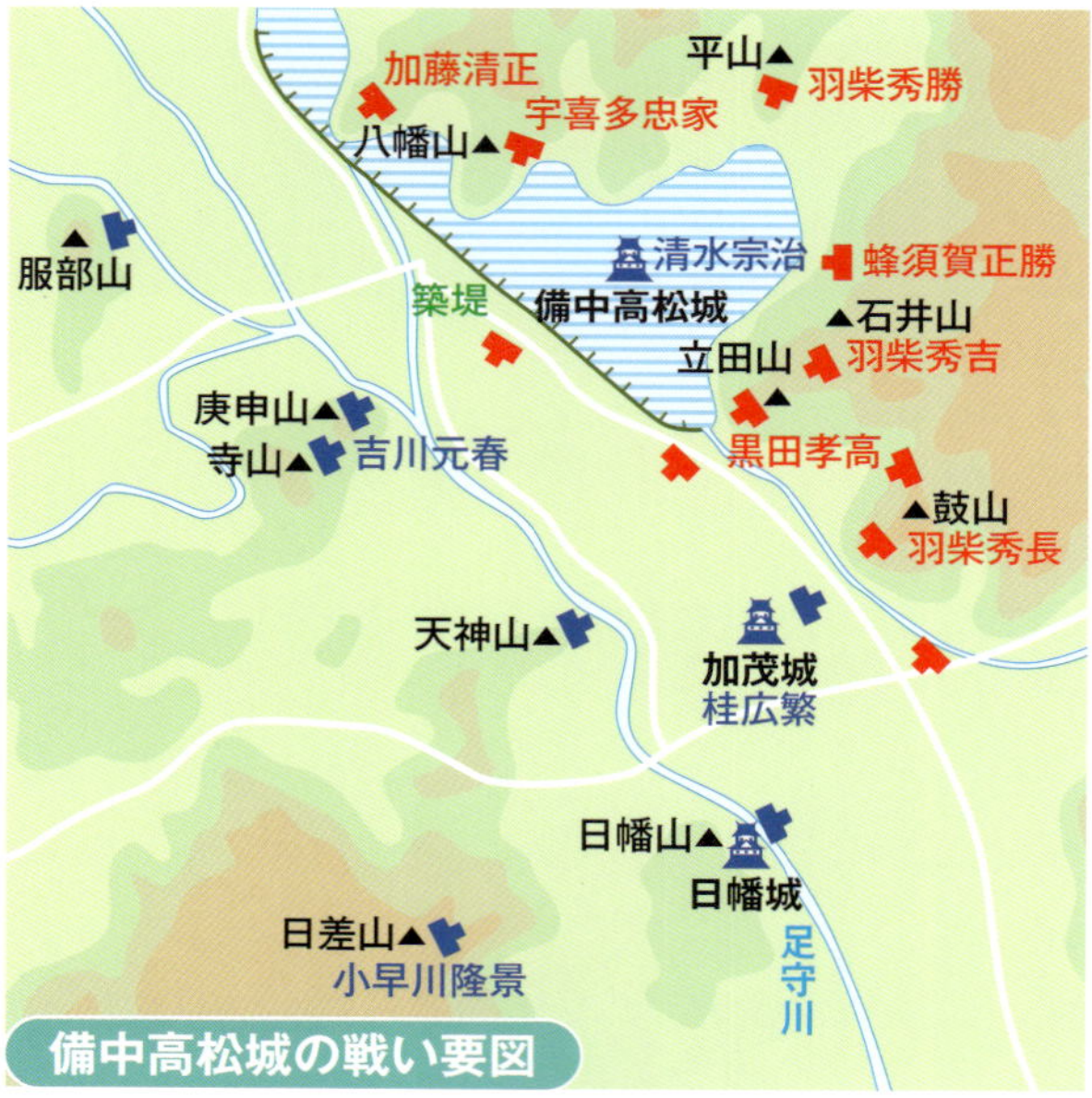

備中高松城の戦い要図

備中高松城を包囲する羽柴秀吉の軍を、救援に駆けつけた吉川元春と小早川隆景の軍勢が取り囲む構図になった。

築堤跡

秀吉が足守川を堰き止めるために築いた堤防の一部が残る。堤防は12日間で完成しており、自然堤防を利用したともいわれる。

人物プラスワン

清水宗治（1537～1582）

もともとは備中高松城主石川久孝の家臣。自立して高松城主となり、毛利氏に従う。豊臣秀吉からの降伏勧告を受け入れず、毛利氏への忠誠を貫き通して自害した。

備中高松城の戦い（制作＝成瀬京司）

水攻めにされたとはいえ、備中高松城は巨船のように水上に浮かんでいた。そのため、秀吉の軍勢も、簡単には攻撃することはできなかった。

め、秀吉は足守川を堤防で堰き止めて**水攻め**を開始。6月4日、毛利勢の援軍もなく孤島と化した高松城に**籠城**する宗治は**降伏**して自害した。

当時は広大な城であったと考えられるが、現在は宅地化が進み、遺構は確認できない。ただ、本丸跡が史跡公園として整備されている。

自刃する清水宗治（『絵本太閤記』）

6月4日、清水宗治は、羽柴秀吉らが見守るなか、船の上で自刃した。辞世は、「浮世をば 今こそわたれ もののふの 名を高松の 苔に残して」。

城の攻め方・守り方 水攻めは兵糧攻めに有効

水攻めとは、川を堰き止め、その水を敵の城の周囲に導入して水没させる攻城方法をいう。敵の兵糧を断つ兵糧攻めの一種であるが、ふつうに包囲する兵糧攻めにはない利点があった。それは、城兵を城から出にくくすることができたことである。通常の兵糧攻めでは、城を打って出た敵兵と、敵の援軍によって挟み撃ちにされかねない。しかし、水攻めされた城から敵が打って出ることは至難のわざであった。

この水攻めを得意としたのが、豊臣秀吉である。秀吉は、この備中高松城のほか、1584年の小牧・長久手の戦いでの尾張竹ヶ鼻城、1585年の紀州攻めでの紀伊太田城でも水攻めを用いている。

ただ、水攻めは、自然を相手にするため、必ずしも攻める側の思いどおりにはならなかった。1590年の小田原攻めの際、石田三成は秀吉の命令で忍城（➡P74）を水攻めにするが、破壊された堤防を乗り越えた水によって、攻める側の豊臣軍に被害が出て、失敗しているのである。

城郭プラスワン　沼城

低湿地を利用した平城を沼城という。低湿地に築かれた平城は、敵が攻撃する拠点も少ないため、防御力は高かった。一般に山城のほうが堅固と思われがちだが、沼城は天然の要害といってよく、だからこそ、秀吉も備中高松城を攻めあぐねたのである。

岡山県

78

備中松山城

小堀遠州が基礎を築き、江戸時代初期に現在の姿になる

▼高梁城

城地種類	山城
築城年代	1681（天和1）年
築城主	水谷勝宗
所在地	高梁市内山下
アクセス	JR線「備中高梁」駅からバス

二の丸より見た天守

備中松山城の建造物は天守と二重櫓を除いて、すべて平櫓と城門であったと記録されている。写真は右から天守、五の平櫓、わずかにのぞいている本丸南御門を挟んで六の平櫓となる。

天守の南北断面図（原図＝『重要文化財松山城防災施設保存修理工事報告書』）

備中松山城の天守は二重二階の望楼型。山頂に築かれていたため、冬の厳寒に備えて全国でも唯一天守に囲炉裏が残る。北背面の「装束の間」は籠城時の城主の御座所といわれる。

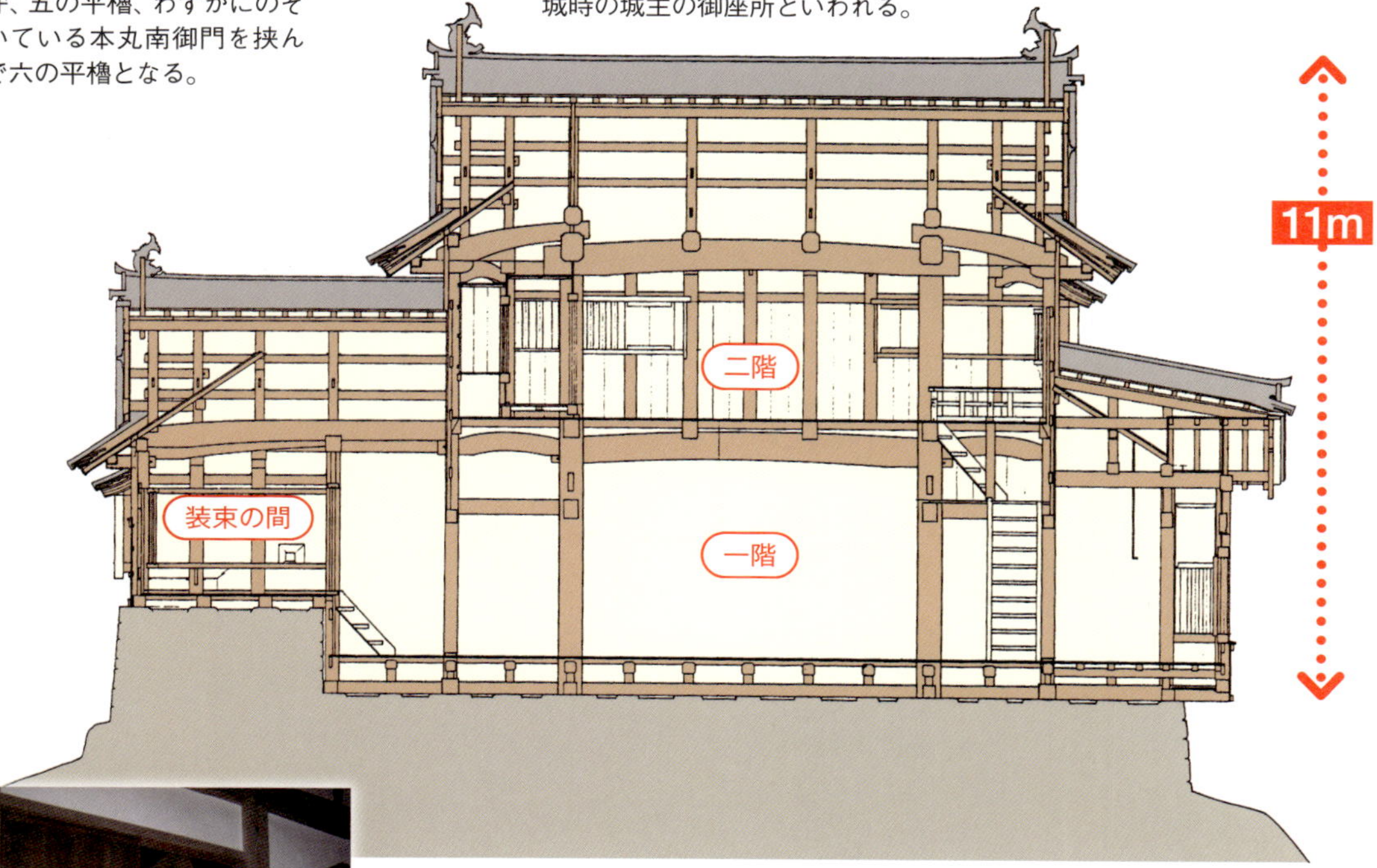

天守一階の装束の間入口の引き戸

一階部分より高く、引き戸を設けて独立性を高めている。神に参拝する前に正装に着替える更衣室ともいわれる。

天守一階の長囲炉裏

東側の突出部に設けられた長囲炉裏。寒さ厳しい冬季の籠城時に暖を取るためと、調理用のものと伝えられる。

天守二階の御社壇

水谷勝宗の修理のとき、三振りの宝剣を奉納した神棚。天守自体が神を祀るために建造されたという説もある。

MAP

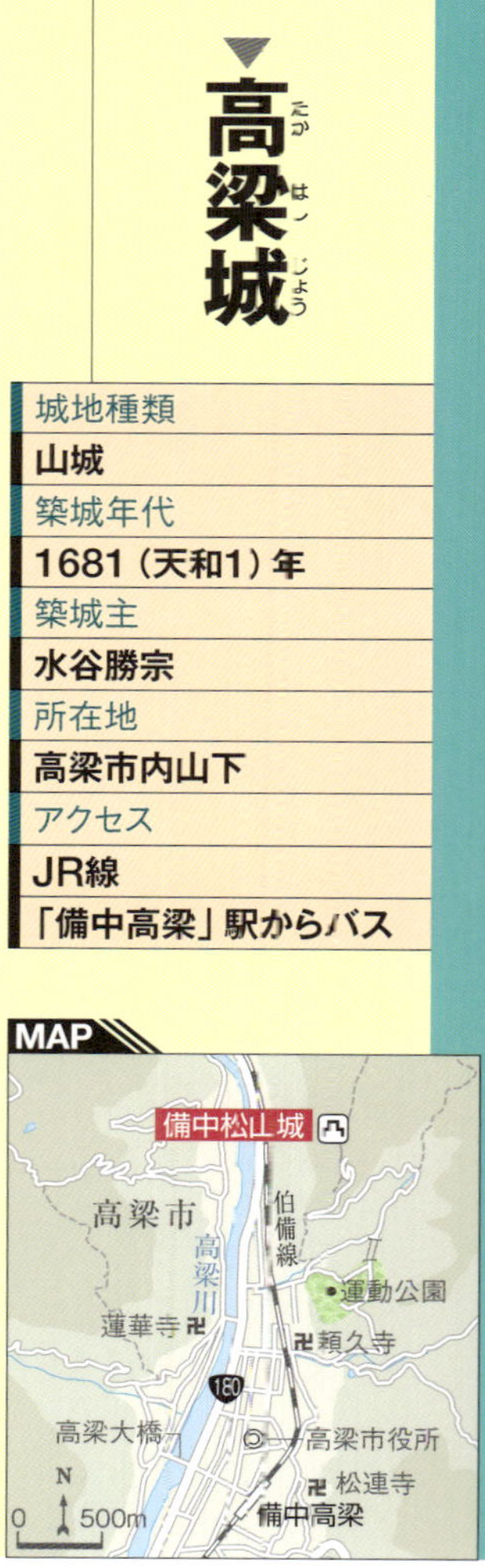

合戦プラスワン

備中兵乱

備中松山城主・三村元親は、毛利氏に従属して備前の宇喜多氏と敵対していたが、毛利氏と宇喜多氏が和睦したため、離反して織田信長と内通。怒った毛利・宇喜多連合軍に攻められ、籠城して抵抗するも三村氏は滅ぼされた。

備中松山城復元模型

臥牛山麓に築かれた御根小屋は、平時の居館であり、江戸時代には備中松山藩の藩庁として機能していた。北を臥牛山に接し、南を流れる小高下谷川を天然の堀として利用していた。

東御門

1997年に復元された本丸東御門。城門は籠城時に備えて内側から閂で施錠する観音開きが一般的だが、備中松山城の東御門は外側から施錠できる引戸になっている。

三の平櫓東土塀

現存する土塀には、丸形の筒狭間（銃眼）と長方形の矢狭間が当時のままに残されている。ただし、視野は狭くほとんど周囲を見渡すことはできないため、あまり実用的ではない。

大手門跡

かつての大手門は2つの石塁に上屋を渡した櫓門。急峻な地形に高石垣を築き、天然の巨石を取り入れていた。

毛利氏が備中兵乱で攻め落とした山城

備中松山城のある臥牛山に最初に城が築かれたのは、鎌倉時代にさかのぼるといわれる。当初は山頂部（大松山）に秋庭氏の城館が置かれ、南北朝時代にこれを従属させた高橋氏が**山腹部**（小松山）まで城域を拡大。その後、元亀年間（1570～72年）に**三村元親**が城主となる頃には、山頂から山腹まで臥牛山全体を範囲とする一大城塞となっていた。

元親は1574年に**毛利氏**を離反して織田信長方についたため、「備中兵乱」とよばれる戦いが起こった。この戦いで、毛利方の**小早川隆景**が城を攻め落とし、元親は自害した。

1600年の関ヶ原の戦い後、備中松山は一時幕府領とされ、**小堀政次**が備中代官として置かれた。政次の子・**政一**（**遠州**）は茶人・作庭家として知られる文化人で、このとき臥牛山の麓に居館兼政庁である**御根小屋**を築き、近世城郭としての備中松山城の基礎がつくられた。

その後、1681～83年に当時の城主・**水谷勝宗**が天守建造を含む大規模修築を行い、今日見られる備中松山城の姿となった。

城郭プラスワン　**狭間の形**

狭間とは天守や櫓の壁面、塀などに内側から外側に向かって開けられた穴。戦闘時はここから弓矢や鉄砲などで攻撃した。弓矢ならば縦長の長方形、鉄砲ならば円形・三角形・正方形など、武器ごとに適した形状の穴を開けている。

岡山県 79

岡山城（おかやまじょう）

▼烏城（うじょう）　金烏城（きんうじょう）

豊臣政権を支えた宇喜多秀家が大改修した巨大な城

本丸大手口

内堀の目安橋は木橋から土橋に架け替えられた。正面に内下馬門の枡形があり、左手にはかつて太鼓櫓があった。

岡山城天守を後楽園から望む

岡山城本丸搦手の旭川対岸にある後楽園は、江戸時代中期の城主池田綱政が14年がかりで造営した江戸期を代表する回遊式大名庭園。城主は渡し船で直に入園したと伝えられる。

不明門

表向御殿のある中の段と、天守のある本段を隔てる不明門。1966年に天守とともに再建された。

六十一雁木と要害門

雁木とは石段を意味し、石段を登ったところに見えるのが要害門。石段の下にはかつて、石塁と右手の石垣の中ほどに上屋を渡した六十一雁木下門があったと伝えられる。

1. 月見櫓
2. 穴蔵
3. 花畑御殿跡
4. 小納戸櫓跡
5. 天守
6. 油櫓跡
7. 廊下門
8. 塩蔵
9. 中の段（表向）
10. 本段
11. 内堀
12. 表書院跡
13. 六十一雁木
14. 旭川
15. 要害門
16. 坂下門
17. 大納戸櫓跡
18. 不明門
19. 鉄門跡
20. 三階櫓跡
21. 太鼓櫓門
22. 馬屋跡
23. 下の段
24. 中門跡
25. 本丸大手口
26. 舂屋櫓跡
27. 土蔵跡
28. 目安橋
29. 宍粟櫓跡
30. 旗櫓跡

本丸は、天守や三階櫓のある右の本段、表向御殿や大納戸櫓のあった左の中の段、それを囲む下の段の三段構成。中の段は計5基の二重櫓、三重櫓を多聞櫓でつなぐ重防備だった。

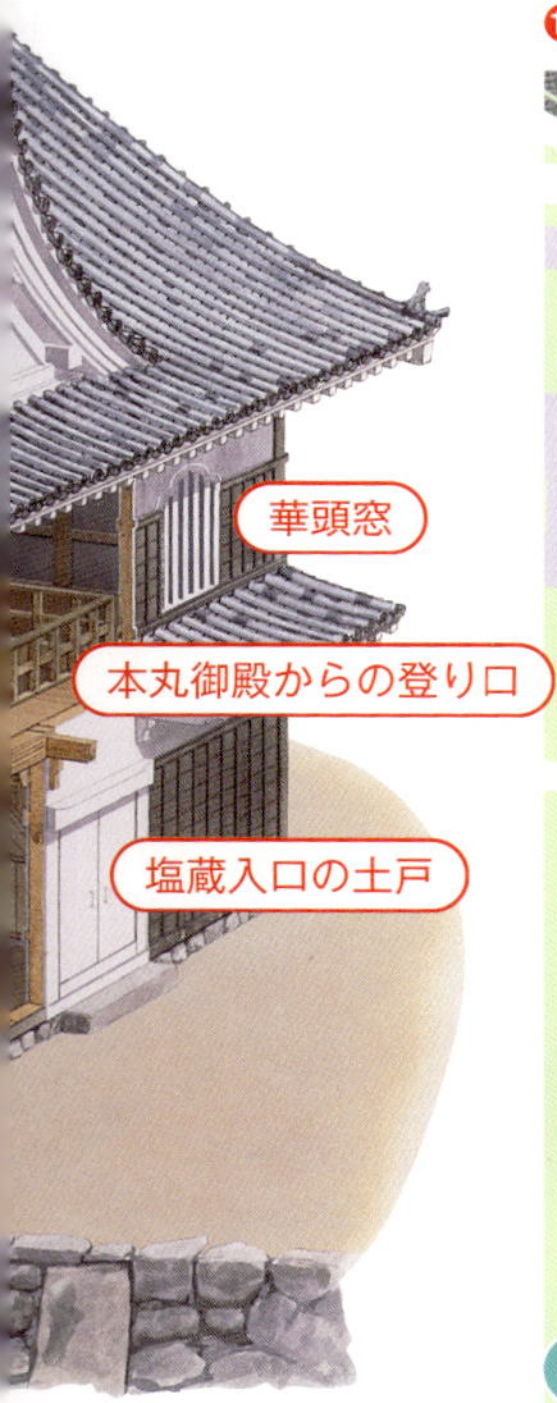

岡山城本丸縄張図

城地種類	平山城
築城年代	1590～97（天正18～慶長2）年
築城主	宇喜多秀家
所在地	岡山市北区
アクセス	JR線「岡山」駅から徒歩

MAP

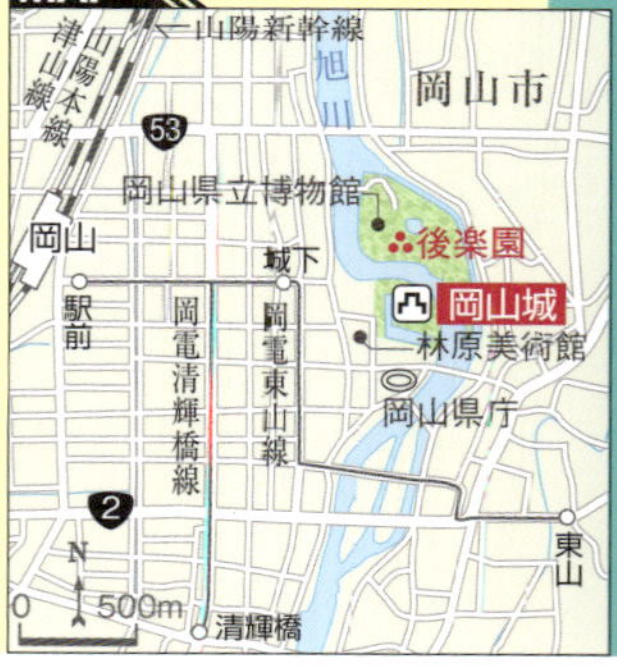

城郭プラスワン **大名庭園**

江戸時代、各藩の大名が江戸屋敷や国元でさかんに築造した庭園。各藩がそれぞれ競い合った結果、造園技術は大いに発達を遂げた。この時代に数多く造営された回遊式庭園は、日本庭園の集大成とも位置づけられている。

戦国史に残る大悪人 宇喜多直家の下剋上

岡山城のある旭川河口部の大洲原は、中央に岡山、西側に石山、北西に天神山という標高20mに満たない小高い丘が連なり、古くから要害の地とされてきた。その一つ、石山には、南北朝時代に**石山城**とよばれる城が築かれていた。

1570年、備前の戦国大名・浦上氏の家臣・**宇喜多直家**は、当時の石山城主・金光宗高を謀殺し、この地を支配した。戦国の梟雄と称される直家は暗殺・毒殺など手段を選ばず勢力を広げ、1573年に本拠地を石山城に移すと、城の改築と城下町の形成を行った。さらに、1575年には主家である浦上氏を追放し、下剋上により備前、美作、播磨、備中の一部を支配下に置いた。

直家の子・**秀家**は、豊臣政権下で57万4000石の大大名となり、この石高に相応しい城とするため、1590〜97年に**大改修**を行い、近世城郭としての体裁を整えた。このとき、秀家は本丸を隣接する岡山に置き、旧石山城を城域に取り込んだ大規模な縄張とし、城名も岡山城と改めている。

天守南面

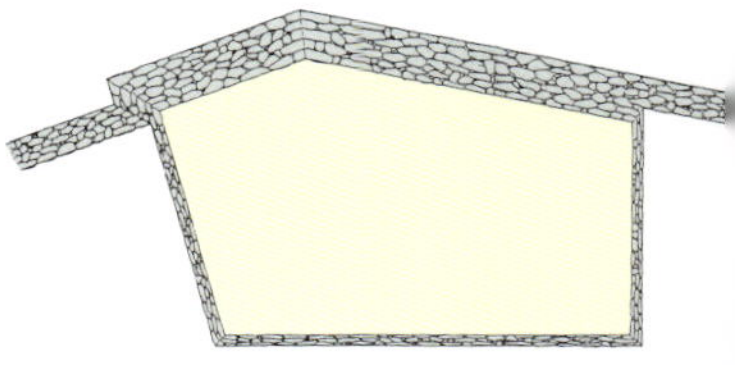

天守台平面図
(作図＝石井正明)

不等辺五角形の天守台。旧地形に合わせての形状で、北二辺の高石垣は壁面に荷重をかけるようになっていた。

天守は五重六階。各階とも中心に身舎があり、一、二階ではその外周を武者走が巡っている。1597年に完成したとされ、1945年の空襲で焼失した。

天守復元透視図 (復元＝三浦正幸、作画＝野上隼夫)

歴史プラスワン 無嗣断絶

跡継ぎの男子（嗣子）がないまま当主が死んだ場合、家は取りつぶしとなり、所領は没収される。江戸時代に無嗣断絶が適用された大名は小早川秀秋が最初の例である。のちに末期養子の禁が緩和されると無嗣断絶は激減した。

広島県

80 福山城

葦陽城　久松城

「西国の鎮衛」として築かれた近世城郭

城地種類	平山城
築城年代	1622（元和8）年
築城主	水野勝成
所在地	福山市丸之内
アクセス	JR山陽本線「福山」駅から徒歩

外様の大藩を抑えるために設けられた新城

福山城築城のきっかけの一つは1619年、**福島正則**の犯した武家諸法度違反にあったといわれる。正則は、幕府の許可を受けずに**広島城**の修築を行った咎で所領を大幅に削られたのだが、**豊臣恩顧**の大名とはいえ、関ヶ原の戦いの最大の功労者ともいえる正則の処罰は、諸大名に衝撃をもたらした。西日本には毛利氏をはじめ、幕府や徳川氏にとって警戒すべき外様の大藩が多く、この地を押さえるために、**水野勝成**が備後東南部・備中西南部計10万石を与えられて大和郡山藩から移った。勝成は**徳川家康**の従兄弟でもあり、有力な譜代大名として**「西国の鎮衛」**たる役割を期待されていたのである。

勝成は当初、備後神辺城に入ったが、この城はやや内陸にあり、過去にたびたび落城している点が問題となった。これは「縁起が悪い」という意味だけでなく、防備のうえで不安があった。そこで、元和の**一国一城令**が出されたばかりのこの時期としては例外的に、**新城**の築城が行われることになった。慶長年間の築城ブームを経て完成された築城技術と、幕府から天下普請に準じる扱いを受け、五重天守や20基以上の櫓を備えた、10万石の城としては破格の規模をもつ巨城となった。

本丸に復興された五重天守。

広島県

81 吉田郡山城

中国地方の覇者・毛利氏の城

城地種類	山城
築城年代	14世紀中期
築城主	毛利氏
所在地	安芸高田市吉田町
アクセス	JR芸備線「吉田口」駅からバス

毛利氏の戦国大名への第一歩となった戦い

築城時期は不明だが、1336年に**毛利時親**が吉田荘の地頭職として下向して以降、1591年に**毛利輝元**が広島城へ移るまでの間、長きにわたって毛利氏の居城であったといわれている。毛利氏の勢力拡大とともに規模を拡張し、最終的には郡山全体を覆う巨大な城域となった。

1540〜41年、**毛利元就**と**尼子晴久**との間で**吉田郡山城の戦い**が起こった。通説では、それまで尼子氏と大内氏の間で揺れ動いていた毛利氏が離反、怒った晴久が**月山富田城**の軍議で一族の長老たちの慎重論を無視して安芸侵攻に踏み切ったといわれてきた。だが、近年の研究によると、大内方に帰参した毛利氏の反攻で頭崎城が陥落し、尼子方に属する安芸武田氏の佐東銀山城も窮地に追い込まれたため、上洛を予定していた尼子氏が急遽反転して安芸方面へ打って出たものだと考えられている。戦いは大内方の勝利となり、毛利氏が土豪から戦国大名へと成長するきっかけとなった。

吉田郡山城はその後、戦時の城塞と平時の居館が一体化した城へと変貌していき、元就の孫の輝元の代には石垣や瓦葺きなども用いられるようになった。また、三重三階の天守が築かれたともいわれているが、詳細は不明である。

城があった郡山。

歴史プラスワン　**元和の一国一城令**　1615（元和元）年に江戸幕府が制定した法令。大御所徳川家康の立案で、一国に大名が居住あるいは政庁とする一つの城だけを残し、他の城はすべて廃城にするというもの。ただし、実際には例外も多く認められていた。

山口県

82

岩国城

▼横山城

毛利氏存続に奔走した吉川広家の城

四重南蛮造の復興天守。

四重六階の天守を築くも完成後7年で廃城

1600年の関ヶ原の戦いで、**毛利輝元**は名目上西軍の総大将に担ぎ上げられていた。このため、敗戦とともに毛利氏の取りつぶしは必至と思われたが、開戦前から西軍の敗北を予見していた一族の**吉川広家**が奔走し、かろうじて主家の存続を勝ち取ることができた。ただし、所領は周防・長門2か国へ大幅に削減され、輝元は広島城から萩城へ移された。

家康はもともと、広家に周防・長門を与えて毛利氏の家名を継がせようと考えていたといわれるが、結果として主家が存続したため、広家は**岩国3万石**の領主としてこの地に赴任することになった。広家は1601年から8年がかりで岩国城を築城する。

岩国城は、関ヶ原の戦い後に築かれた城としては珍しく、山麓に御土居（平時の居館）、山頂に横山城（戦時の城郭）を構える典型的な**山城**である。これは、築城当時まだ徳川氏の支配体制が盤石ではなく、さらなる戦乱を想定していたためではないかといわれている。

横山城は本丸に四重六階の天守をもつ城であったが、完成からわずか7年で**一国一城令**により廃城とされ、御土居のみが陣屋として残された。

城地種類	山城
築城年代	1601（慶長6）年
築城主	吉川広家
所在地	岩国市横山
アクセス	JR山陽新幹線「岩国」駅からバス

山口県

83

萩城

▼指月城

毛利氏が恨みを語り継いだ居城

天守台と詰丸があった指月山。

平時の築城ながら戦時を想定した構え

関ヶ原の戦い以前、**毛利輝元**は豊臣政権**五大老**中、**徳川家康**に次ぐ120万5000石を領する大大名であった。だが、敗戦後は周防・長門36万9411石余りに大幅に所領を削られ、完成したばかりの**広島城**も召し上げられてしまう。さらに輝元は隠居を命じられ、毛利氏の家督は当時6歳の秀就が継ぐことになった。

輝元は幼少の藩主に代わり、後見役として1603年に新たな居城の候補地として萩・山口・三田尻を挙げて、幕府に裁可を求めた。幕府からは「海に臨み、要害の地である萩がよい」との回答を得て、輝元は翌年から**指月山**に連なる干潟を埋め立て、**萩城**の築城に着手する。同年11月には早くも未完成の萩城に移り、1608年に完成した。萩城はこのように平時に築城された城ではあるが、指月山の山頂に**詰丸**（戦時に籠城する砦）を配するなど、戦時を想定した構えとなっているのが特徴である。

なお、真偽のほどは定かではないが、萩城では毎年恒例の新年の会において、家臣が「今年は倒幕の機は如何に？」と藩主にお伺いを立て、それに対して藩主が「時期尚早」と答えるのが習わしだったという伝承もある。

城地種類	平山城
築城年代	1604（慶長9）年
築城主	毛利輝元
所在地	萩市堀内
アクセス	JR山陽新幹線「新山口」駅からバス

城郭プラスワン　**詰丸**

城郭用語としては「本丸」の異称の一つであり、城の中枢部を意味するが、一般的な山城では、平時の居館に対する戦時の城として山頂に築いた曲輪のうち、城主の居所を指す場合がある。江戸時代以降、次第に形骸化した。

鳥取県

84

鳥取城

「鳥取の飢え殺し」の舞台となった因幡の名城

▼久松城

城合戦 鳥取城の戦い

▶1581（天正9）年

勝 豊臣秀吉軍（約2万人）
VS
負 吉川経家軍（約1400人）

内堀から望む鳥取城

戦国時代の鳥取城は、後方に見える久松山に築かれていた。手前は、江戸時代に整備された二の丸。

西坂下御門

城内で唯一残されていた現存の門だったが、1975年の台風で倒壊してしまった。現在は、新たな門が建てられている。

山上の丸の石垣

標高263mの久松山の頂上に山上の丸が置かれていた。この曲輪には天守も築かれていて、天守台石垣も残る。

二の丸三階櫓台石垣

二の丸にあった三階櫓の石垣。江戸時代に構築されたもので、戦国時代のものではない。1943年の鳥取大地震で崩壊したため、積み直された。

巻石垣

鳥取城には、珍しい「巻石垣」が残る。これは江戸時代後期になって、石垣を補強するために築かれたもの。

城地種類	山城
築城年代	1545（天文14）年？
築城主	山名誠通
所在地	鳥取市東町
アクセス	JR山陰本線「鳥取」駅からバス

MAP

籠城3か月の末に降伏開城

鳥取城は、久松山に築かれた山城で、そのため、久松城ともよばれている。因幡守護・山名氏の拠点で、1545年、**山名誠通**によって築城されたという。

山名豊国が城主のとき、因幡に侵入してきた**織田信長**の家臣・**豊臣秀吉**に降伏した。しかし、降伏に反対する家老らが豊国を追放し、**毛利氏**に支援を要請したのである。こうして、鳥取城には、毛利氏から派遣された**吉川経家**が入ることになった。

1581年、豊臣秀吉は2万の軍勢で鳥取城を包囲。**兵糧攻め**によって食糧は尽きていき、経家は3か月の**籠城戦**の末に降伏し、自刃した。

この後、秀吉配下の宮部継潤が城主となる。そして、関ヶ原の戦い後に入城した**池田長吉**によって、石垣の城に改修されている。

人物プラスワン
吉川経家（1547〜1581）
石見福光城主。毛利氏の命で鳥取城将となり、羽柴秀吉の軍勢を迎え撃つが、降伏。城兵の命を救うことを条件に自刃した。辞世は「武士の 取り伝えたる梓弓 かえるやもとの 栖なるらん」。

鳥取城の戦い（制作＝成瀬京司）

豊臣秀吉は、鳥取城の周囲に二重の堀・柵・土塁などを築いた。これにより、城兵は外に出ることもできなくなってしまったのである。

城の攻め方・守り方

降伏開城に追い込む兵糧攻め

兵糧攻めは、城の周囲に柵などを築いて包囲し、敵方に兵糧が運び込まれるのを阻止し、降伏開城に追い込む攻城法である。豊臣秀吉は、鳥取城のほか、播磨の三木城などでも兵糧攻めを行った。

兵糧攻めをされた城内では食糧が欠乏し、過酷な状況に追い込まれていく。そのため、「三木の干殺し」、「鳥取の渇え殺し」とよばれている。

飢餓に苦しむ城兵（『絵本太閤記』）

兵糧攻めにより、鳥取城内の兵は飢餓に苦しむ。殺した馬の肉や、餓死した兵の人肉まで食べる有様であったという。

2万余りの軍勢で鳥取城下に侵入した豊臣秀吉は、鳥取城の周囲約12kmにわたって包囲し、兵糧攻めにした。

包囲された鳥取城を救援するため、毛利輝元は鹿足元忠に命じて兵糧などを運ばせた。しかし、この日、豊臣秀吉に敗北。鳥取城は孤立無援となった。

歴史プラスワン **城将** 城将とは、城の守備を任された武将をいう。城の持ち主ではないため、厳密にいえば、城主ではない。秀吉も吉川経家が鳥取城主ではないことを知っていたため、一命を助けるつもりであったという。

島根県 85

月山富田城

山陰11か国を支配した尼子氏の本城

▼富田城

月山富田城遠望

月山富田城は、標高約189mの月山に築かれた山城。戦国大名となった尼子氏歴代の居城であった。

城合戦 第二次月山富田城の戦い

▶ 1565～66（永禄8～9）年

勝 毛利元就軍（約3万5000人）

VS

負 尼子義久軍（約1500人）

城地種類	山城
築城年代	鎌倉時代
築城主	佐々木義清
所在地	安来市広瀬町
アクセス	JR山陰本線「安来」駅からバス

MAP

二度にわたる攻防戦の末に

月山富田城は、1221年の承久の乱の功により、出雲守護となった**佐々木義清**によって築かれたとされる。佐々木氏が本拠を移したことで、守護代の**尼子氏**が城に入った。

このあと、尼子氏は下剋上によって**佐々木氏**を追放。山陰11か国を支配する戦国大名となり、周防の**大内義隆**と覇を競う。**尼子晴久**は、1543年、攻めてきた大内義隆を破った（**第一次月山富田城の戦い**）。

衰退した大内氏が安芸の**毛利氏**に滅ぼされると、尼子氏と毛利氏が対立する。1565年、月山富田城が包囲されると、翌1566年、**尼子義久**は降伏開城し、尼子氏は滅亡した（**第二次月山富田城の戦い**）。

関ケ原の戦い後、月山富田城は、**堀尾吉晴**によって改修され、堀尾氏の松江移転により、廃城となった。

歴史プラスワン　**守護代**　各国に一人置かれた守護を補佐する役目を担う。室町時代、守護は在京を命じられていたため、守護代が勢力を伸ばした。そのため、尼子氏のような守護代が戦国大名になったケースも多い。

1543年に行われた第一次月山富田城の戦いの様子。周防の大内義隆は、月山富田城を包囲して失敗。退却する際、尼子軍に追撃された。

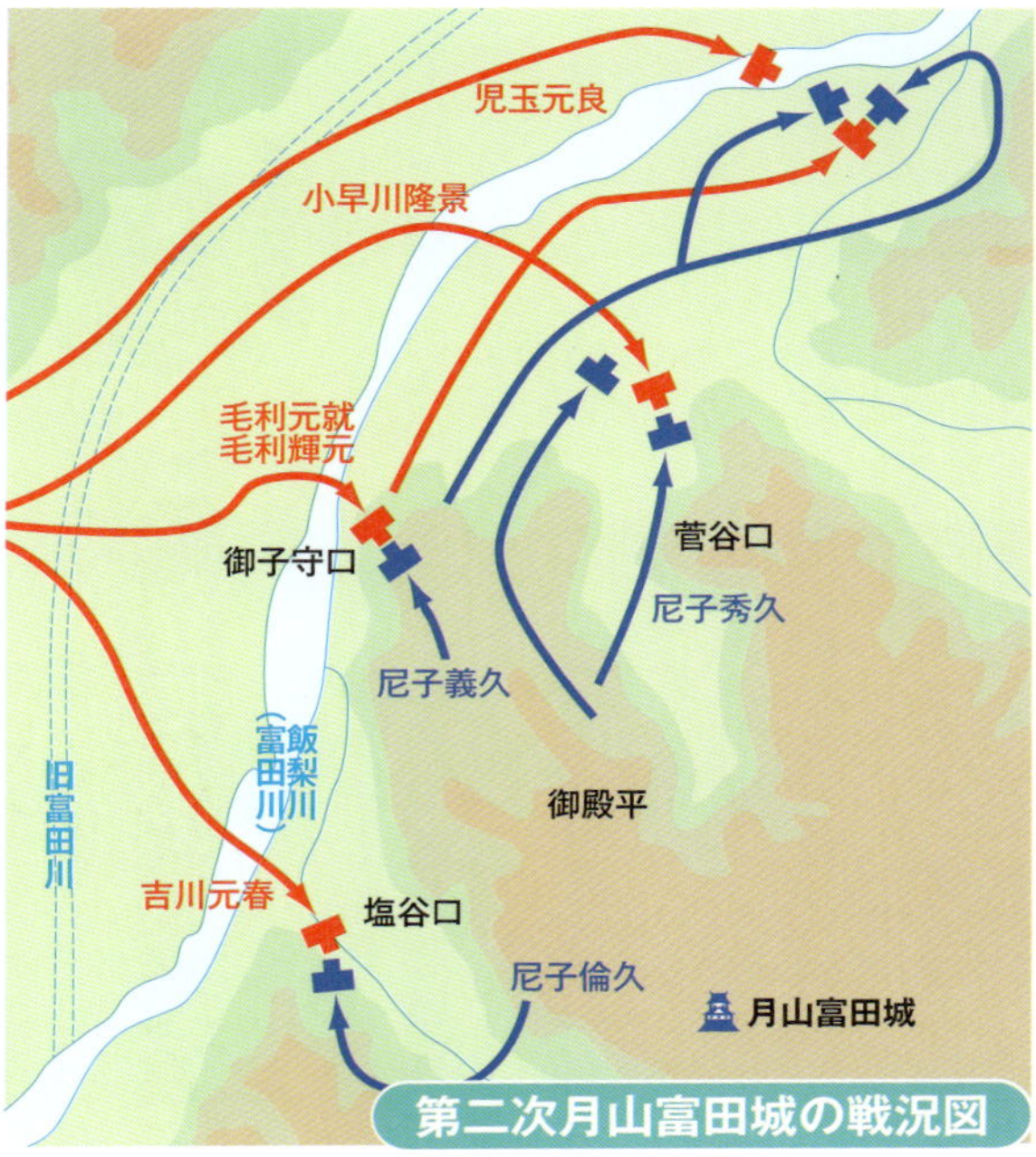

1565年、毛利元就が月山富田城を包囲する。翌年、尼子義久が降伏開城し、戦国大名尼子氏は滅亡した。

花ノ壇

発掘調査により戦国時代の遺構と思われる掘立柱建物の跡が見つかった。そのため、花ノ壇には戦国時代の建物が推定復元されている。

山中御殿

月山富田城の中心的な曲輪。ここを通らなければ、山上の主郭には到達できなかった。山中御殿の名前のとおり、御殿が建てられていたとされる。

石垣

尼子氏の滅亡後、月山富田城には毛利氏が入り、関ヶ原の戦い後、堀尾氏が入る。石垣は、その頃に築かれたものという。

山中鹿介銅像

尼子氏の家臣山中鹿介は、尼子氏の滅亡後、尼子一族の勝久を奉じて再興に乗り出す。織田信長の支援をうけて毛利氏に抵抗するが、敗れた末に殺された。

城郭プラスワン　山城の石垣

山城に立派な石垣が築かれている城もあるが、そのほとんどは、近世になって改修をうけたことによる。戦国時代の山城では土を盛った土塁が造られることがほとんどで、通常、石垣はみられない。

香川県 86

丸亀城（まるがめじょう）

戦国合戦の経験を活かし、泰平の時代に完成させた実戦的な城郭

▼亀山城（かめやまじょう） 蓬莱城（ほうらいじょう）

北側より天守を望む

何段も積み上げた高石垣上に築かれているため、実際の高さ以上に大きく見えている。正面は下見板張、向唐破風、格子窓で格式高く、側面はシンプルな意匠となる。

天守東西断面図（原図＝『重要文化財丸亀城天守修理工事報告書』）

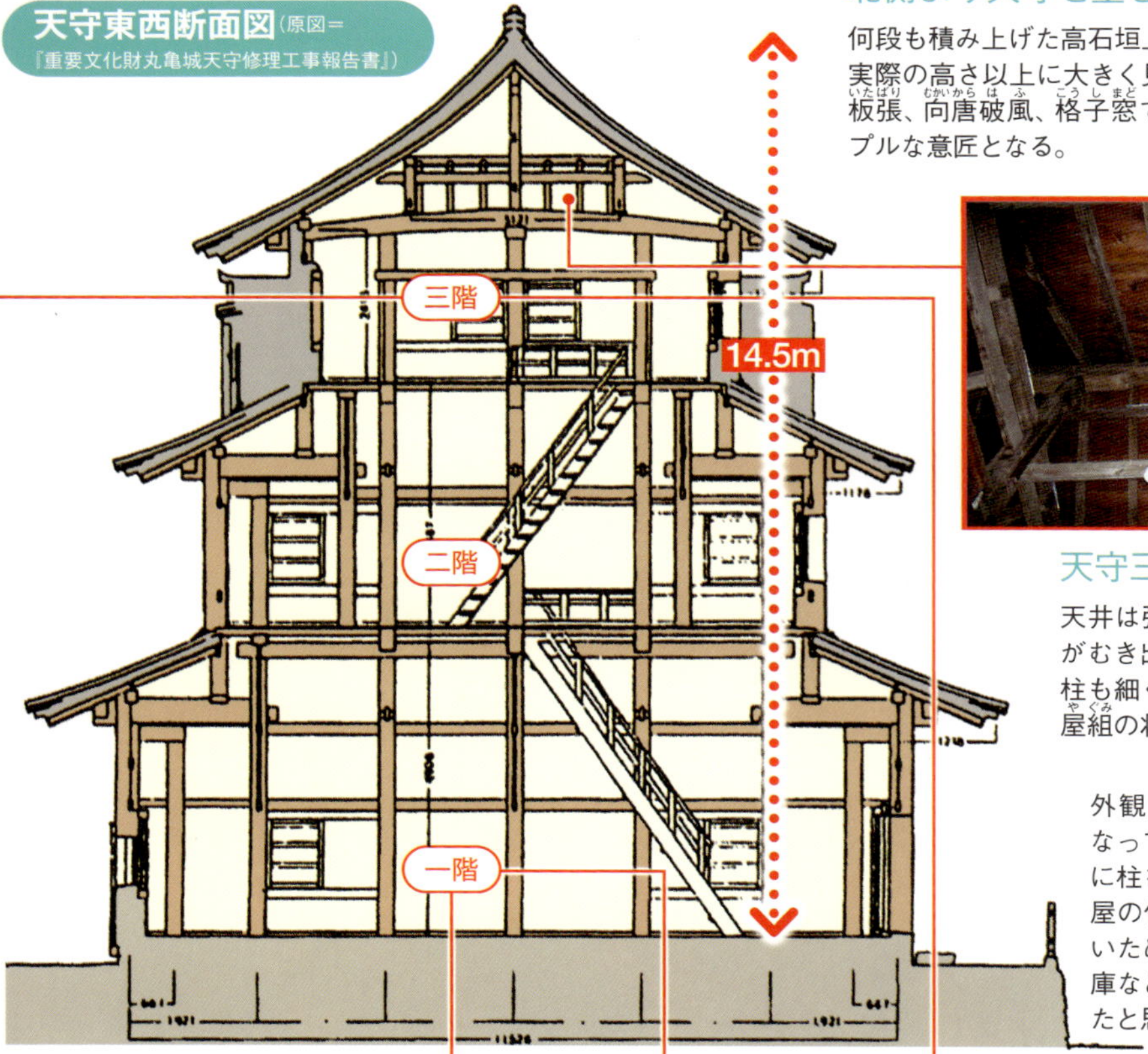

天守三階の屋根裏

天井は張られておらず、屋根裏がむき出しのままになっている。柱も細く、頑丈な梁組もない小屋組の状態。

外観に一致した三重三階となっている。内部は一間ごとに柱を立てた総柱形式で、部屋の仕切りはないが、柱が多いため居住性は高くない。倉庫などの目的で使用されていたと思われる。

城地種類	平山城
築城年代	1597（慶長2）年
築城主	生駒親正
所在地	丸亀市一番丁
アクセス	JR予讃線「丸亀」駅から徒歩

MAP

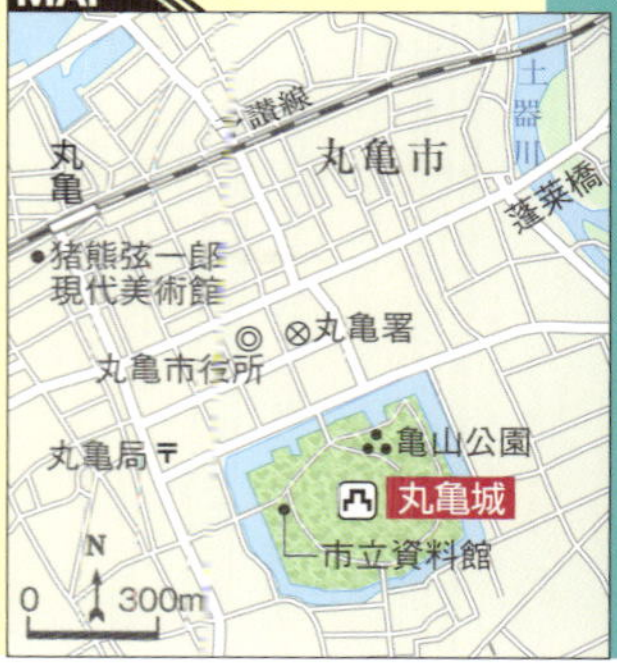

天守一階の太鼓壁

二枚の土壁の間に瓦礫を詰めて、砲撃に耐える防弾壁としたもの。壁が二重になっているため太鼓壁という。大坂の陣などを経て、城郭に用いられるようになったと考えられる。

天守三階の狭間

塗り込められて外からはまったく見えない隠し狭間である。非常の際には壁を割って狭間として使用する工夫がなされている。

天守一階の狭間

一階には南側通路に対する構えとして外からも見える狭間が6か所配置されていた。わずかに狭間の蓋が見える。

城郭プラスワン　外観一致

丸亀城の天守は三重三階で、外から見える屋根の数（重）と内部の階数（階）が一致している。これが一致していない城もあり、現存天守では、姫路城と松本城が五重六階。非現存天守では会津若松城の五重七階などもある。

高松城の支城から丸亀藩の藩庁となる

丸亀城の前身となった亀山の砦は、室町時代前半に畿内・四国8か国の守護を兼務した細川氏の家臣で、讃岐守護代を務めた4氏のうち、鵜足郡・那珂郡を領した**奈良氏**が築いたという。

やがて、四国は**長宗我部氏**に統一され、奈良氏も滅んだ。だが、**豊臣秀吉**の**四国平定**により、長宗我部氏は土佐一国に所領を削られ、讃岐は秀吉の家臣・**生駒親正**に与えられた。親正は**高松城**を本城とし、**亀山**に支城として丸亀城を築城する。

親正は豊臣政権末期に三中老の一人となり、**関ヶ原の戦い**では西軍側に属したが、子の**一正**が東軍に参加していたために旧領を保証された。丸亀城は1602年までにほぼ現在の城郭が完成していたとみられ、さらに1615年の**一国一城令**による取り壊しも回避した。

しかし、生駒氏は1640年に御家騒動のため出羽矢島へ移され、翌年、肥後富岡から**山崎家治**が入って丸亀藩を立藩する。以後、次の**京極氏**の藩主時代にかけて32年に及ぶ大改修が行われた。

天守三階の内部
窓が引戸窓で数も少ない一、二階に比べると、三階は連続する格子窓からの採光でかなり明るくなっている。ただし、一、二階と同様に柱が多いため、実際以上に狭く感じられる。

大手門　生駒親正による築城以来、大手は現在の搦手側にあったが、江戸時代中期に城主となった京極高和が縄張を変更し、内堀北面に大手門を構えた。国の重要文化財。

大手二の門
大手二の門には、門の屋根とは別に控柱とよばれる支柱にも屋根を設ける形式が採用されている。これは高麗門といい、豊臣秀吉の朝鮮出兵以降日本でも建てられるようになった。

御殿表門
御殿入口に建てられた薬医門。1869年の火災により、御殿は三の丸の戌亥櫓などとともに焼失したが、この表門と番所、長屋は焼失を免れた。県指定有形文化財。

大手一の門の内部
一の門は櫓門形式となっている。柱、梁などの構造材には松丸太を使用した非常に簡素な姿となっており、下部のみ壁が厚くなっている。床には、上蓋のついた石落も備えていた。

合戦プラスワン　**朝鮮出兵**　1592～93（文禄元～2）年の文禄の役と1597～98（慶長2～3）年の慶長の役の総称。天下統一を果たした豊臣秀吉の命でのべ30万人が動員されたといわれるが、特別の戦果もないまま秀吉の死により終焉した。

愛媛県

87

宇和島城

藤堂高虎の戦国の遺風を残す城から、伊達宗利の太平の世の城へ

▼鶴島城　板島丸串城

城地種類	平山城
築城年代	1596（慶長1）年
築城主	藤堂高虎
所在地	宇和島市丸之内
アクセス	JR線 「宇和島」駅から徒歩

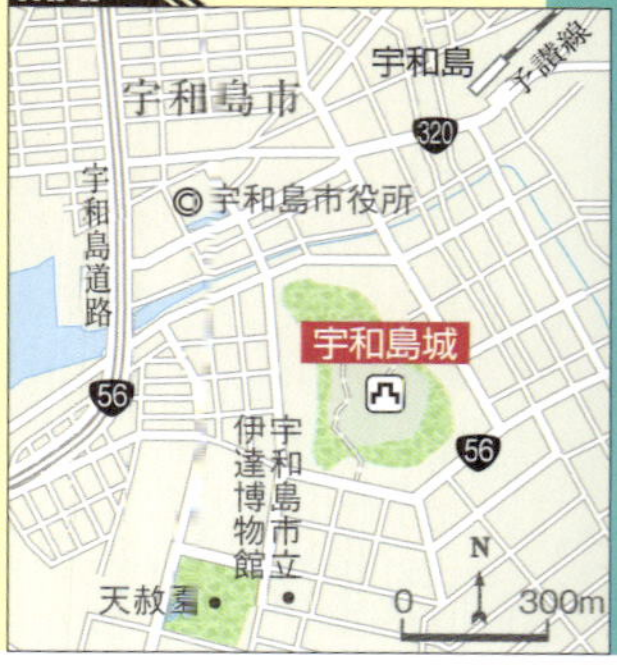

築城名人藤堂高虎が城の完成を見て移転

築城名人・**藤堂高虎**の傑作と謳われる**宇和島城**は、天守から原生林を抜ける間道、井戸の底から海辺への横穴など、海と山の自然の地形を巧みに利用した堅城である。

宇和島城の原型は、941年の**藤原純友の乱**の際に橘遠保が築いた砦といわれ、1236年には**西園寺公経**が**板島丸串城**を築いた。豊臣秀吉の四国平定後、伊予は**小早川隆景**、次いで**戸田勝隆**の所領となり、1594年に藤堂高虎が入った。

高虎は1596年から城の大改修に着手し、1601年までに現在の城郭が完成する。高虎は宇和島城の完成を見届けたうえで今治へ移り、代わって富田信高、次いで1615年に伊達秀宗が入った。高虎時代の**望楼型天守**は1662年、**伊達宗利**の代に**層塔型天守**に建て替えられた。

天守内部の階段

二階から三階に上がる階段と欄干。欄干には寺社建築並みの装飾が施され、軍事より御殿建築の意匠を思わせる。

武者窓　引違戸を採用し、意匠的にも実用的にも優れている。屋外修理を容易にする工夫も見られる。

宇和島城天守

三重三階、総塗籠式の層塔型天守。城壁からは離れて独立して建つ。唐破風造の玄関を設け、石落や狭間などの防備も見られないことから「太平の世を象徴する天守」とされる。

人物プラスワン

伊達宗利（1635～1709）　2代伊予国宇和島藩藩主。父は伊達政宗の長男で、父ともに参陣した大坂冬の陣の論功行賞で政宗が拝領した伊予宇和島10万石を別家として嗣ぎ初代藩主となった秀宗。

宇和島城を南から望む

明治以降、宇和島城の堀は埋め立てられ、山麓は市街地化していったが、山上の城跡は戦後まで伊達家が所有していた。1937年には国の史跡指定を受けている。

本丸櫛形門跡と天守

二の丸から本丸へとつながる唯一の虎口。門の形状としては櫓門であるが、半月形をした「櫛形窓」をもっていたことから櫛形門とよばれていた。現在は石段のみが残っている。

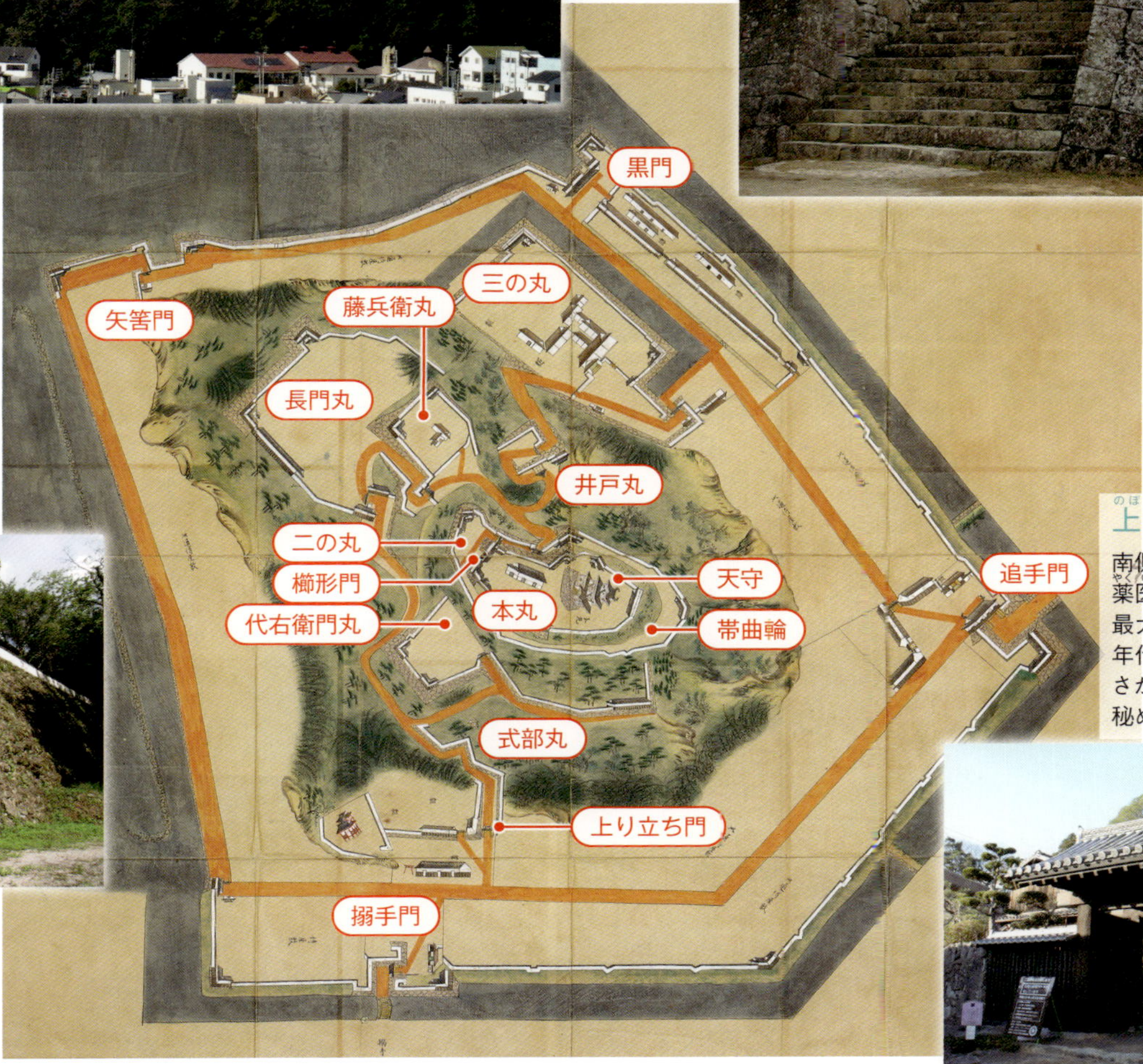

「伊予国宇和島城絵図」

伊達宗利による大改修後の1711年、宇和島藩が江戸幕府に提出した絵図の控え。櫓や門などの描写は正確で、黒い下見板張や白い塗籠なども区別して描かれている。

藤兵衛丸石垣

ここの石垣は、約11mと城内で最も高い。石積の手法や石材から藤堂時代の造成とみられるが、何度か修理の痕跡がある。

上り立ち門

南側に位置する門。薬医門としては現存最大級であり、創建年代も最古級にまでさかのぼる可能性を秘めている。

長門丸石垣

完成された算木積の手法で、隅角部には精密に加工された石材を用いている。寛文の大改修時のものとみられる。

慶長創建天守（復元＝三浦正幸）

1601（慶長6）年に藤堂高虎が創建した天守。自然の岩盤に手を加えて天守台とした望楼型天守と伝わる。

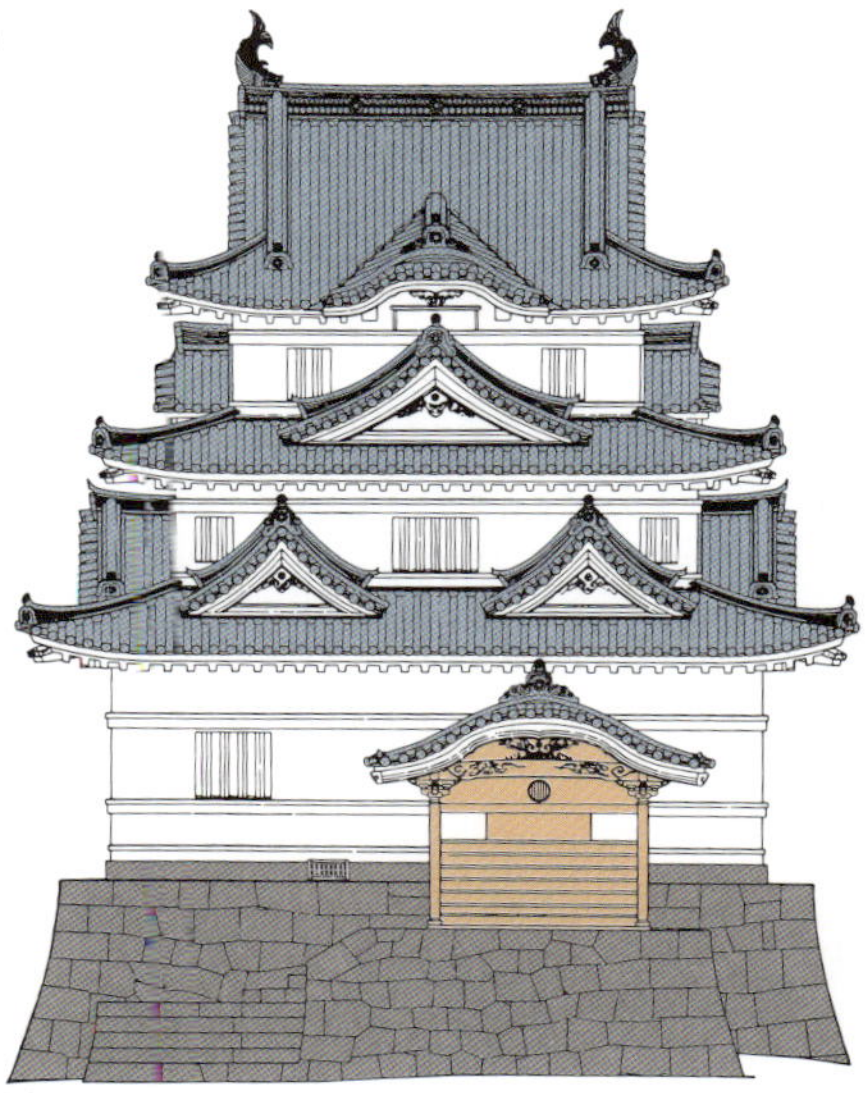

寛文再建天守

（原図＝『重要文化財宇和島城天守修理工事報告書』　着色＝山田岳晴）

1666（寛文6）年頃、伊達宗利が再建した天守。石垣造の天守台が新造され、新式の層塔型天守となった。

歴史プラスワン　**樺崎砲台**

1855年、宇和島湾の海防のために築造された洋式砲台。実戦には使用されず、唯一英国船との「礼砲合戦」が記録されているが、英国側の記録には「宇和島には礼砲を撃つ大砲がある」と書かれているという。

愛媛県 88

伊予松山城

朝鮮出兵から帰国した加藤嘉明が築いた日本最大の登石垣の城

▼金亀城

城外側から見た筒井門

戸無門を潜った東に位置する。東続櫓から横矢をかける狙いのほかに、背後の隠門を視界から遮る役目もあった。

城地種類	山城
築城年代	1602（慶長7）年
築城主	加藤嘉明
所在地	松山市丸の内
アクセス	伊予鉄道 「大街道」駅から徒歩

MAP

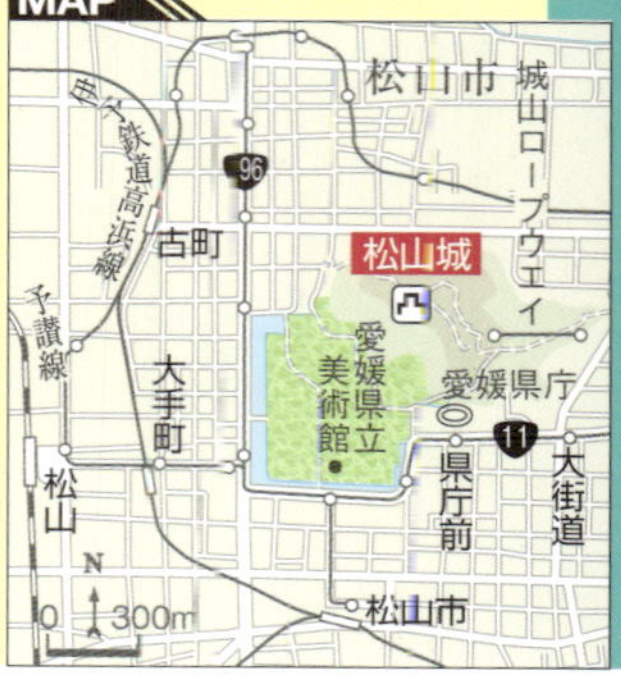

関ヶ原で加増された加藤嘉明が築いた城

日本三大平山城の一つである伊予松山城は、1602年、**加藤嘉明**が関ヶ原の戦いの功で松山20万石を拝領し、築城に着手したことに始まる。

翌年、嘉明が新城下に移り、城を松山城と命名した。山頂に本丸、山麓に二の丸を配置し、二の丸から本丸にかけては韓国の倭城の防備手法である「登石垣」が採用された。1627年に嘉明が**会津**へ移ると、代わって**蒲生忠知**が入り工事を引き継ぐが、1634年に忠知が急死すると跡継ぎがなかったために蒲生氏は断絶。翌年、**松平定行**が藩主となった。定行は1642年、創建時には五重であった天守を三重に改築。このとき、天守の位置も変更されたと考えられている。この天守は1784年に焼失し、1854年に現存する天守が再建された。

城郭プラスワン　登り石垣

朝鮮出兵の際、倭城の防備に用いた石垣普請の手法。その後、加藤嘉明や脇坂安治ら帰国大名が国内での築城や改修の際に用いた。伊予松山城の登り石垣は国内最大級といわれ、現在は南側のみ完全な状態で保存されている。

松山城復元模型

標高132mの山頂部に構えた本丸と、麓に築いた二の丸とを、尾根上に巡らせた日本最大級の長大な2本の登石垣で囲む。中世の山城の縄張と、近世の天守・櫓・門などの建築群が融合した独特の構造。

本丸奥の天守曲輪

本丸南東方向から望む。左から小天守、一の門南櫓、三重天守、二の門南櫓が見えている。ここからでは見えない櫓なども含め、すべての建物が一体化して天守曲輪を形成する。

1. 天守
2. 小天守
3. 南隅櫓
4. 北角櫓
5. 内門
6. 筋鉄門
7. 仕切門
8. 天神櫓
9. 一の門
10. 二の門
11. 三の門
12. 一の門南櫓
13. 二の門南櫓
14. 三の門南櫓
15. 野原櫓
16. 高石垣

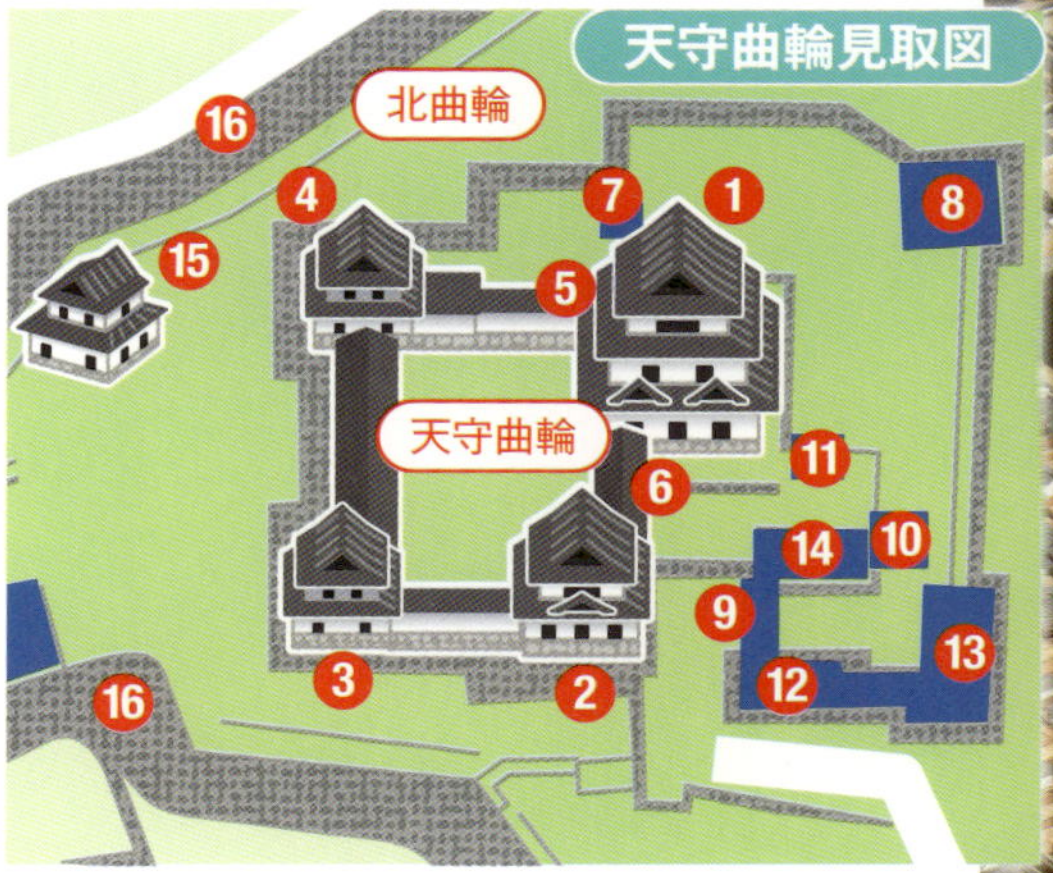

玄関多聞の玄関口

天守への正式な入口であり、内門渡櫓を経由して天守へ至る。唐破風を採用し、玄関としての格式を高めている。

東から見た天神櫓

天神櫓の城外側には石落や狭間が設けられ、戦闘時に備えていた。また、艮門からの侵入者を押さえる目的もあった。

野原櫓

本丸北側の防御施設として建てられた野原櫓。大入母屋の初重に二重目の棟桁を載せた望楼型の櫓となっている。

紫竹門

本丸天守曲輪の南側にある紫竹門。高麗門で、ここから本丸の大手方面と搦手方面は大きく仕切られている。

乾門・乾門東続櫓

乾櫓から乾門、乾門東続櫓と続く北曲輪は搦手口の防御の要。搦手からの侵入者を常に頭上から攻撃可能だった。

合戦プラスワン　**賤ヶ岳の戦い**

1583年、同じ織田軍団の豊臣秀吉と柴田勝家が戦った。事実上の信長の後継者争いで、勝った秀吉は天下統一を果たした。この戦いで活躍した秀吉方の武将を「賤ヶ岳七本槍」とよび、加藤嘉明もその一人。

愛媛県

89 今治城

▼吹上城 吹揚城

海上交通の要所に築かれた水城

城地種類	平城
築城年代	1602（慶長7）年
築城主	藤堂高虎
所在地	今治市通町
アクセス	JR予讃線「今治」駅からバス

1980年、本丸北隅櫓跡に建てられた模擬天守。

関ヶ原の戦い後、築城名人藤堂高虎が築く

室町時代、伊予は守護大名である**河野氏**が代々支配してきたが、戦国時代には豊後の大友氏や土佐の長宗我部氏のたび重なる侵攻で次第に衰退した。**長宗我部元親**は1575年に土佐を平定すると、10年余りで四国全土をほぼ統一し、伊予も長宗我部氏の支配下となる。だが、まもなく長宗我部氏も豊臣秀吉に降伏し、土佐一国を除いて四国は豊臣政権の大名の領国として分割された。今治には**福島正則**、次いで**池田秀勝**、さらに**小川祐忠**が配されたが、当時の支配拠点は唐子山山頂にあった国府城であった。

1600年の関ヶ原の戦い後、今治を含む越智郡は**藤堂高虎**の所領となる。築城名人で知られた高虎は、1602～04年にかけて今治城を築城した。海上交通の要所であった今治の地にふさわしく、三重の堀に海水を引き入れた特異な構造で、海から堀へ直接船で入ることができるなど、海を最大限に活用した**水城**であった。

築城時には天守も建てられていたが、のちに高虎が伊勢津城へ移されると同時に、丹波亀山城に移築されたと伝えられ、現在見られるのは昭和期に建造された模擬天守である。

福岡県

90 小倉城

▼勝山城 勝野城 指月城 湧金城 鯉ノ城

関門海峡を望む南蛮造の天守をもつ城

城地種類	平城
築城年代	1587（天正15）年
築城主	毛利勝信
所在地	北九州市小倉北区
アクセス	JR山陽新幹線・鹿児島本線「小倉」駅から徒歩

1959年、天守台に復興された四重の南蛮造天守。

毛利勝信の縄張をもとに細川忠興が完成

関門海峡に面した小倉は、古くから陸海交通の要所として知られる。この地に最初に城が築かれたのは13世紀後半の元寇の頃までさかのぼるといわれ、その後、大内氏や少弐氏、菊池氏など、北九州に勢力をもつ豪族たちが争奪戦を繰り広げた。

1587年の豊臣秀吉の九州平定の際、当時の城主・**高橋元種**は豊臣軍に降伏・開城し、小倉城は秀吉の家臣・**毛利勝信**に与えられた。そうして勝信が小倉城の大改修を行い、城の東を流れる紫川を天然の堀とした**総構**の縄張をもつ、総石垣造の城郭とした。

毛利氏は関ヶ原の戦いで西軍に属したため、戦後所領を没収され、小倉を含む豊前一国は**細川忠興**に与えられた。忠興は当初中津城に入ったが、1602～09年にかけて小倉城を39万9000石の大名の居城にふさわしく拡張し、こちらへ移った。毛利氏時代の縄張としては、本丸を中心に松の丸・北の丸があり、それらを囲い込むように新たに二の丸、三の丸、外曲輪などを配したのだった。本丸には**南蛮造**の天守が建てられていたが、1837年の火災で焼失し、藩政時代には再建されることはなかった。

城郭プラスワン **南蛮造**

唐造ともいう。おもに天守における外観上の意匠であり、目新しい、または変わった形をしていることから「南蛮」の字が用いられる。小倉城天守のほか、高松城天守、岩国城天守が確認されているが、いずれも現存しない。

福岡県

91

福岡城

▼舞鶴城　石城

九州最大級、黒田長政の居城

城地種類	平山城
築城年代	1601（慶長6）年
築城主	黒田長政
所在地	福岡市中央区
アクセス	福岡市地下鉄空港線「赤坂」・「大濠公園」駅から徒歩

加藤清正も絶賛した難攻不落の堅城

九州北端の筑前は、戦国時代には大内氏、龍造寺氏、大友氏、秋月氏などの戦国大名が争い、天文年間（1532～55年）には立花氏が**名島城**を築いて支配していた。

豊臣秀吉の九州平定後、筑前を与えられた**小早川隆景**は名島城を改修して居城とした。その後、関ヶ原の戦いの論功行賞で筑前は**黒田長政**の所領となり、長政は父・孝高（如水）とともに名島城に入った。だが、石高52万3000石の大藩を支配するには不便なため、福崎とよばれていた当地に居城を築城した。このとき、孝高の曾祖父・黒田高政の代から関わりが深い土地で、洪水で壊滅した備前福岡の地名にちなんで、福崎を「**福岡**」と改名した。

1601年から6年がかりで竣工した福岡城は、九州最大級の規模を誇り、豊前との国境線上には「**筑前六端城**」とよばれる六つの支城群を築いて防備を固めていた。当時築城の第一人者と称された**加藤清正**は「自分の城は3、4日で落ちるが、福岡城は30日、40日落ちない」と絶賛したという。当初は天守が建てられていたとの説もあるが、幕府に遠慮して取り壊されたらしく現存せず、図面なども残されていない。

黒田家別邸から移築された現存の二重櫓。

大分県

92

臼杵城

▼丹生島城　巨亀城　亀城

キリシタン大名・大友宗麟が丹生島に築いた本拠

城地種類	平山城
築城年代	1562（永禄5）年
築城主	大友宗麟
所在地	臼杵市臼杵丹生島
アクセス	JR日豊本線「臼杵」駅から徒歩

落城の危機を救った南蛮わたりの「国崩し」

豊後の大友氏は、もともと府内の大友氏館を本拠としていたが、『耶蘇会士日本通信』によると1557年頃、**大友義鎮**が家臣の反乱を避けるために臼杵湾に浮かぶ丹生島に移ったと記録されている。その後、1561年の第二次門司城の戦いで毛利氏に敗れた義鎮は、嫡男・義統に家督を譲り、名を**宗麟**と改めて、翌年、海と干潟に囲まれた丹生島に臼杵城を築いた。ただし、大友氏の実権は引き続き宗麟が握っていたため、**臼杵城**は隠居城ではなく、事実上の**本城**であったと考えられる。宗麟はキリシタン大名であり、ポルトガル人宣教師ルイス・フロイスの記録によると、城下には多くのキリスト教の施設が建立され、城内には礼拝堂もあったという。

その後、1578年の**耳川の戦い**で、宗麟は**島津氏に大敗**し、大友氏の勢力は衰退する。宗麟は1586年4月、豊臣秀吉に救援を求めるが、同年12月の**戸次川の戦い**では頼みの豊臣軍まで敗れ、ついに臼杵城も島津軍に囲まれてしまう。宗麟はポルトガルから入手した「**国崩し**」（＝**フランキ砲**）などを用いて辛うじて撃退したが、城下は島津軍に焼き払われた。

現存の畳櫓（右）と復元された大門櫓（左）。

歴史プラスワン　**フランキ砲**

16世紀の後装砲。前装砲に比べて速射が可能だが、威力は低く、事故も多かったという。大友宗麟が用いた「国崩し」は1576年、ポルトガル人から入手した青銅製の大砲で、宗麟自身が丹生島に配備した。

佐賀県

93 肥前名護屋城（ひぜんなごやじょう）

豊臣秀吉が朝鮮出兵の拠点として築いた陣城

肥前名護屋城復元模型

肥前名護屋城は、朝鮮出兵のために築かれた陣城である。秀吉にすれば、臨時の居城であったが、外交使節を招くことも考慮して本格的な城として完成させた。

肥前名護屋城空撮　肥前名護屋城は、玄界灘（げんかいなだ）に面して築かれている。周囲には、朝鮮出兵を命じられた大名らの陣屋が建てられた。

肥前名護屋城天守復元CG
（復元=三浦正幸　制作=株式会社エス）

肥前名護屋城の天守は、朝鮮出兵後に解体された。「肥前名護屋城図屏風」をもとにして、五重七階の天守が再現されている。

城地種類	平城
築城年代	1592（文禄元）年
築城主	豊臣秀吉
所在地	唐津市鎮西町
アクセス	JR唐津線・筑肥線「唐津」駅からバス

MAP

城郭プラスワン　**陣城（じんじろ）**

合戦の際、攻撃の拠点とするため臨時に築城したのが陣城である。本来は仮設の城だが、秀吉が小田原攻めで築いた石垣山城や、この肥前名護屋城は天守をもつ本格的な城だった。

本丸の御殿跡　本丸には天守の下に御殿があった。秀吉が暮らしたのは、この御殿である。発掘調査により、建物の礎石も見つかった。

城南側の高石垣　肥前名護屋城の高石垣は、14mを越えていた。廃城になったあと、反乱の拠点として利用されないよう、石垣は要所要所で破壊されている。石垣が崩れているのは、そのためである。

大手道　大手口から東出丸まで続く直線の登城路。背後が三の丸にあたる。

山里口　山里口に築かれた石垣。直進できないように屈曲している。

本格的に築かれた朝鮮出兵の陣城

肥前名護屋城は、**朝鮮出兵**を図る**豊臣秀吉**によって築かれた**陣城**（攻撃拠点）である。普請奉行に命じられたのは加藤清正と寺沢広高で、縄張は黒田孝高が担当したという。

築城の工事は1591年から始まり、翌年には完成した。工期はわずか8か月というから、かなりの突貫工事である。にもかかわらず、**五重七階**の天守を擁し、城域も周囲1.5kmに及ぶという巨大にして本格的な城であった。こうして完成した肥前名護屋は、1592（文禄元）年から始まる**文禄の役**と、1597（慶長2）年から始まる**慶長の役**の本陣となっている。

秀吉自身は、文禄2年から1年余りにわたって在城し、周囲には諸大名の陣所も築かれた。陣所の総数は166か所にも及び、最盛期には**10万**の軍勢が滞陣したという。

その肥前名護屋城も、秀吉の死により朝鮮出兵が終結すると、その役割を終えた。建物は解体されて唐津城の建築資材として運ばれ、石垣などは、その後、一揆の拠点になることを避けるために破壊されている。

歴史プラスワン　**朝鮮出兵**　秀吉は「仮道入明」、すなわち、朝鮮に道を借りて明に攻め込むと主張している。文禄の役・慶長の役で朝鮮半島に出兵したものの、その目的は朝鮮の征服ではなく、明の征服だった。

大分県 94

岡城

臥牛城　豊後竹田城

島津氏の猛攻を退けた難攻不落の堅城

城地種類	山城
築城年代	1185（文治1）年？
築城主	緒方惟栄・中川秀成
所在地	竹田市大字竹田
アクセス	JR豊肥本線「豊後竹田」駅から徒歩

18歳の若武者が島津軍3万5000を撃退

標高325mの天神山に築かれた**岡城**。その創建は1185年、**緒方惟栄**が源頼朝に追われた源義経をかくまうために築いたという伝承がある。その後、1334年には大友氏の支族・**志賀貞朝**の手で拡張され、岡城と命名されたという。志賀氏は、南北朝時代には主家である大友氏とともに北朝方に与し、南朝方の菊池氏などと戦って領土を拡大しつつ、大友氏の重臣として活躍した。

1586年、豊後は薩摩の**島津氏**の侵攻にさらされた。このとき、志賀氏のおもだった人々は大友氏を見限り、島津氏に内通したが、18歳の若武者・**志賀親次**だけは忠節を守り、岡城の城兵を指揮して島津氏を迎え撃った。

島津氏は3万5000の大軍をもって豊後を蹂躙したが、親次の守る岡城は、再三にわたる島津氏の攻撃を退け、難攻不落の堅城として名を馳せた。この功により、親次は豊臣秀吉から褒状を授けられている。

のちに大友氏が朝鮮出兵の失態で所領を没収されると、親次もこの地を去り、**中川秀成**が岡城主となって大規模な改修を行った。現在も遺構として残る本丸、二の丸、三の丸などの曲輪構成や、谷にそびえる高石垣は、そのときの成果である。

三の丸北側の高石垣。

佐賀県 95

佐賀城

佐嘉城　沈み城　亀甲城

佐賀藩主・鍋島氏の居城

城地種類	平城
築城年代	1602（慶長7）年
築城主	鍋島直茂
所在地	佐賀市城内
アクセス	JR長崎本線「佐賀」駅から徒歩

龍造寺氏を乗っ取った鍋島直茂が改修する

佐賀城の前身である**村中城**（龍造寺城）の創建は平安時代末期にさかのぼるといわれる。

戦国時代には「肥前の熊」とよばれた**龍造寺隆信**が現れ、大内氏や島津氏など周辺勢力と戦いつつ、龍造寺氏の最盛期をもたらした。これらの戦いでめざましい武功を立て、龍造寺氏を支えてきたのが重臣の**鍋島直茂**であった。

だが、1584年の**沖田畷の戦い**で、龍造寺氏は島津氏と有馬氏の連合軍に大敗し、隆信も**戦死**する。隆信の子・政家が家督を継いだが、龍造寺氏は次第に名ばかりの領主となり、実権は直茂の手に移った。

直茂は、表面上は島津氏に恭順しつつ、裏では**豊臣秀吉**に内通して**九州平定**を促し、島津氏の勢力を駆逐して**肥前**の支配を確立した。さらに1600年の関ケ原の戦いでも、西軍方につきながら巧妙に立ち回り、所領の保証を勝ち取っており、肥前佐賀藩の藩祖となっている。

1602年に直茂は龍造寺の家督を自分の子の勝茂に継がせ、名実ともに鍋島氏が**佐賀藩主**となった。直茂は広大な内堀や、四重五階の天守造営など、城の大規模改修に踏み切り、村中城は**佐賀城**と名を変えて、1611年に完成した。

本丸に外観復元された御殿。

人物プラスワン　**島津氏**

鎌倉時代から薩摩に土着。天正年間（1573～93年）前半には勢力を拡大し、1578年の耳川の戦いで豊前の大友氏、1584年の沖田畷の戦いで肥前の龍造寺氏を破り、九州全土に覇を唱えた。

長崎県

96 平戸城

藩祖の曽孫が90年後に再建を願い出た城

▼亀岡城 亀甲城 朝日岳城

城地種類	平山城
築城年代	1599（慶長4）年・1703（元禄16）年
築城主	松浦鎮信（法印）・松浦棟
所在地	平戸市岩の上町
アクセス	松浦鉄道西九州線「たびら平戸口」駅からバス

完成を目前にして築城主が自ら焼き払う

歴史上、**平戸城**の名で知られる城は二つ存在する。第一の平戸城は「**日之嶽城**」とよばれ、**松浦鎮信**（**法印**）が築城したものだ。法印は彼杵郡の大村純忠を破るなど戦国大名として勢力を伸ばしたが、龍造寺氏が肥前を統一すると降伏して所領を守り、豊臣秀吉の九州平定後は秀吉に仕えた。1599年に築城に着手したものの、この翌年には**関ケ原の戦い**が起こる。

法印は東軍に属して所領を保証され、平戸藩6万3000石の大名に列せられた。だが、1613年、法印は完成目前の日之嶽城に自ら火をかけた。これは豊臣氏との関係を幕府に憚ったためといわれており、以後約90年間、平戸藩に城は築かれなかった。

1702年、曾祖父・法印と同じ名を名乗った平戸藩4代藩主の**鎮信**（**天祥**）が幕府に平戸城の再建を願い出た。天祥はすでに嫡男・棟に藩主の座を譲っていたが、隠居後も藩の実権は天祥が握っていたといわれる。翌年、幕府の再建許可がおり、天祥は死去したが、父の遺志を継いでほぼ完成した岡城に棟が翌々年に着工する。第二の平戸城は「**亀岡城**」ともよばれ、1707年に棟が入城した。

本丸に建てられた天守風建物。

長崎県

97 島原城

松倉氏の圧政が江戸時代最大の内乱を引き起こす

▼森岳城 高来城

城地種類	平城
築城年代	1618（元和4）年
築城主	松倉重政
所在地	島原市城内
アクセス	島原鉄道「島原」駅から徒歩

島原の乱の遠因となった島原城の普請工事

島原半島は代々有馬氏が支配していたが、1616年に有馬直純が日向延岡藩に移されると、代わって徳川氏譜代の**松倉重政**が4万石を与えられ、有馬氏の居城であった**日野江城**に入城した。

日野江城は手狭であったため、重政は1618年、新たな居城として**島原城**の築城を開始する。だが、火山灰や溶岩流によって形成された地盤上での普請工事は困難をきわめた。しかも、松倉氏はわずか4万石の小大名でありながら、本丸に五重天守を築き、城内に計49棟もの櫓を建て並べた**総石垣造**の巨大な城を築かせたため、工事に徴発された領民の苦労は筆舌に尽くしがたいものであったという。

こうして1624年、島原城は完成する。しかし、藩主・重政と跡を継いだ**勝家**による領民に対する圧政は、城の完成後も続いた。

さらに**キリシタン**への弾圧も重なり、ついに領民の不満が爆発。1637〜38年にかけて**島原の乱**が起こった。幕府は12万余りの軍勢を動員して半年がかりでこれを鎮圧したが、勝家は領内に騒乱を引き起こした罪で斬首され、松倉氏は取りつぶしとなった。

復興された天守（中央）と巽三重櫓（右）。

歴史プラスワン **キリシタンへの弾圧**

江戸幕府は元和年間（1615〜24年）に「元和の大殉教」とよばれるキリシタン弾圧を行い、これと並行して段階的に鎖国体制を推進してきた。島原の乱をきっかけに、キリシタン取り締まりを名目として鎖国が完成する。

熊本県

98

熊本城（くまもとじょう）

▼銀杏城（ぎんなんじょう）

その要害堅固さが西南戦争で実証された清正の巨城

宇土櫓内部

宇土櫓は、三重五階という櫓としてはかなり大きい。創建当時のままで残されており、内部に入ることもできる。

宇土櫓

天守の北東に位置する櫓。名前の由来は、関ヶ原の戦いに敗れた宇土（うと）城主小西行長の遺臣が櫓を管理したためともいう。かつては宇土城の天守を移築したともいわれたが痕跡はないため、現在では否定されている。

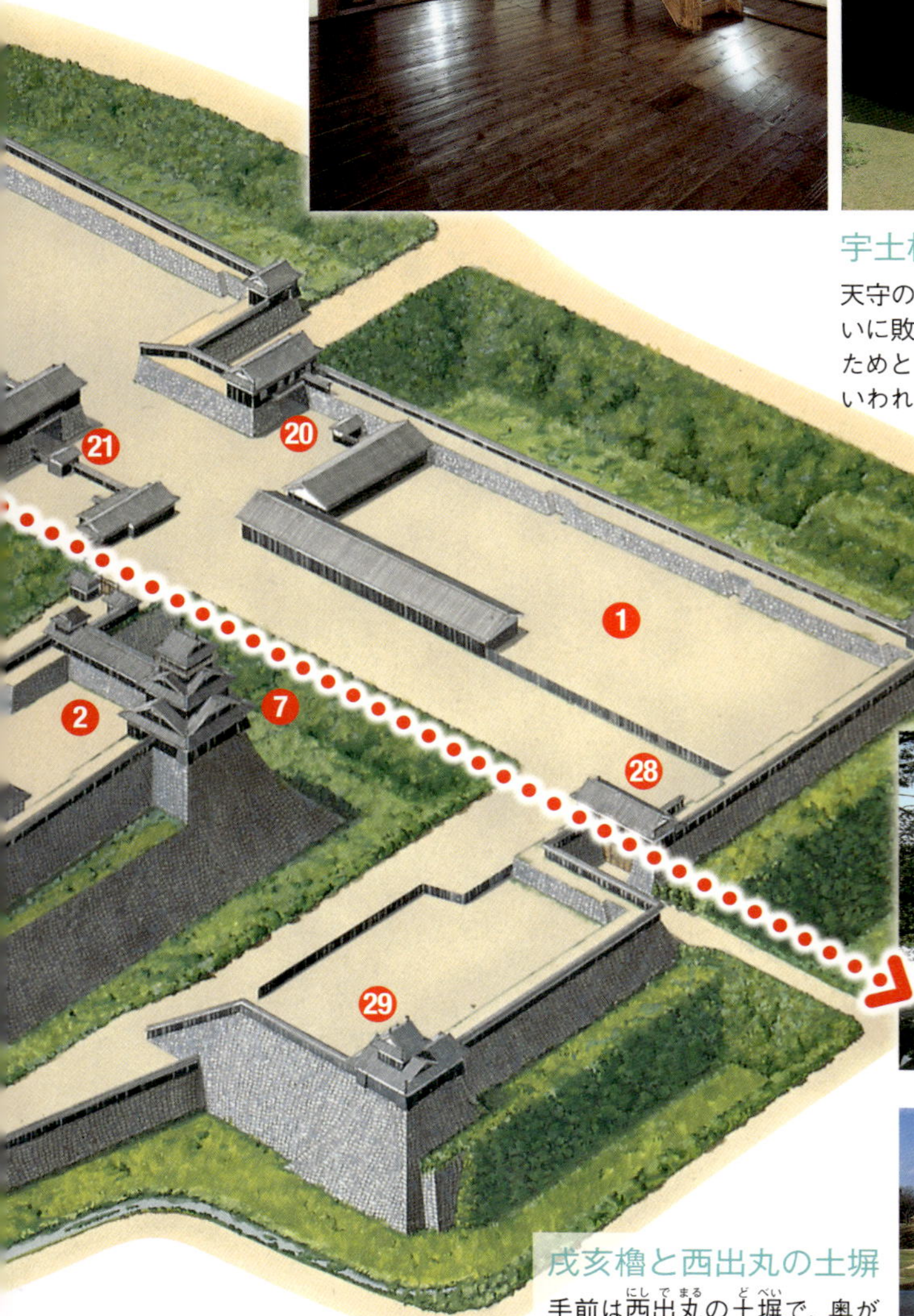

平櫓（ひらやぐら）

不開門（あかずもん）脇に位置する平屋の櫓。1860年に再建されたままの形で現存する。

戌亥櫓と西出丸の土塀

手前は西出丸（にしでまる）の土塀（どべい）で、奥が戌亥櫓（いぬいやぐら）。戌亥櫓は文字どおり西出丸の戌亥（北西）に建てられている。

城地種類	平山城
築城年代	1607（慶長12）年
築城主	加藤清正
所在地	熊本市中央区
アクセス	JR鹿児島本線「熊本」駅から市電

MAP

千葉城と隈本城を合わせた熊本城

城は、応仁（おうにん）・文明（ぶんめい）年間（1467～87年）、肥後守護（ひごしゅご）・菊池重朝（きくちしげとも）の一族・**出田秀信**（いでたひでのぶ）が茶臼山（ちゃうすやま）東端の丘陵に築いた**千葉城**に始まる。その後、出田氏に代わって城主となった**鹿子木親員**（かのこぎちかかず）が茶臼山南麓（なんろく）に新たな城を築き、**隈本城**（くまもと）と改めた。

この後、隈本城は、豊後（ぶんご）の戦国大名大友宗麟（おおともそうりん）の支配下に入り、菊池氏の一族・城（じょう）氏が入る。しかし、城氏は薩摩（さつま）の島津義久（しまづよしひさ）に通じたため、1587年、豊臣秀吉（とよとみひでよし）による九州平定により、追放された。

代わって隈本城主となったのが肥後一国を与えられた**佐々成政**（さっさなりまさ）である。成政は、支配の強化を図ろうとするが、検地に反対する領主の一揆を引き起こしてしまう。成政は一揆の責任を取り、自害に追い込まれた。

成政の死後、**加藤清正**（かとうきよまさ）が肥後北半

お断り　2016年4月14日から熊本県及び大分県で断続的に発生した大地震により、熊本城でも建物や石垣などが倒壊する甚大な被害を蒙りました。162～167ページに掲載されている熊本城の現況や眺めは、全て地震による被災前のものです。一日も早い復興を祈るものです。

長塀

熊本城に限らず、こうした石垣のうえには土塀が建てられていた。長塀は、坪井川に沿って平櫓から馬具櫓までおよそ242mほどにわたって建てられている。

飯田丸五階櫓

加藤清正の家臣飯田覚兵衛の屋敷があった飯田丸の櫓。三重五階という大規模な櫓で、2005年、木造で復元された。

1. 西出丸
2. 平左衛門丸
3. 本丸
4. 東竹の丸
5. 飯田丸
6. 数寄屋丸
7. 宇土櫓（現存）
8. 平櫓（現存）
9. 不開門（現存）
10. 五間櫓（現存）
11. 北十八間櫓（現存）
12. 東十八間櫓（現存）
13. 源之進櫓（現存）
14. 四間櫓（現存）
15. 十四間櫓（現存）
16. 七間櫓（現存）
17. 田子櫓（現存）
18. 長塀（現存）
19. 戌亥櫓（復元）
20. 西大手門（復元）
21. 南大手門（復元）
22. 未申櫓（復元）
23. 数寄屋丸二階櫓（復元）
24. 本丸御殿（復元）
25. 飯田丸五階櫓（復元）
26. 大天守（復元）
27. 小天守（復元）
28. 北大手門
29. 櫨方三階櫓
30. 御裏五階櫓
31. 数寄屋丸五階櫓
32. 西竹の丸五階櫓

熊本城復元鳥瞰図（復元＝北野隆、作画＝野上隼夫）

江戸時代中期の熊本城を北東から俯瞰している。

東十八間櫓・北十八間櫓

本丸の東に位置する東十八間櫓（左）と北十八間櫓（右）。櫓の幅が18間あるため、十八間櫓という。築城当時の遺構と考えられている。

国25万石を与えられて入城した。清正は、関ヶ原の戦いで東軍徳川家康に従い、西軍に属した小西行長の遺領肥後南半国を与えられ、**肥後一国52万石**の大名となる。

1601年から、清正は本格的な築城工事を開始し、かつての千葉城・隈本城を含む大城郭を完成させ、名も熊本城と改めた。これが、現在みる姿の熊本城である。

加藤氏は清正の子・忠広のときに改易となり、熊本城には細川忠興の子・**忠利**が入り、以来、細川氏が城主となって幕末に至る。

城には大小の天守のほか、49の櫓、18の櫓門、29の門があったという。1877年の**西南戦争**で焼失した大小の天守や御殿の一部が再建されているほか、現存の建築物も多い。

人物プラスワン **加藤清正**（1562～1611）
豊臣秀吉股肱の臣として知られる。現在の熊本城と城下町の礎を築いたのは、加藤清正である。善政をしいたことから庶民の評価も高く、現在でも「清正公」とよばれている。

城合戦

西南戦争

▶ 1877（明治10）年

勝 政府軍（約3300人）

VS

負 薩摩軍（約5000人）

焼失する熊本城大天守と小天守（作画＝板垣真誠）

西南戦争で大天守・小天守はもとより、御殿も焼失した。火災の原因についてはわかっていない。

初期薩摩軍の攻撃

熊本城を包囲した薩摩軍の総攻撃が始まり、籠城する鎮台の兵士が防戦。千葉城付近と段山では、特に激しい戦闘が繰り広げられた。そうしたなか、鎮台軍は高級将校の死傷が相次ぎながらも持ちこたえた。

薩摩軍の水攻め

巨大な熊本城を包囲することが困難と判断した薩摩軍は、坪井川・井芹川の水を引き込んで水攻めを行った。そのため熊本城の周囲は水没している。

近代戦を耐え抜いた難攻不落の名城

1877年、政府に反旗を翻した**西郷隆盛**は、鹿児島で挙兵し、2月17日、**薩摩軍**を率いて熊本に向かう。まず、熊本城に置かれた**熊本鎮台**を落とそうとしたのである。これに対し、鎮台を率いる**谷干城**は、熊本城に籠城することにした。2月19日、火災によって熊本城の天守が焼失しているが、理由についてはわかっていない。籠城を覚悟させるため、鎮台が自焼したともいう。

薩摩軍の総攻撃は、火災の3日後、2月22日から始まった。しかし、熊本城は、**加藤清正**が築いた難攻不落と知られる名城であり、簡単に落とせるものではない。薩摩軍が攻撃に手間取っている間、政府軍が福岡から南下してきたため、**田原坂**（熊本市北部）で迎え撃つことにする。

しかし、その田原坂も、3月20日には突破されてしまう。これにより、熊本城を包囲する薩摩軍は、政府軍に攻撃されるおそれがでてきてしまった。薩摩軍は、3月26日から熊本城を**水攻め**にするが、**平山城**の熊本城を水没させることはできない。結局、4月15日、薩摩軍は熊本城の攻撃を諦めて撤退。翌日、政府軍が熊本城に入城している。

歴史プラスワン　**熊本鎮台**　明治維新後、熊本城には九州の軍制を統轄する鎮西鎮台がおかれ、熊本鎮台と改称された。当時、九州の中心は福岡ではなく、熊本にあったためである。

クローズアップ 城の攻め方・守り方

虎口で立ち往生する敵を高石垣から攻撃

城の出入り口のことを虎口という。「虎口」というのは当て字で、本来は、小さな出入り口という意味で「小口」と書いたらしい。

城を守るうえで、最大の弱点になったのが虎口である。敵が侵入してくるのが、虎口だったからである。守りに徹しようと思えば、虎口をなくすのが一番よい。ただし、それだと城が出られなくなるし、籠城時に打って出ることもできなくなってしまう。そのため、できる限り、小さく設けられた。それも、ただ小さくするのではなく、出入りには支障がない範囲で、屈曲を設けたり、見通しをわざと悪くするなどの工夫がされている。

こうして、侵入する敵は迷路のような通路に翻弄されながら虎口で立ち往生しているところを、高石垣の上からの砲撃を浴びることとなるのである。なお、現在では、虎口は石垣や土塁しか残されていないことが多い。しかし、かつては門などが建てられ、そこからも攻撃が可能であった。

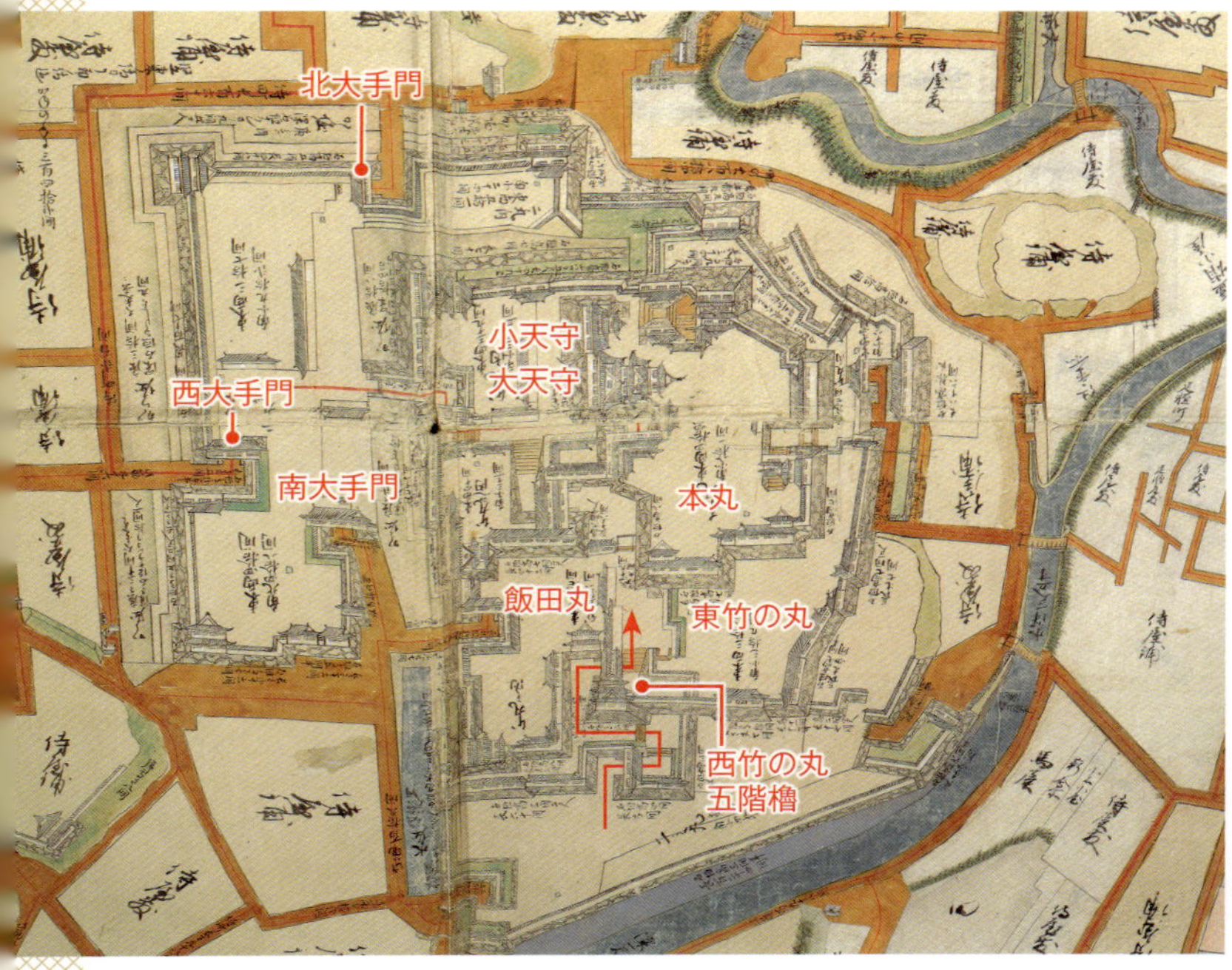

「平山城肥後国熊本城廻絵図」／竹の丸から飯田丸に向かうには、6か所の屈曲を通らなければならず、そのたびに城兵の攻撃を受けることになった。(熊本県立図書館所蔵)

[本丸南西隅の石垣]／右側が加藤清正が築いた当時の石垣で、左側に石垣が増築されている。増築されているのは細川氏時代のものと考えられており、「二様の石垣」とよばれる。これらの石垣の上には小広間西三階櫓が建てられており、眼下の敵を攻撃することになっていた。

[竹の丸から飯田丸への虎口]／通路は上り坂のうえに屈曲しており、敵の侵入を阻む構造になっている。また、石垣の上には櫓が建ち並び、通路を通る敵を攻撃した。

人物プラスワン
谷干城
(1837〜1911)
土佐藩出身の軍人。西南戦争では、司令長官として熊本鎮台を率い、熊本城を死守した。のち、第一次伊藤博文内閣の農商務大臣となったが、欧化主義をかかげる井上馨外相と対立して辞職した。

城郭大解剖

天守と御殿

絢爛豪華、ただ堅固なだけではない、桃山様式の雅を伝える

明治維新後も残っていた天守と御殿

熊本城に限らず、城主は天守に住むものではなかった。城主が日常生活を送っていたのは、天守の下に建てられていた**御殿**である。天守は、戦闘時に城主が籠もるための建物だった。熊本城の天守は**畳敷**になっていたが、板間のままになっていた城も少なくない。

熊本城では、明治維新後も、天守と御殿が残されていた。しかし、惜しくも1877年の**西南戦争**で焼失してしまう。もし、残っていれば当然のごとく国宝に指定されていたであろう。

本丸御殿昭君の間

中国の漢代に匈奴の王に嫁いだ漢人女性王昭君を描いた図像で飾られていたため、昭君の間という。本丸御殿の再建にあたり、史料からも確実な王昭君の図像が新たに描かれた。

1. 折上格天井
2. 天井長押
3. 釘隠
4. 落し掛け
5. 床
6. 押板
7. 内法長押
8. 天袋・小襖
9. 違棚
10. 張台構
11. 違棚
12. 付書院

1. 四階：小天守の最上階で「御上段」とよばれる部屋がある。
2. 三階：「御納戸之間」が一部屋ある。
3. 二階：「兜佩之御間」が一部屋ある。
4. 一階：「松之御間」が中央にある。
5. 地下一階：台所があり、炊事もできる。

城郭プラスワン　**畳敷**

熊本城では、すべての床に畳が敷かれていた。しかも、その畳は、ただの畳ではなかったらしい。籠城に備え、畳床にはいざというときに食用となる里芋の茎を用いていたという。

1960年、**天守**が復元された。復元といっても、鉄筋コンクリートによる外観復元であり、内部は当時の姿ではない。現在、熊本市立熊本博物館の分館として資料が展示されている。

2008年には、**本丸御殿**の一部が木造で復元された。その御殿も、当時の規模からすれば、一部でしかない。それほど、御殿は広かったのである。

天守と本丸御殿

本丸御殿は2008年に木造で復元された。ただし、復元された御殿は往時の御殿の一部である。

本丸御殿一階平面図（原図＝熊本城総合事務所）

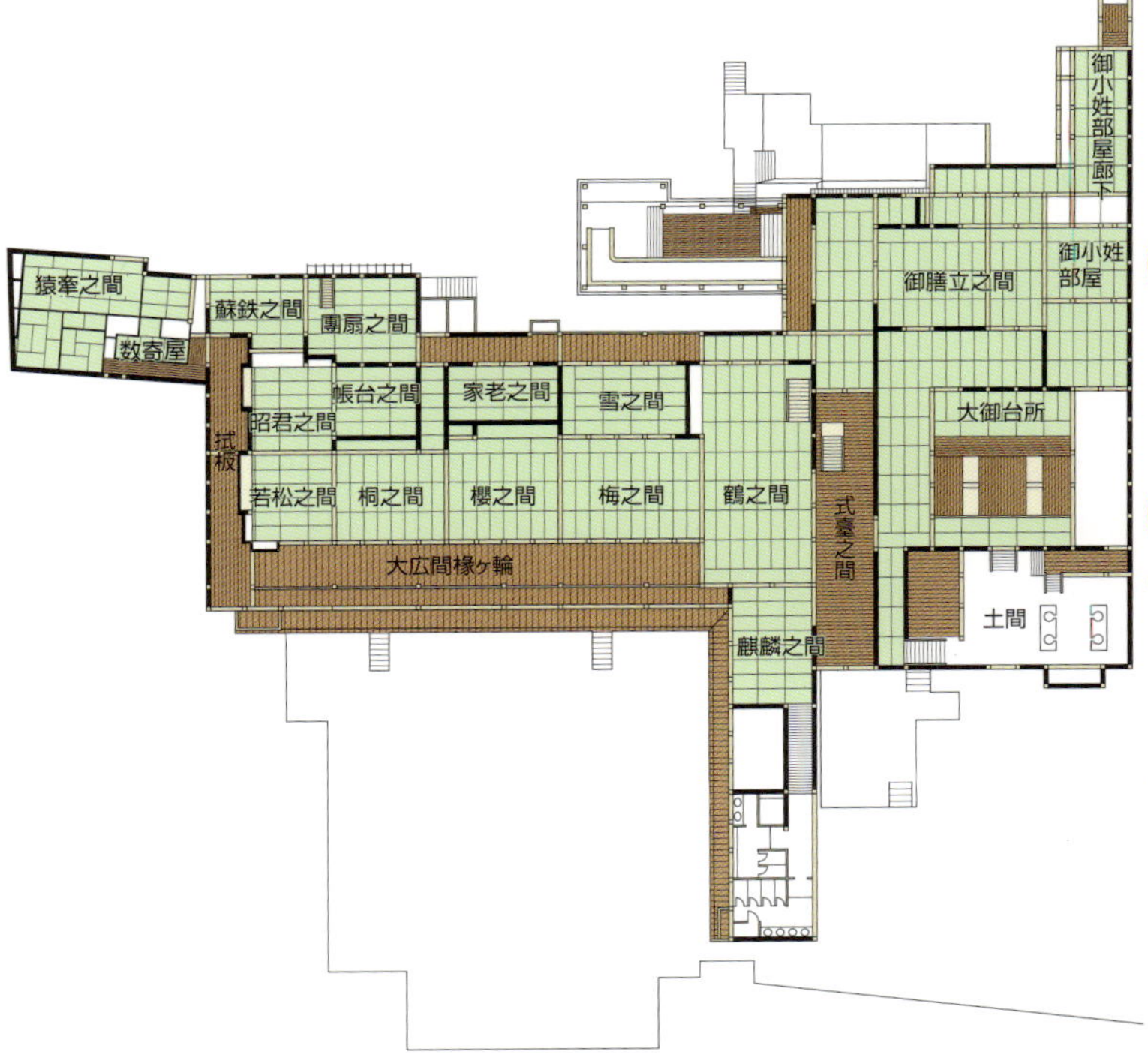

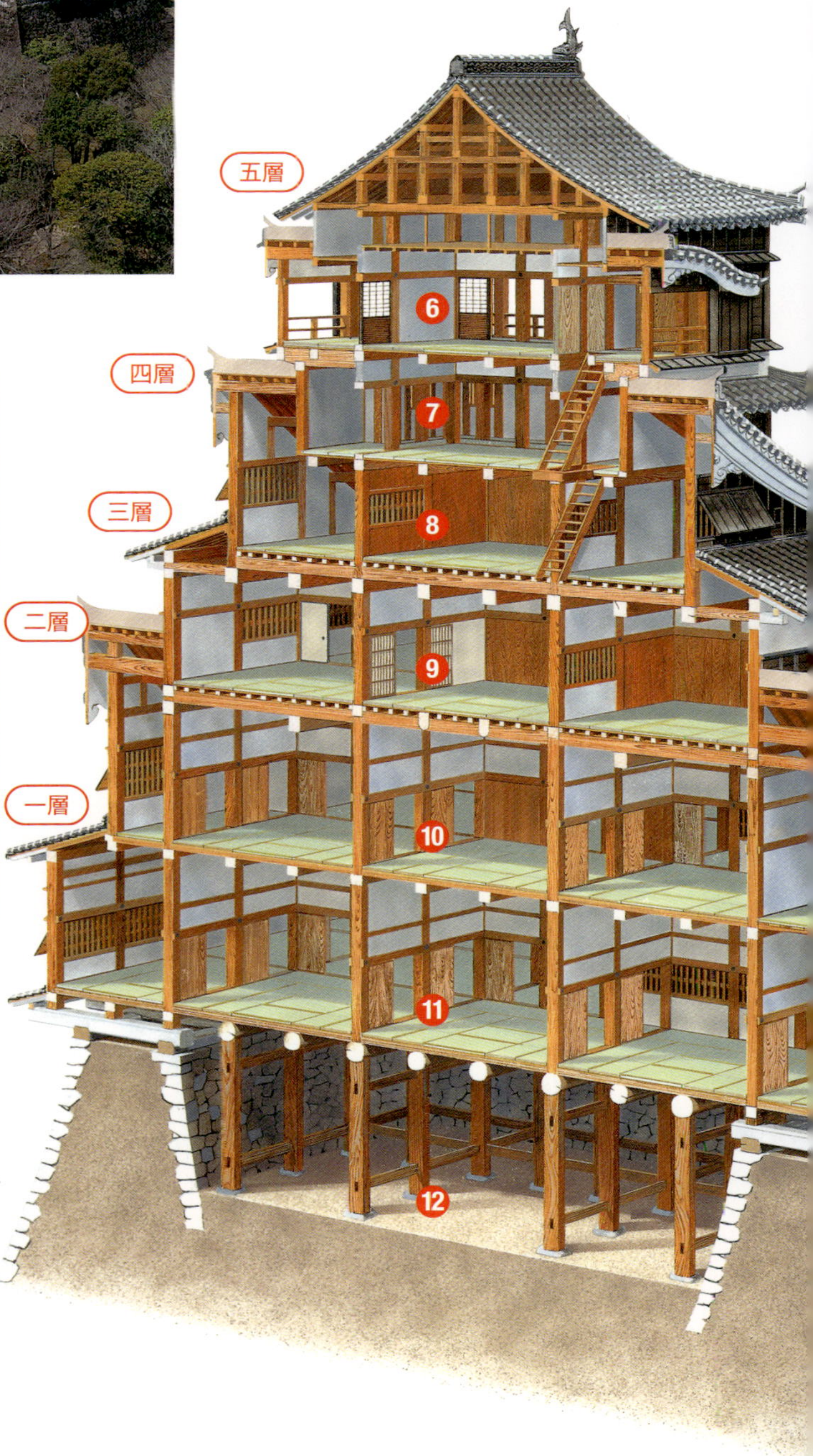

熊本城天守復元断面図（復元＝北野隆、作画＝野上隼夫）

- ❻ 六階：大天守の最上階で、「御上段」とよばれる畳敷の部屋が一部屋ある。
- ❼ 五階：「貝之御間」とよばれる部屋が一部屋ある。
- ❽ 四階：「御弁当之御間」とよばれる部屋が中央にある。
- ❾ 三階：「御矢之御間」とよばれる納戸が中央にある。
- ❿ 二階：「御具足之御間（おぐそくのおんま）」が中央にある。
- ⓫ 一階：「御鉄砲之御間」が中央にある。
- ⓬ 地下一階：穴蔵として使われている。

歴史プラスワン　天守の再建

熊本城の天守再建にかかった費用は1億8000万円。このうち、5000万円を寄付したのが熊本市内で金融業を営んでいた松崎吉次郎氏である。その寄付金があったからこそ再建できたといえる。

宮崎県 99

飫肥城

▼久頭合城

島津氏と伊東氏の国境の城

宿敵・島津氏から奪い返した伊東氏の執念

飫肥城の創建は南北朝時代といわれるが、定かではない。室町時代には**土持氏**が城主であったが、やがて薩摩の島津氏に降伏し、1458年には島津氏の家臣・**新納忠続**が飫肥城代となった。島津氏と日向の支配権を争っていた**伊東氏**は、この頃しばしば島津領へ侵攻しており、飫肥城は国境の城として重要視された。

そして1484年、飫肥城をめぐる戦いで伊東氏の当主**祐国**が戦死したことから、その後の伊東氏は**飫肥城奪取**に執念を燃やすようになり、侵攻を繰り返した。

約80年後の1568年、祐国の孫である**義祐**は、5か月余りの包囲戦の末についに飫肥城を**奪取**し、三男・**祐兵**を城主としたが、わずか4年後に**木崎原の戦い**で島津氏に大敗し、伊東氏は没落。1577年には飫肥城も落城し、日向全土は島津氏の手に落ちた。

だが、脱出した祐兵はのちに**豊臣秀吉**に仕え、1587年の**九州平定**を先導する。まもなく島津氏は降伏し、日向は豊臣方諸将で分割され、祐兵は旧領である飫肥5万1000石と飫肥城を回復することができた。伊東氏はその後、幕末まで所領を守り、曲輪を拡張し、高石垣と櫓を築いて近世城郭としての体裁を整えた。

復元された大手口と大手門。

城地種類	平山城
築城年代	不明
築城主	新納忠続・伊東祐実
所在地	日南市飫肥
アクセス	JR日南線「飫肥」駅から徒歩

熊本県 100

人吉城

▼繊月城 三日月城

数百年守り続けた相良氏の城

大軍に包囲されるも、策を用いて撃退する

球磨川とその支流である胸川の合流点に築かれた**人吉城**。その原型は鎌倉時代初期、肥後人吉荘の地頭に任ぜられた**相良長頼**が、平頼盛の家臣矢瀬主馬佑を謀殺し、その城館を拡張して基礎を築いたとされる。ただし、その後南北朝時代にかけて、相良氏は球磨川北岸の佐牟田の館を本拠としており、現在の人吉城のある球磨川南岸に本拠を移したのは**相良長続・為続父子**が球磨地方を統一した1470年前後と考えられる。

1526年、日向真幸院の北原氏が大軍を率いて侵攻し、人吉城を包囲した。このときの当主・**義滋**は、一つの策を打つ。包囲網を破って援軍をよぶとともに、城内と呼応して実際以上に多くの援軍が四方から来たように思わせる策を用いて北原氏を潰走させたのだった。これは相良氏入城後の人吉城が他家の攻撃を許した唯一の例である。

その後、相良氏は、当主**義陽**の代の1564年頃から城の大改修を開始する。**豊臣秀吉**の**九州平定**後、1589年から人吉城の石垣普請に着手し、たびたび中断を挟みつつ、1601年に主要部分が完成した。しかし、城全体の石垣は完成しないまま普請は1639年に中断されている。

胸川越しに望む、（左から）角櫓、長塀、多聞櫓。

城地種類	山城
築城年代	1470（文明2）年頃
築城主	相良長続？
所在地	人吉市麓町
アクセス	JR肥薩本線「人吉」駅から徒歩

歴史プラスワン **九州平定**

四国の長曽我部氏、中国の毛利氏を平らげた豊臣秀吉が行った天下統一事業。1587～88年、西国大名を中心に総勢20万以上の大軍を派遣し、当時九州全域に領土を拡張していた島津氏を降伏させた。

沖縄県

101

首里城

琉球王国の威光を語り継ぐ絢爛豪華な装飾を施した王宮と寝廟殿

▼御グスク　首里グスク

城地種類	平山城
築城年代	不明
築城主	不明
所在地	那覇市首里
アクセス	ゆいレール「首里」駅から徒歩

首里城正殿

沖縄最大規模の木造建築物であり、首里城の中心となる建物。ここで国王を中心とした政治や儀式などが行われていた。中国や日本の影響を受けつつ、琉球独自の意匠も見られる。

正殿二階御差床

位置は一階の御差床と同じ。二階の御差床はきわめて豪華な彩色が施され、沖縄の美術・工芸の粋を集めている。

正殿一階御差床

大広間中央の御差床（玉座）。国王は二階から専用の階段で出御し、三司官や王子、親方などと政務を行った。

13世紀の三山時代、各地でグスクを築造

琉球王国の歴史は、伝説の天孫氏王統の時代、実在したか疑わしい舜天王統の時代を経て、13世紀に中山の英祖王統が成立し、14世紀後半に察度王統が取って代わる。これと前後して北山の怕尼芝王統、南山の大里王統が成立し、**三山時代**とよばれる王統並立時代が約100年続く。

琉球では古来よりグスク、グシク、スクなどとよばれる建物が築かれてきた。漢字では「御城」という字を当てるが、日本の城郭と起源や目的が同じであるかどうかは不明である。三山時代には、各地で王や按司（王族）が**グスク**を築造し、武力抗争も起こっていたという。

三山のうち、中山に位置する**首里城**は、**琉球王国最大**のグスクである。首里城は14世紀には存在し、中山の城として用いられていたようだ。

MAP

歴史プラスワン　琉球王国政府

琉球王国の政治は、「大名」とよばれる王族と上級士族によって行われていた。国政の要職に就く上級士族は「親方」とよばれ、親方の中から選挙で選ばれる事実上の行政の最高責任者（大臣）が3人の「三司官」である。

北殿

「西之御殿」ともよばれ、三司官や親方はここに出仕していた。冊封使は北殿で芸能を楽しんだといわれ、1853年にはペリー提督一行の歓迎会も開催されている。

守礼門

城外は西側が大手となり「綾門大道」とよばれる。その入口は、中国の建築様式の影響を受けつつも独特の建築美をもつ守礼門。2013年3月に保存修理を終えた。

白銀門

正殿の背後に広がる御内原に面する白銀門。周りの城壁と一体となり、アーチ状の門と入母屋造の屋根が特徴的。

御庭

首里城中心の広場。旧暦元旦の「朝拝御規式」や冊封使を迎えた国王の即位式「冊封儀式」などが執り行われた。

❶ 東のアザナ	❿ 淑順門	⓳ 番所	㉘ 久慶門
❷ 白銀門	⓫ 正殿	⓴ 鎖之間	㉙ 漏刻門
❸ 継世門	⓬ 黄金御殿	㉑ 供屋	㉚ 系図座・用物座
❹ 世誇殿	⓭ 近習詰所	㉒ 奉神門	㉛ 京の内
❺ 美福門	⓮ 右掖門	㉓ 日影台	㉜ 瑞泉門
❻ 御内原	⓯ 北殿	㉔ 銭蔵	㉝ 歓会門
❼ 後之御庭	⓰ 御庭	㉕ 広福門	㉞ 木曳門
❽ 寄満	⓱ 南殿	㉖ 下之御庭	㉟ 西のアザナ
❾ 二階御殿	⓲ 書院	㉗ 首里森御殿	

「沖縄県旧首里城之図」（横内図）

1993年に横内家から那覇市に寄贈された資料の一つ。「横内図」の通称で知られる。首里城をかなり正確に表現しており、のちの首里城復元で大いに参考とされた。

書院・鎖之間

南殿と二階でつながる書院は国王が日常の執務を行う場所。鎖之間は王子が来客を接待した場所と伝えられる。

歴代の統一王朝が首里城を王城とする

首里城を最初に築いたのが誰かは不明だが、琉球王国最初の統一王朝である**第一尚氏王統**が成立すると、首里城はその王城となる。この時代には2代**尚巴志王**が首里城の拡張整備を行ったとされるが、3代以降の王は在位期間も短く、詳しいことはわからない。

その後、1469年には尚円王を始祖とする**第二尚氏王統**が成立する。そして、3代尚真王、4代尚清王の時代に、首里城の基本的な縄張が完成したと考えられている。

入母屋造の**正殿**をはじめとする主要な建築物を配置した**内郭**と、その東側を包み込む**外郭**からなり、城外に面する城壁の4か所に門を設けている。内郭は、御庭を中心とした行政空間、南側の祭祀空間、東側の居住空間で構成されている。

尚真王は50年間にわたって在位し、琉球王国の最盛期をもたらした。7代尚寧王のとき、琉球は**薩摩**の侵略を受け、国王は一時「国司」とよばれたが、13代**尚敬王**のとき国王の名を回復する。尚敬王は数々の改革を行い、名君として称えられた。

人物プラスワン

マシュー・ペリー（1794〜1858）

アメリカの東インド艦隊司令長官。日本開国の任務を帯びての航海の途中、琉球には都合4度（6度とも）立ち寄り、1853年7月11日には琉米修好条約を締結したが、最後まで琉球国王との謁見は叶わなかったという。

久慶門

前面に堂々たる石階段を構え、両脇の樋口から門外に水が流れる仕組みになっている。往時は通用門に使われた。

瑞泉門

入城して最初に通る門。龍の口から水が湧き出す「龍樋」を備えていた。右下の龍樋からは現在も水が湧き出る。

歓会門

城内への第一の門。アーチ門に木造櫓を載せる形式で、1974年に復元された。別名あまへ御門。

京の内

男子禁制の巨大な祈りの空間である京の内。複数の御嶽があり、灰色煉瓦が敷かれた洞窟で祭祀が執り行われた。

奉神門

下之御庭東側にある南北に細長い奉神門。君誇御門ともいい、北側に納殿、南側に君誇という部屋があった。1754年の改修で中央を高くした3つの門を設けている。

城郭プラスワン　三間牌楼形式

中国の城門によく見られる建築様式で、柱の間が3つあり、それぞれの独立した柱に屋根を設けて、扁額を掲げた門のことである。首里城の守礼門の扁額には「守禮之邦」（琉球は礼節を重んずる国である）と記されている。

国宝・世界文化遺産の城

元来が戦の拠点として生成・発展してきた城郭。戦いが長期化・広域化し、さらに恒常化した戦国時代において、その建築技術はめざましく発展し、やがて戦乱が収束に向かうと城は一国の政庁、またシンボルとしての機能が付加されていった。こうして建築された数々の城は、先人の叡智が注がれた頑強と優美を兼ね備える日本建築の象徴のひとつといえよう。その最高峰に位置し、歴史的および建築物としての価値が評価され、国宝、あるいは世界文化遺産に登録された城を一覧する。

松本城

▶P24

国宝（城郭）／1952年

天守、乾小天守、渡(わたり)櫓、辰巳(たつみ)附(つけ)櫓、月見櫓

犬山城

▶P28

国宝（城郭）／1952年

天守

彦根城

▶P32

国宝（城郭）／1952年

天守、附櫓および多聞(たもん)櫓

二条城

▶P62

国宝（住宅として指定）／1952年

二の丸御殿（遠侍(とおざむらい)・車寄(くるまよせ)、式台(しきだい)、大広間、蘇鉄(そてつ)の間、黒書院(くろしょいん)、白書院(しろしょいん)）

世界文化遺産／1994年

「古都京都の文化財」として指定

姫路城

▶P36

国宝（城郭）／1952年

大天守、西小天守、乾(いぬい)小天守、東小天守

世界文化遺産／1993年

姫路城単独での指定

松江城

▶P40

国宝（城郭）／2015年

天守

首里城

▶P169

世界文化遺産／2000年

「琉球王国のグスク及び関連遺産群」として指定

※国宝の指定を受けていない、弘前城（▶P44）、丸岡城（▶P100）、高知城（▶P130）、備中松山城（▶P140）、丸亀城（▶P150）、宇和島城（▶P152）、伊予松山城（▶P154）の現存天守は、重要文化財に指定されている。

史料所蔵・写真提供一覧

7　桐紋金箔押飾瓦（大阪歴史博物館）
　豊臣時代の石垣（大阪市文化財研究所）
　大坂冬の陣図屏風（大阪城天守閣[模写]）
9　大坂夏の陣図屏風（大阪城天守閣）
11　大坂御城図（国立国会図書館）
12　吉野ヶ里遺跡
　（佐賀県教育庁文化財課）
　総社市文化財埋蔵文化財調査年報
　（総社市教育委員会）
13　藤原京復元模型（橿原市教育委員会）
　平城宮朱雀門（奈良文化財研究所）
　高根城の総合的研究
　（水窪町（現・浜松市）教育委員会）
15　豊後国三原城所絵図
　（国立公文書館内閣文庫）
25　信州松本城之図（松本城管理事務所）
31　国宝犬山城修理工事報告書（犬山市）
33　御城内御絵図（彦根城博物館）
35　国宝彦根城天守・附櫓及び
　多聞櫓修理工事報告書（滋賀県）
38　国宝文化財姫路城保存修理工事報告書
　（姫路市）
39　大天守断面模型（兵庫県立歴史博物館）
42　重要文化財松江城天守修理工事報告書
　（松江市）
45　津軽弘前城之図（国立公文書館内閣文庫）
　重要文化財弘前城天守修理工事報告書
　（弘前市）
48　駿府御城図（静岡県立中央図書館）
　奥州之内南部領盛岡平城絵図
　（国立公文書館内閣文庫）
　岡山城正保城絵図（国立公文書館内閣文庫）
49　五稜郭目論見図（函館市中央図書館）
　知覧城模型（ミュージアム知覧）
50　五稜郭目論見図（函館市中央図書館）
51　榎本武揚肖像（国立国会図書館）
54　仙台城復元模型（仙台市博物館）
　御本丸御広間御玄関大御広間百歩一之図
　（仙台市博物館）
56　最上氏時代の瓦（山形市社会教育青少年課）
　山形城絵図（国立公文書館内閣文庫）
60　会津城下絵図（会津図書館）
61　会津若松城古写真（会津若松市教育委員会）
68　江府御天守図（東京都立中央図書館）
69　江戸図屏風（国立歴史民俗博物館）
71　越前国丸岡城之絵図
　（国立公文書館内閣文庫）
80　上田城復元模型（上田市立博物館）
81　上田城絵図（国立公文書館内閣文庫）
82　信州上田合戦図（上田市立博物館）
　真田昌幸画像（上田市立博物館）
92　金鯱（名古屋城管理事務所）
　昭和実測図（名古屋城管理事務所）
93　本丸御殿玄関一之間（名古屋城管理事務所）
101　重要文化財丸岡城天守修理工事報告書
　（坂井市）
102　駿府城復元模型（静岡市）
102　巽櫓と東御門写真（静岡市）
107　諸国古城之図 三河長篠
　（広島市立中央図書館）
114　伊予今張(今治)城図（今治城）
117　二の丸御殿大広間（元離宮二条城事務所）
120　洛中洛外図屏風（堺市博物館）
　鳥井元忠画像
　（常楽寺／壬生町歴史民俗資料館）
125　竹田城縄張図（朝来市）
132　重要文化財高知城天守修理工事報告書
　（高知市）
136　安芸国広島城所絵図
　（国立公文書館内閣文庫）
137　天守古写真（広島市公文書館）
138　備中高松城縄張図（岡山市教育委員会）
　築堤跡写真（岡山市教育委員会）
140　重要文化財松山城防災施設保存修理工事報告書（高梁市）
141　備中松山城復元模型（高梁市歴史美術館）
146　巻石垣写真（鳥取市教育委員会）
150　重要文化財丸亀城天守修理工事報告書
　（丸亀市）
153　伊予国宇和島城絵図
　（宇和島伊達文化保存会）
　重要文化財宇和島城天守修理工事報告書
　（宇和島市）
154　松山城復元模型（愛媛県歴史文化博物館）
158　肥前名護屋城復元模型
　（佐賀県立名護屋城博物館）
　肥前名護屋城空撮
　（佐賀県立名護屋城博物館）
165　平山城肥後国熊本城廻絵図
　（熊本県立図書館）
166　昭君の間（熊本城総合事務所）
171　沖縄県旧首里城之図（那覇市歴史博物館）

●編集協力（城郭現況写真・地図）

加藤理文、三浦正幸、石田多加幸、乗岡 実、戸塚和美、近藤真佐夫、細田隆博、河西克造、金澤雄記、中田真澄、竹重満憲、藤田 健、毛利寿行、西川公夫、姫路市教育委員会、佐賀県立名護屋城博物館、熊本城総合事務所、首里城公園管理センター、平良 啓、沖縄総合事務局国営沖縄記念公園事務所、データ・アトラス、碧水社

●参考文献

『日本城郭大系』児玉幸多・坪井清足監修（新人物往来社）／『藩史大事典』（雄山閣）／『図説中世城郭事典』村田修三編（新人物往来社）／『国史大辞典』（吉川弘文館）／『ビジュアル百科　日本の城1000城』（西東社）／『大判ビジュアル図解　大迫力！写真と絵でわかる日本の合戦』（西東社）

索引

青字は城名

●著者紹介
小和田 泰経
[おわだ やすつね]
國學院大學大学院文学研究科博士課程後期退学。専門は日本中世史。戦国時代の合戦と城郭研究のエキスパートとして健筆を振るう。著書に『戦国合戦史事典』（新紀元社）、『天空の城を行く』（平凡社）など。

●執筆協力――浦上史樹　木村謙昭　朝香夕夏
●合戦 CG 制作――成瀬京司
●デザイン――坂口康久（NOKTON）
● DTP――株式会社碧水社
●編集協力――株式会社碧水社　浩然社

大判ビジュアル図解
大迫力！ 写真と絵でわかる日本の城・城合戦

●著　者――小和田 泰経 [おわだ やすつね]
●発行者――若松 和紀
●発行所――株式会社西東社
〒113-0034 東京都文京区湯島 2-3-13
営業部：TEL（03）5800-3120　FAX（03）5800-3128
編集部：TEL（03）5800-3121　FAX（03）5800-3125
URL：http://www.seitosha.co.jp/

ISBN978-4-7916-2430-0